CHINA IN THE NEXT 30 YEARS

【美】迈克尔·赫德森
【英】凯瑞·布朗
王缉思 韦森
等著

中国未来30年

III

重塑梦想与现实之维

中央编译出版社
Central Compilation & Translation Press

2030年的中国 …………………………………… ［英］凯瑞·布朗 / 2
中国大战略求索：崛起中的强国探寻未来之路 ………… 王缉思 / 10
中国大陆兴起与全球秩序重组 …………………………… 朱云汉 / 22
当中国统治世界的时候 ……………… ［瑞典］克拉斯·埃克隆德 / 50
中国经济增速渐进下移 …………………………………… 韦森 / 66
中国如何避免中等收入陷阱？ …………………………… 蔡昉 / 80
房价，中国政府该如何控制 ………… ［美］迈克尔·赫德森 / 96
中国经济的崛起如何改变全球商品市场 ……… ［美］大卫·黑尔 / 116
美中投资关系及问题 …………………… ［美］韦恩·M.莫里森 / 146
中国与发达国家跨国公司关系变迁 ……… ［美］加里·海瑞格尔 / 160
中国反腐路在何方 ………………………………………… 何增科 / 192
中国未来30年：从人与自然的关系上继续深化经济改革 …… 王松霈 / 204
我们应该向中国学习什么？ …… ［美］约瑟夫·格雷戈里·马奥尼 / 212

中国未来30年 Ⅲ

2030 年的中国

[英] 凯瑞·布朗

凯瑞·布朗（Kerry Brown）

英国皇家国际事务研究所（Chatham House）亚洲事务高级研究员，毕业于剑桥大学。他曾在《卫报》、《每日电讯报》等报刊以及 BBC、ABC 等媒体多次发表有关中国问题的评论。布朗博士为许多公司、非政府组织和政府组织提供过中国问题的咨询。他曾为之服务过的组织和公司包括：大赦国际、英国皇家艺术学院、法国里昂证券、牛津分析战略咨询公司、英国战略情报公司等。他的著作包括：《抗争中的巨人——处于 21 世纪的中国》（2006 年）、《崛起的龙——中国在改革期间的投资流向》（2008 年）、《朋友和敌人——中国共产党的过去，现在和将来》（2009 年）、《投票箱的中国》（2011 年）等。

> 接下来的 20 年，中国共产党需要进行根本的政治改革。这比中国共产党预期的要早，也出乎很多外界人士的意料。

- 未来的 20 年，中国将面临人口、经济、环境和政治等方面的挑战。中国政府在这四个方面中的任何一个方面若处理不当，都会产生不稳定因素，进而给中国乃至世界带来重大的影响。
- 中国的发展内在固有的不稳定性不可小觑。尽管自 1978 年改革开放以来，中国经济确实取得了可喜的发展，但其片面追求 GDP 增长，带来了一些问题。要转变这种经济增长方式，并解决这些问题，中国的任务日益艰巨。
- 中国共产党的地位十分关键。在中华人民共和国，中国共产党在根本上控制着关键领域方针政策的决策权。但是，在未来 10 年里，中国共产党需要采取积极策略，进行更深入的法制改革，确保公民社会各团体的利益。中国共产党处理这些关键问题的能力，将决定接下来的 20 年，乃至 2030 年后，中国共产党的统治性质，以及中国整个国家的稳定和繁荣。

中国共产党执政 60 年，经过不断探索，在 21 世纪进一步稳固其执政地位。2001年，中国共产党重新接受商界人士入党，为其政权扫除了最后一个大威胁。中国共产党目前有8000万党员，是人类历史上规模最大的政党，成为21世纪最强大的政治力量之一。中国共产党还领导着中国人民解放军，以及其他一些重要的社会力量。

然而，中国共产党目前也面临着诸多挑战，如果在某个问题上处理不当，将从根本上威胁其政权。在未来几十年，中国共产党需要采用新思想、新途径来应付中国所面临的各大挑战，以确保其政权的可持续性和稳定性。对于环境、经济问题，以及中国的国际角色问题，中国国内存在多种公众舆论，这些舆论不断地影响着中国政府的决策。以微博为代表的大众媒体就说明了这个现象。中国目前有3亿微博用户。可想而知，当代中国社会言论错综复杂，要想达成共识实属不易。与毛泽东时代不同，如今的中国共产党不再享有无可争议、不受限制的权力，而必须谨慎选择管理范围。自2001年以来，温家宝总理等中国的精英领导人都曾谈到他们很担心社会动荡和群众抗议的发生。尽管如此，在处理各省以及国家层面的各团体之间的冲突方面，在处理各团体对精英利益、资源和权力的需求之间的矛盾方面，中国的社会制度体系和结构都面临着前所未有的巨大压力。据中国社会科学院的于建嵘教授介绍，2009年中国共发生群体事件10万起。另一项统计显示，2009年向中央政府的请愿达到900万次，请愿的原因涉及土地权、退伍军官的抚恤金问题以及国企下岗职工的养老金问题。因此，我们看到，中国在日益发展富庶的同时，也面临着其他国家曾遇到过的各种社会争端和冲突。

中国共产党的领导人曾表示，他们希望在2050年前实现中国特有的民主。至于这种民主的具体形态，他们没有详细说明。但他们明确表示，由于中国的社会发展有其独特性和复杂性，欧洲或者其他亚洲国家所适用的模式并不适用于中国。在2007年召开的中共第十七次全国代表大会上，胡锦涛在其发言时60多次提到了"民主"这个词。中国领导人现在谈起民主时，要比以前更为自信了。他们甚至还在2005年发布了《中国的民主政治建设》白皮书。但是，在这些文件和演讲词中，民主这个词的含义被极度缩小了。显然，中国共产党对于西方的多党执政模式并不感兴趣。相反，中国共产党希望能在其内部实现真正的竞争，杜绝国外具代表性的民主形态扰乱中国的稳定。中国共产党让中国人回忆起1949年中共执政前所遭受的社会动荡与国家贫弱，而后将自己与稳定关联起来，称自己是国家社会稳定的真正捍卫者。

但是，在一些重要领域，公众对中国共产党的执政能力要求愈加严格。中国共产党在扩大决策参与、健全法制、实现社会公正、提高执政能力等方面的表现，对于其继续执政起着关键的作用。中国前国家主席、中共中央委员会总书记胡锦涛在2007年中共第十七次全国代表大会的发言中提到了这个问题。在未来20年，中国共产党必须在两个领域进行根本性变革，改变目前的行为模式，改变当前单一的"共同选择"策略，采取更积极的策略，以达到水平更高、要求更严的大众的期望。这两个领域即实现真正的法治，包容民间社会团体。目前中国共产党对这两个领域的控制和介入都是显而易见的。但是中国共产党不能再逃避一个事实，那就是总有一天，中国的法院会开始叫板并最终反对政府决策。和其他过渡期的社会一样，中国也正在走向那一天，那时，法院将有权要求中国共产党遵守其政府所通过的法律。在这种情况下，共产党可以选择反对，也可以选择接受并顺应全新的环境。中国共产党统治的合法性将被重新定义。在过去的五年里，不少中共党员坚决遏制律师质疑中国共产党统治合法性的权力。他们表示决不会允许律师这样做。一些社会团体被看做是"病毒"，携带各种叫板中国共产党主导地位的行为，来侵害中国政治。这也引起了一系列问题。过去20年，中国出现了大量非政府组织和社会团体。在一些城市，这些社会团体与政府挂钩，为政府办公。然而，中国共产党仍然对一些社会团体持怀疑态度，置之于法律边缘，不赋予其明确的社会地位。去年，一些社会团体就汶川地震问题发起抗议，其负责人即被逮捕关押。这说明，对于那些他们认为在关键领域跟中国共产党叫板的人，中国共产党意图并准备采用法律手段来进行压制。

接下来的20年，中国共产党需要进行根本的政治改革。这比中国共产党预期的要早,也出乎很多外界人士的意料。中国共产党需要采取积极策略,应对那些可以对其审判进行质疑的真正独立的法庭,还需要给社会团体一个明确的法律地位。同时,中国共产党还需要采取策略,对付那些真正的政治反对派。目前这种将所有群体纳入共产党的策略是不能持久的,终将产生某种形式的、有组织的政治反对派。中国共产党必须充分考虑继续这样压制所带来的后果,可能会出现公众集体反对,最终导致中国共产党最担心的社会动乱。在这个生死攸关的时刻,中国共产党如何应对这些问题,将决定中国在未来20年的命运。如果中国共产党恪守不变,那很有可能会出现社会动荡甚至剧变。如果它制定一项务实的公约,积极参与落实,那么前景还是乐观的,尽管其统治地位与过去的几十年相比,会有所改变。

中国需要进行政治改革,是因为在未来20年它将面临大量错综复杂的问题。另一个原因在于,中国共产党现在准备采用20世纪中期苏联所采用的高度集权制,来应对这些问题。在诸如经济发展、气候变化、法制改革等关键问题上,中国共产党内部的精英领导人甚至都不能达成共识。这着实令人担忧。社会上,大量的网站、博客和杂志中都能看到中国民众的各种观点。中国政府需要采取更好的方式,而不是只采用华丽的辞藻,来显示大众对政府关键决策的支持。另外,还需要采取措施让公众参与管理,以化解民众对腐败、环境污染和社会不公等问题的极度不满。

其实,在2020年前会发生的一些问题,现在就可以预知一二了。这一时期,中国的人口问题不断加重。男女比例已经严重失调,达到106∶100,在农村甚至达到了140∶100。这样下去,到2020年,中国将有2000万至3000万单身男性。独生子女政策让中国面临着人口老龄化的危机,平均每两个工作者就要赡养一个退休老人。家庭结构的变化,意味着传统的赡养老人和其他受抚养者的网络已经逐渐瓦解。接下来的十年,中国必须采取新措施,在全国范围内建立一个完整的社会保障体系。

到2025年，中国的各种能源消耗量将居世界之首，其消耗量甚至可能超过世界其他国家和地区消耗量的总和。尽管中国将建立庞大的核电站（2020年前将达到30个），并推广使用可再生能源，但是从根本上来说，其发展仍会依赖矿物燃料，尤其是煤炭。这必然会导致环境问题。中国急需能源，定会和中亚、非洲和拉美等地区的国家开展能源大战。同时，对能源的需求也意味着中国必须寻求建立一种全新的经济模式，由依靠制造业和出口带动经济增长转向一种价值更高、耗能更少、以国内消费为主要动力的经济模式。另一个尤其重要的问题是，中国的汽车数量不断攀升，城市化日益加快，都将对自然环境造成压力，导致生态失衡。这就要求中国在2030年前开发新技术，从根本上解决问题。此外，在2030年前，中国还需要解决目前所面临的最大困难，即水供应和清洁水资源的问题。据估计，中国目前70%的淡水都已被污染，东北大部分地区出现长期干旱，北京、上海等大城市的淡水供应也极度紧张。

当前的中国领导人都受到狭窄的、单一的政治熏陶。他们都是共产党培养出来的，接受共产党的教育，为党服务，对党忠诚。但是他们在处理一些关键的战略性问题时，不得不施展出自己与民众沟通的能力，如同西方的政治家们那样，向民众提出一些政策，然后说服民众支持政府。甚至当中国共产党在进行一些艰难的改革，而这些改革可能会侵犯一部分民众的利益的时候，他们也是这样做的。他们都很谨慎，信仰渐进主义，但同时他们也很清楚，中国在过去几百年遭受的长期社会动荡是多么可怕。正是这一点，让他们更团结了。

目前中国的政治体系在2030年将不复存在。到那时，中国将会出现另一种体系。在这个体系里，中国共产党可能（但不是一定）仍处于主导地位，但会把一些重要领域让给民间团体或其他政治派别来参与管理。如果中国共产党能成功作出这些让步，那么中国很有可能仍是国际社会一个强盛、统一的成员。但如果它在上述这些关键问题，尤其是政治改革上处理不当，那就可能会导致失败、政权瓦解、社会剧变等可怕的结果。中国与全球经济息息相关,这就意味着这些后果不仅会对中国,而且会对世界其他国家造成毁灭性的影响。因此,中国对全球稳定仍是一个巨大的威胁。这并不是因为它会意图对外扩张,而是因为它本身就很脆弱,随时可能破裂。

(张学敏 译)

中国大战略求索：崛起中的强国探寻未来之路[①]

王缉思

王缉思

北京大学国际关系学院教授、院长，兼任中共中央党校国际战略研究所所长、中华美国学会会长、中国国际关系学会副会长、中国改革开放论坛副理事长等。曾先后在英国牛津大学、美国加利福尼亚大学伯克利分校、美国密歇根大学、美国克莱蒙·麦金纳学院任访问学者或访问教授。主要教学和研究方向为美国外交、中美关系、国际政治理论。

[①] 本文原载美国《外交事务》（*Foreign Affairs*）2011年3/4月期，中文版发表于《东方早报》2011年2月28日至3月2日。

> 中央和地方政府的几乎所有机构都在不同程度上参与对外事务，显然它们不可能以同一种方式看待中国的国家利益，也不可能发出同一种声音。这种情况常常使国外人士和中国公众陷入疑惑。

任何国家的大战略都必须至少回答以下三个问题：该国的核心利益是什么？哪些外部力量对其构成威胁？为保障本国安全，该国领导人应当做些什么？当前，对于中国是否拥有自己的大战略仍无定论。一方面，在过去的大约 30 年中，中国的外交和国防政策显现了非同寻常的连贯性，并与国内事务的重大关切保持着密切协调。另一方面，中国政府至今尚未发布任何全面阐述本国战略目标和实施之道的官方文件。对于中国国内的政策分析家和国外的中国问题观察家来说，中国大战略都是值得深入探究的重要领域。

近年来，与其他大国相比，中国的实力和影响力大幅增长，其增长幅度甚至远远超出了中国领导人的估计。在自身地位获得提升的基础上，中国的国际行为已经变得日益强势。2010 年中国对一系列事件（例如美国对台军售、美韩黄海军演和日本在争议水域扣押中国船长）的强烈反应证明了这一点。对于国际社会来说，理解中国的战略思维，并试图预测其战略思维将如何根据本国利益和领导人愿景而改变，尤显必要。

内忧外患

中国领导人在看待本国历史时有一个独特的视角,即对外部威胁引发国内动乱一直相当敏感。自古以来,中国的当权者经常在内部叛乱和外部侵略的双重打击下被赶下台。明朝末年,农民起义军攻陷都城北京,同时满族人在明朝将领配合之下由北方入侵,导致明朝于1644年灭亡。大约三个世纪之后,满清王朝也是在一系列内乱和西方及日本军队的外侵双重打击之下灭亡。中国国内革命在苏联和国际共产主义运动鼓舞与支援下,于1949年推翻了国民党的统治,建立了中华人民共和国。

从那时以来,对内部动乱的担忧仍然在中国萦绕。1949—1976年间,毛泽东领导下的中国政府从未正式使用"国家利益"这一概念来勾勒自己的战略目标。但很明显,决定当时中国国际战略的主要是政治和军事安全利益,而这些利益通常又受到诸如"无产阶级国际主义"的意识形态原则的框限。那一时期的中国战略思维承袭了列宁主义传统,将世界划分为不同的政治阵营,即主要敌人、次要敌人、潜在盟友和革命力量。毛泽东提出的"三个世界"理论将苏联和美国视为中国的主要外部威胁,而内部威胁则相应地来自亲苏的"修正主义分子"和亲美的"阶级敌人"。因此,坚持不懈地同颠覆中共领导或改变国家政治色彩的国内外阴谋进行斗争,成为当时中国政治生活的基本特征。毛的对外政策据称代表"国际无产阶级"而非中国自身利益,加之中国在经济和社会交往方面基本与外部世界相隔绝,北京并没有什么系统的大战略可言。

到了20世纪80年代,也就是邓小平时期,随着中国开始进行改革开放,中共将经济发展当作自己的首要任务。邓小平的对外政策新思维与毛泽东存在显著不同。中国与苏联或美国之间的大战不再被视为不可避免。中国努力与世界上所有国家发展友好合作关系,不论这些国家的政治和意识形态倾向如何。在中国看来，这种非对抗的姿态可以吸引国外投资并促进贸易。和平的国际环境，中国全球地位的提升，以及中国稳步融入既有的国际经济秩序，都有助于巩固中国共产党在国内的权力。

但是，尽管经济利益已成为中国国际行为的主要驱动力，但传统的安全关切和防范西方政治渗透仍然是非常重要的。最明显的是，1989年政治风波发生后西方对北京采取制裁，表明内外难题很容易相互交织，促使中国领导人警醒。在20世纪90年代，北京以国家主权高于人权的立场回应西方的责难，坚定地拒绝照搬西方式民主制度。它还坚称，如果台湾试图搞独立，大陆将绝不放弃使用武力。

虽然存在上述问题，但在21世纪伊始，中国的战略界人士仍认为国际形势总体上对中国有利。2002年，中共中央总书记江泽民在中共第十六次全国代表大会上的报告中指出，21世纪头20年，是中国必须紧紧抓住并且可以大有作为的重要战略机遇期，在此期间，中国可以继续集中精力处理内部事务。当然，中国的部分地区仍不时出现动荡，如2008年3月的西藏事件和2009年7月的新疆事件。对于这些事件，中央政府指责"国外敌对势力"难逃干系，并予以强力应对。北京宣称，将2010年诺贝尔和平奖颁发给刘晓波这一"试图颠覆社会主义制度的犯罪分子"，再次证明了西方的"不轨图谋"。虽然中国政府间或被这类事件所烦扰，但总的来说，中国政府仍然能够集中精力，解决国内发展的不平衡和不可持续问题。

在胡锦涛主席领导下，近年来中国已形成了一套新的发展战略和社会政策，确保在继续保持快速发展的同时加强善治、改善社会安全体系、保护生态环境、鼓励自主创新、缓解社会紧张、完善金融体系、刺激国内消费。2008年开始的全球经济危机使中国对外出口大受影响，因此，推进上述经济和社会转型已变得更为紧迫。

考虑到这一现实，中国领导人已重新确立了对外政策目标。2009年7月，胡锦涛指出，中国的外交工作必须"为维护国家主权、安全、发展利益服务"。负责外交事务的国务委员戴秉国在 2010 年 12 月发表的一篇文章中进一步阐述了这些核心利益：一是中国的国体、政体和政治稳定，即共产党的领导、社会主义制度、中国特色社会主义道路；二是中国的主权安全、领土完整、国家统一；三是中国经济社会可持续发展的基本保障。这些利益是不容侵犯和破坏的。

北京认为台湾是中国领土不可分割的一部分，并将台湾问题当作核心利益，除此之外，中国政府从没有将某一个具体的外交政策问题上升为国家核心利益。2010 年，部分中国评论人士将南中国海和朝鲜说成是中国的核心利益，这些考虑欠周全而并未得到官方授权的表态造成了外界的很多疑惑。实际上，对中央政府来说，主权、安全和发展都是必须实现的目标。只要不存在对中国共产党领导权或国家统一的重大威胁（如实现"法理台独"），北京仍将全神贯注地推进国家的经济和社会发展，它的对外政策亦服务于此。

原则之上的原则

当前，中国相当多的政界、学界和国际问题评论人士认为，中国需要有一项可以指导对外政策的统领一切的原则。但是，从主权、安全和发展三个方面来界定中国的核心利益，就意味着基本上不可能设计出这样一项简单明晰的统领一切的原则。此外，中国政治精英中存在着不同的立场和观点，这使得在政治共识的基础上构建出一个大战略变得更加复杂。

时下，在中国常被提及的一种观点是，美国是中国核心利益的主要威胁。赞成这一观点的人援引中国古代思想家孟子的话——"无敌国外患者，国恒亡"。他们还可以借用塞缪尔·亨廷顿的说法，即"对于美国来说，一个理想的敌人是在意识形态上敌对、在种族和文化上相异、而在军事上又有足够能力对美国安全构成实实在在的威胁"，把美国比作中国的"理想的敌人"。之所以持有这种看法，是因为这些人士长期以来都确信，美国、日本和其他西方国家对中国的政治价值观持敌对态度，企图通过支持"台独"等做法遏制中国的崛起。他们还举出了其他例证：美国政客对达赖喇嘛和新疆分裂分子的同情；美国持续对台军售；美国主导的军事同盟以及其他旨在围堵中国的部署；美国商界和国会对中国发起的货币战和贸易战；西方以应对气候变化为由让中国放缓经济发展的喧嚣。

这种流行看法见诸中国的很多新闻评论和网站（尤其是有关政治安全和国防事务的网站），主张中国外交政策应集中精力应对西方威胁。中国目前处理外交事务的方式过于软弱，而毛泽东时代那种针锋相对的办法是更好的榜样。由此，有人称中国应在那些对西方国家持反抗态度的国家中寻找战略盟友，如伊朗、朝鲜和俄罗斯。一些人还建议，北京可以将手中持有的美国国债作为政策工具，如果美国政府的行为损害中国利益，中国就准备抛售这些国债。

然而，这种建议本质上是具有误导性的。美国给中国的确带来了一些战略和安全挑战，但将中国的大战略建立在美国是中国主要敌人这一看法的基础之上，既是行不通的，也是有风险的。几乎没有任何一个国家愿与中国联手组建反美同盟。如果中国和自己最大的贸易伙伴、也是经济和军事力量在世界上首屈一指的国家结为敌对关系，那么中国的经济发展必将受到严重阻碍。可以庆幸的是，中国领导人并不想实施这种战略。2010年，温家宝总理指出中美之间的"共同利益远远大于分歧"，这并非外交辞令。

在深入认识这一点的基础上，中国战略界的另一派人士认为，应继续信守邓小平有关"韬光养晦"的告诫，也就是主张中国在国际事务中应"保持低姿态"。这一派包括中国前国务委员唐家璇和解放军前副总参谋长熊光楷上将等重要政治人物。他们主张，中国仍是一个发展中国家，应集中精力搞好经济发展。虽然他们没有直接反驳认为西方（尤其是美国）是中国的长期威胁这一看法，但这些人士认为，中国暂时还没有挑战西方优势地位的能力，一些人甚至反对盲目作出西方正在衰落的结论。同时他们指出，在未来几十年中，只有坚持韬光养晦，才能使中国继续集中精力处理国内事务。

虽然这种看法比其他观点更能被国际社会所接受，但也会引发一些质疑。这种看法的拥护者不得不费尽心力地去阐释"韬光养晦"的含义。"韬光养晦"常被不恰当地翻译为"隐蔽实力、以待时机"。这些人士指出，"韬光养晦"并非意味着中国要精心算计，在拥有足够物质力量和信心去实施深藏不露的规划之前，暂时保持谦卑态度。不过，这种保持低姿态的方式很容易被指责为过分软弱，尤其是面对敏感的安全议题时。随着中国国内民族主义情绪的上升，一些中国人要求本国的外交政策更加敢作敢为。"韬光养晦"战略的反对者还称，中国实力今非昔比，因此邓小平远在 20 年前提出的这一战略已经不合时宜了。

还有另外一些深思熟虑的中国战略人士指出，即便保持低姿态可以让中国处理好与美国之间的政治、安全关系，但这一方式并不能用于指导中国和其他众多国家之间的关系，以及应对近年来已变得非常重要的非传统安全问题（如气候变化、公共卫生和能源安全）。显然，用"韬光养晦"来描述中国对诸如金砖五国峰会等机制的积极参与，也是不太合适的。如果中国的对外政策仅仅是"韬光养晦"，那么它就无法有效应对当前面临的多层面挑战。

重心在国内

即便着眼于更好地解决国内问题，中国也需要构建一套更为复杂成熟的大战略。虽然中国政府尚未发布任何官方文件予以阐述，但我们能够从"科学发展观"和"和谐社会"的概念中推导出其基本方向。2006 年，中共中央宣称，中国的"外事工作必须坚持以经济建设为中心，紧密结合国内工作大局，在统筹国内国际两个大局中加以推进"。中国战略思考中正在显现的四大变化趋势，可以让我们一窥新的中国大战略的核心内容。

第一个重大转变是，中国政府将经济和非传统安全的关切，与传统的军事和政治利益相融合，从而形成了一套综合安全观。中国军事规划部门所考虑的，不仅包括恐怖主义和海盗等跨国性问题，还涉及如何推进参与联合国维和任务等合作性行动。在维护全球金融市场稳定方面，中国也必须与其他国家展开合作，才能保护自身经济安全。这一切都意味着，中国基本上不可能在敌友之间作出泾渭分明的区隔。美国对中国构成政治和军事威胁，而美国的坚定盟友日本也可能成为中国的地缘政治竞争对手，但这两个国家恰巧也是中国的两个最大经济伙伴。即便与欧盟之间的政治困难有所抬头，但欧盟作为整体仍然是中国最重要的贸易伙伴。虽然部分中国人将俄罗斯视为潜在的安全盟友，但从经济和社会层面看，俄罗斯对中国的重要性远不及美国的另一军事盟友韩国。对于北京来说，想要调节传统的政治/军事关切和当前不断扩展的社会/经济利益之间的不同取向，将是非常艰难的。这种努力其实就是在毛泽东和邓小平那两种不同的时代遗产之间进行调和。北京能实现的最好选择，是在加强与其他大国之间经济联系的同时，尽最大努力减少和它们发生军事和政治对抗的可能性。

在中国外交领域凸显的第二个重大转变是，从以处理国家间关系为主，更多地转向处理功能性问题，并且更加重视多边。这种面向功能性议题（反恐、核不扩散、环保、能源安全、食品安全、防灾等）的转变，使中国和其他国家之间的双边关系变得更为复杂，不论这些国家是否对华友好。例如，长期以来，中国和印度之间存在着不同的地缘战略利益和领土争端，但两国在抵挡来自西方的减排压力方面具有共同利益，从而形成了这一领域的合作关系。又如，尽管伊朗是向中国供应石油的关键国家，但伊朗在发展核项目方面与西方产生的争执正考验着中国对全球核不扩散体制所作出的承诺。

中国在转变经济发展方式方面作出的调整给中国外交带来了第三个重大转变。北京对于 GDP 增长的热情正逐渐让位于对经济效率、产品质量、环境保护、社会安全体系和技术创新的重视。北京对"发展"这一核心利益的理解已经涵括了社会层面。由此,中国领导人决心通过促进国内消费和减少对出口和外部投资的依赖,努力维持高增长率。在全球金融危机导致国际经济摩擦更趋激烈之际,中国领导人比以往更加关注全球经济不平衡和金融市场波动问题。从中国的长期利益来讲,人民币需要渐进升值,只是出于短期内出口收益的考虑,中国决策者难以采取美国和其他国家所敦促的快速升值措施。中国只有大力促进国内消费和稳步开放资本市场,才能最终摆脱国际压力。

第四个重大转变与中国的价值观有关。一些中国高层官员表示,尽管中国拥有独特的政治体系和意识形态,它仍然可以和其他国家在共同利益的基础上进行合作,回避了价值观是否也可以成为合作基础的问题。但是,既然中国非常强烈地想要提升"国家文化软实力",改善自身的国际形象,那么分享善治、透明等国际社会的共同价值观,看来势在必行。中国国内存在的一些困难和考验,诸如严重的腐败和在部分地区出现的族群冲突和群体性事件,可能会促进中国政治精英在价值观层面发生转变。这些困难和考验说明,稳握政权和国家复兴都需要更高的透明度和更有效的问责,同时还需要更加坚定地履行对法治、民主和人权的承诺,而这些都是当今世界普遍共享的价值观。

上述四大转变都不是一帆风顺,也并非绝对不可能逆转。然而,它们的确揭示了一些基本趋势,这些趋势将在可预见的未来塑造中国的大战略。胡锦涛和其他领导人号召要更好地"统筹国内国际两个大局",这意味着应对国际挑战的努力绝对不能损害国内的改革事业。当前,中国的外部挑战不仅来自美国、日本等其他大国,而是逐渐更多地来自一些功能性问题。为了有效应对这些挑战,中国需更具合作精神地处理与其他国家的关系,倡导那些能得到广泛接受的价值观。

因此,如果北京将某一个国家确立为主要威胁,并将调动各方面力量排除该国影响作为对外政策的统领一切的原则,这就不够慎重了——假如美国或是其他大国确实将中国当作首要敌人,从而迫使中国以其人之道还治其人之身,那自然另当别论。另一方面,韬光养晦固然是中国对外政策的应有之义,但却不能囊括其指导原则之全部。一项大战略必须考虑其他长远目标。让中国成为世界首强是部分中国人心向往之的愿景。解放军国防大学的教员刘明福大校称,中国应该把取代美国成为世界上最强的军事力量作为未来发展目标。还有人主张,将中国的发展经验(所谓"北京共识")提升为一种可以挑战西方制度、价值观和领导地位的替代性发展模式。不过,中国领导人并没有梦想着让中国成为一个霸权力量或将中国树立为他国的标杆。面对不断上升的国内和国际压力,在确定短期和长期目标时,中国领导人还是非常冷静的。他们的主要关切是,在如此之多的棘手威胁面前,如何最好地保护中国的核心利益——主权、安全和发展。如果非要为中国的大战略确立一项统领一切的原则的话,那应该是改善中国的民生、福祉,并通过社会公正促进公民的幸福感。

强国之诞生

在确定了中国的核心利益以及对其构成威胁的外部压力之后,余下的问题便是:中国领导人如何抵御这些威胁,捍卫本国利益?中国能否继续在经济现代化和提升人民生活水平方面取得成功,很大程度上取决于世界的稳定。因此,致力于营造一个和平的国际环境符合中国的利益。它应当通过和平方式解决遗留的主权和安全问题,包括与邻国之间存在的棘手的领土争端。考虑到现在当权的台湾地区领导人不致谋求正式"独立",北京对维护两岸和平关系更有信心。但北京和台北之间尚未达成一项可以防范双方关系再次出现紧张的政治协议。中国政府还需要找到维护西藏和新疆稳定的有效途径,因为出现在那些地区的不安定状况很可能导致别国有所反应。

尽管中国大部分民众支持中国拥有一支更强的军事力量,以保卫国家的重要利益,但是他们也应当认识到由此带来的两难处境。中国必须使包括美国和其亚洲邻国在内的其他国家相信,它在增强国防能力特别是加强海军建设时考虑到了别国的关切。它需要让解放军的发展规划更加透明，并展现出与他国合作构建亚太地区安全架构和维护既有全球安全机制（特别是核不扩散机制）的意愿。中国必须继续与其他国家合作，防止伊朗和朝鲜取得核武器。如果中国能和其他国家一起，为加强网络安全和太空安全作出更多贡献，那么中国自身的国家安全也将得到维护。当然，这并不排除中国在发生一些特殊情况（如遭到恐怖袭击）时使用武力来捍卫主权和安全的可能性。

中国已经参与了几乎所有的现存全球经济机制，但在其完全市场经济地位受到全面承认之前，中国仍需作出更多努力。它在二十国集团、世界银行和国际货币基金组织等全球机制中正逐渐拥有更大的发言权。如今，中国需要作出具体的政策建议和调整，从而在促进国内发展方式转变的同时帮助实现全球经济再平衡。如果中国能够在建设低碳经济方面成为良好示范，那么中国和世界都会受益。

大战略通常需要界定地缘战略重点，而亚洲便是中国的地缘战略重点。过去通往中亚和南亚的交通条件并不完善时，中国的发展战略和经济利益偏向于东部沿海和环太平洋地区。当前，虽然东亚仍非常重要，但中国应对西部给予更多的战略关注。十多年来，中央政府已经在西藏、新疆等诸多西部省区实施了西部大开发战略。中国目前正在更加积极地倡导和参与在印度、巴基斯坦、阿富汗、中亚地区以及里海地区的经济发展新项目，并通过这些地区直达欧洲。这种"向西看"的战略将重塑中国的地缘战略构想和欧亚大陆版图。

当然，与其他大国之间的关系仍然是中国维护自身核心利益的关键。虽然中国与相关国家之间的经济相互依存度之高前所未见，但中美、中日之间仍缺乏战略互信。中日美三边关系必须是稳定的和建设性的，因而有必要展开三边战略对话。此外，中国需投入大量资源，以在世界舞台上树立更加良好的形象。一个实现善治的中国将会成为一个可亲的中国。更加重要的是，中国会逐渐认识到，软实力绝不是人为生造的，那种影响力更多源自于社会而非政府。

要想更好地制定和实施中国的大战略，有两项艰困任务摆在中国面前。第一，促进中国政府不同部门之间的政策协调。如今，中央和地方政府的几乎所有机构都在不同程度上参与对外事务，显然它们不可能以同一种方式看待中国的国家利益，也不可能发出同一种声音。这种情况常常使国外人士和中国公众陷入疑惑。

第二个挑战是，在国内价值体系迅速变化之际，需要对中国政治精英和普通公众的不同立场和观点加以疏导。一般的期待是，将公众对政府政策的支持调动起来，可以在巩固政权国内声望的同时增强在外交上讨价还价的能力。但如果政策未能在短时间内奏效，过度的民族主义就会引发公众的挫败感，给政府带来更大压力，从而不仅破坏中国自己的政治秩序，也损及其对外关系。即便在对外事务上允许有多种不同声音，中央领导层也应更加明确有力地将自己的观点传播给公众。中央的观点与媒体和网络上那些耸人听闻的言论相比，一直都是谦虚谨慎的。

没有任何一个大国的利益能够与国际社会的利益完全吻合，中国也不例外。中国拥有世界上大约 1/5 的人口，它更像是一个大陆而非一个国家。虽然为中国设计一套大战略是如此之复杂，但这一努力应符合中国的国内关切，并在总体上对国际社会有利。如果中国能够为国际社会提供更多公共物品，与其他国家更多地共享价值观，中国的国家利益也将得以更好地维护。

其他国家对中国成为一个全球性力量会作出何种反应，将对中国的内部发展和对外行为产生重要影响。如果国际社会不能很好地理解中国在维持自己生存和实现现代化方面的雄心壮志、忧虑和困难，那么中国民众将自问：为何自己的国家要被基本上由西方所确立的各种规则所束缚？中国理应被期待承担更多的国际责任，但国际社会也应该承担起责任，帮助世界上这个人口最多的国家自立于不败之地。

中国大陆兴起与全球秩序重组[1]

朱云汉

朱云汉

1956年生于台北。1977年毕业于国立台湾大学政治系，1979年获台湾大学政治学硕士学位，1987年获美国明尼苏达大学政治学博士。现任台湾中央研究院政治学研究所筹备处特聘研究员、台湾大学政治系教授，并兼任蒋经国国际学术交流基金会执行长，是台湾最具国际声望的政治学者之一。2012年7月当选台湾中央研究院院士。主要研究领域为国际政治经济学、东亚政治经济、民主化与社会科学方法论。

---

[1] 本文是根据作者在2012年11月于台湾大学通识课程讲座的演讲纪录改写而成。

> 中国崛起是撼动当前全球秩序的最重要转型力量之一,也将是引导 21 世纪全球秩序重组的主导力量之一。在这层意义上,中国的发展模式影响全球秩序的重组,中国发展道路的选择影响人类社会的未来。

对所有东亚国家的知识精英而言,21 世纪最重要的知识挑战,就是如何理解中国兴起的历史意涵。中国大陆的兴起和中国发展模式的出现对于世界而言是石破天惊的历史巨变。

中国的快速经济发展在人类历史上是空前,也很可能是绝后。这是人类历史上最大范围的工业化,从来没有任何一个国家或社会能以这种速度在那么大的体量、那么广袤的地理范围进行如此快速的工业化。这史无前例的兴起是如何成为可能的?简单讲,中国模式有三个特殊性:第一是中国大陆的"体制"优势;第二是中国发挥了"大"的优势;第三是中国在全球化时代发挥了"后发"优势。

解读中国崛起一定要有大历史观。从大历史观,我们可以理解,这 60 年的变化,代表着中国只是恢复它在世界经济体系里的份额,恢复它在东亚的地位。从大历史观,我们应该将中国的崛起理解为"非西方世界全面崛起"大故事的一部分,而这个大故事就是 20 世纪的最后 40 年到 21 世纪初整个世界历史变化的主轴。全球生产力的重分配与财富的重分配,必然带来权力结构以及意识形态场域格局的变化。非西方世界的全面崛起也意味着，人类社会将同时面临两种可能的历史发展情境，一方面全球秩序可能进入一个较长的崩解与重组时期，在这期间一定程度的失序与混乱很难避免，许多全球层次的公共治理议题可能出现巨大的真空；另一方面，我们也可能迎接一个更公正的全球秩序之来临：一个更符合对等与互惠原则的国际经济交换模式，一个更尊重文化与宗教多元性的全球公共论述领域；一个更能统筹兼顾地球上绝大多数群体的可持续性发展需要，以及一个更能体现"休戚与共"及"和而不同"理念的全球秩序。

中国的兴起及其未来的角色

描绘中国未来的世界角色，可以先从一本标题为"Eclipse"（日蚀），副标题为"生活在中国经济主导的阴影下"的这本书谈起。[①] 这是2011年9月出版的，在美国华盛顿引起了非常热烈的讨论。这本书的作者是印度籍的阿文德·萨勃拉曼尼亚（Arvind Subramanian），他在美国国际经济研究院这个有名的智库担任资深研究员。这本书非常严肃地对未来世界的经济格局做出了分析与预测。他为了吸引读者的眼光，以一个非常戏剧化的假设情景作为开场白。他的开场白是，2021年美国面临财政破产危机，美国总统从白宫驱车前往宾夕法尼亚大道（Pennsylvania Avenue）——它是经过白宫前面通往国会的大道——来到另外一头的国际货币基金组织，和一位中国籍总裁签下一份纾困方案协议，取得了紧急融资3兆美元的贷款，同时承诺美国要遵守一系列各种各样的条件。这些条件可能就是今天大家看到的希腊、西班牙在寻求纾困时所必须接受的城下之盟。他对这个情景——当然这是虚构的——写下了一个句点。他说："此刻，世界主导权的交接仪式业已完成。"这是这本书的开场白。

这是一个虚拟的但不是完全天方夜谭的场景。萨勃拉曼尼亚的分析是依据非常完整的架构对全球经济格局所做的分析。他根据从1870年

---

① Arvind Subramanian, *Eclipse: Living in the Shadow of China's Economic Dominance*, Washington D. C.: Institute of International Economics, 2011.

到现在全球的经济格局变化，包括各国的 GDP、贸易和资本流量占全球经济的比重等不同指标，认为中国现在已经处于取代美国成为全球经济引导地位的关键阶段。他的预测是，2030 年前后，中国在全球经济的支配地位将非常类似于 1970 年代的美国和 1870 年代的英国。人民币作为全球主要的储备货币，它来临的时间和速度可能比我们想象的还要快。

当然，这本书的观点不是所有观察全球经济的重要学者或者专家所共同接受的，也有很多不同的观点。包括《伦敦金融时报》非常有名的专栏作者马丁·沃尔夫（Martin Wolf），他也特别为这本书写了很长的书评，提出一些略微不同的观点。① 并不是说他完全否定这本书，不过他认为，中国作为一个超级的强权制国家，还有很多内在的先天上的限制和缺陷。美国仍旧在某些方面，包括科技创新、军事、由大学和研究机构所代表的综合科研实力等方面具有优势，还有英语的优势、民主制度的软实力优势。这些可能构成中国要超越美国并且要取得全球主导权地位不那么容易克服的障碍。但是我相信这个争论还会持续下去。我们暂时也不必再做细节讨论。

然而，我可以换一个角度带大家去看中国的兴起。刚才的评估都是以国家为单位。事实上，在一个经济全球化的时代，整个经济的动能——它的主要发动机——并不是国家，而是在世界层面能够参与国际分工与供应链、进行非常繁复的跨国交换、交易与合作的全球性都市（global cities）。它们具备创意中心、信息中心与金融中心的功能，同时，也参与全球的产业链，进行研发、管理、物流以及融资活动等等。这些城市才是经济的发动机，才是最重要的汇集人才、信息与资本的平台。因此，从全球性都市的未来发展，同样可以得到刚才《日蚀》那本书给你刻画的情景。

就在 2012 年中，美国《外交政策》杂志（Foreign Policy）和全球最具影响力的顾问公司麦肯锡旗下的一个智库机构"麦肯锡全球研究所"（McKinsey Global Institute）观察了全世界 75 个具有世界城市条件、

---

① http://www.ft.com/intl/cms/s/2/f1447af8-ef61-11e0-bc88-00144feab49a.html。

并且是未来经济增长最具活力的城市,从 2010 年到 2025 年可能会出现的兴起和追赶过程。[①] 他们根据模型,列出了 75 个城市中到 2025 年经济增长总量全球排名最靠前的全球性都市,把这些城市叫做 2025 年最具活力的 75 个城市。在 75 个城市中,有 29 个将出现在中国大陆。根据推测,到那时会进入全球最具活力、竞争力、创造力、成长动力的城市的,欧洲只有 3 个。美国拥有次多,仅次于中国,但也只有 13 个,远远落后于中国大陆的 29 个。东京在 2010 年在城市经济规模上世界排名第一,但是根据麦肯锡的估计,到了 2025 年,它的增长总量只会排名第十。如果我们以都市作为经济资源的整合平台、价值创造的发动机、培育新兴产业的摇篮,那么你同样可以预见在未来不到 15 年里,中国大陆的相对经济地位会出现多么大的剧烈变化。

在这 29 个城市里,有些是我们耳熟能详的,像上海、北京。有些可能是大家不会想到的,但却会变成全球名列前茅、最具竞争力的城市,比如沈阳、重庆。在 2025 年作为最具活力的世界级城市前 20 名里,根据这份报告只有 7 个城市不在中国大陆,其余 13 个都在,而且你会看到一些你想象不到的城市。深圳已经可以想象了,虽然它 25 年前不过是一个小渔村,但现在已经是 1000 万人的城市。武汉可能也不奇怪。像是佛山,这个珠江三角洲的后起之秀,已经是一个 600 万人的都会与电器产业重镇,而且还在快速成长。还有东莞,很难想象东莞,一个台商聚集之地,它也具备全球性城市的条件。

我再举 2011 年底《经济学人》杂志对中国与美国这两个超级经济体过去 10 年和未来 15 年在各个重要指标上的对比,来说明中国快速兴起的面貌。经济学人用很多硬指标,不只是 GDP。最简单的如钢铁生产量,这方面中国大陆在 1999 年就已超过美国,到 2011 年它是美国的 6.6 倍。你可以说这不重要,因为美国早已进入知识经济时代,所以钢铁不是美国必须发展的一个产业。但又比如在 2001 年中国的手机使用

---

① http://www.foreignpolicy.com/articles/2012/08/13/the_most_dynamic_cities_of_2025。

数量就已超过美国，到 2011 年增长到美国的 3.3 倍。

我们看到 2010 年出现了巨大变化，中国在多项指标上一举超过美国，主要是因为 2008 到 2009 年发生全球金融危机，美国首当其冲。所以整个西方国家的经济增长减缓，但中国大陆却持续增长。然而 2010 年中国大陆超越美国的指标很多，包括制造业的总产值、能源的总消费、汽车的总销售，还有技术专利的数量等等。根据这份分析，2023 年中国会成为全球最大的消费市场，距离今天并不太久。习近平所代表的第五代领导人可以领导中国继续平稳发展，这个重要指标的超越差不多能在其任内完成。现在中美之间最大差距在军事支出，中国大陆军费目前仅占美国的 22% 左右，但若按照中国大陆现在的国防支出增长比例与占国民生产总值的比重，根据《经济学人》的估算，大约在 2025 年中国大陆的国防支出就可能超越美国，大家可以想象这将是多大的国力消长的变化。习近平、李克强领导的这个中国大陆十年内不论政治、经济、军事与国内社会结构都会发生重大的转变，在全球政治经济舞台的角色也会出现重大变化。①

如何理解中国的兴起

对所有东亚国家的知识精英而言，21 世纪最重要的知识挑战，就是如何理解中国兴起的历史意涵。这个功课做不好，东亚国家根本不知道怎么面对未来。我从一个最宏观的历史角度讲，就是中国大陆兴起和中国发展模式的出现对于世界而言是石破天惊的历史巨变。过去 300 年的人类历史里面，只有四个历史事件对于人类历史进一步发展所带来的巨大冲击或引导作用可以和它相提并论。第一个是 18 世纪英国工业革命，第二个是 1789 年法国大革命，第三个是 1917 年俄国十月共产主义革命，第四个是 19 世纪末 20 世纪初美国崛起，这四个事件中的头两个事件深刻影响了 19 世纪的世界秩序，后两者塑造了 20 世纪的世界格局。

---

① http://www.economist.com/node/21542155。

我们可以说，过去全球秩序的变化引导了中国大陆发展模式的演进，但在未来，中国大陆的兴起将必然会带动全球秩序的重组。要理解中国大陆兴起对世界带来的冲击，首先要对中国的发展模式有一个比较客观全面的理解。到今天为止，对于这种理解，很多亚洲周边国家的社会精英还处在落后、追赶、补课的过程。为什么会出现这样一个巨大的认知落差、知识匮乏？很重要的原因是，我们太容易用我们自己熟悉的历史知识和认知框架去理解中国大陆的发展模式。这一倾向无可厚非，但很可能让我们得不到全面的理解。因为我们的认知基础事实上充满着以西方为中心的谬误、偏差，而我们自己却浑然不知，因为我们很习惯这种思维，以为那是唯一的角度和视野。美国的政治领袖与社会精英更是如此，总是以自己的价值观与历史观来衡量中国大陆，来选择性地吸收有关中国大陆的信息，很难以一种非常客观、平衡的角度去理解中国大陆。我们如果不调整原来那些先入为主的、形成我们偏见和选择性认知的思维架构，我们可能没有办法形成真正平衡的理解。

首先我们可以从人类历史角度来看。我们可以这样定位过去30年或整个20世纪后半叶的中国大陆。有人把它叫做"奇迹"，认为是人类历史上最快速的持续性经济增长，因为它的持续性增长的速度事实上超过了过去"东亚四小龙"的纪录，超过了从明治维新以来的日本，也超过了内战以后美国的崛起过程，更超过了德国的兴起，以及更早的其他西方先进工业化国家的现代化速度。不仅如此，它是人类历史上最大范围的工业化，没有任何一个国家或社会能以这种速度在那么大的体量与地理范围内进行快速工业化。这是史无前例、空前绝后的。中国也完成了人类历史上最大规模的消灭贫穷，有3亿多人在改革开放过程中脱离联合国所界定的贫穷线。我们也从来没有看到过任何一个新兴工业化国家能够在国际分工体系中以那么短的时间进行越级式、跳跃式晋升。今天在国际分工中，中国大陆既是低端的，也是高端的，横跨劳力密集与技术密集的产业。在台湾或韩国我们常常说希望与中国大陆形成垂直分工，但是这个选项已经消失了。中国的国际分工既是垂直的也是平行的。它可能仍旧在生产劳动力密集型的成衣、雨伞，甚至圣诞节的装饰品，但同时，它有能力把卫星发射到太空轨道上、可以帮别的国家建造最先进的高速铁路。华为的通讯设备、交换机绝对可以和世界上任何一个品牌大厂相竞争。所以它能够同时跨越资本密集、技术密集，又继续占据劳力密集的层面。

中国本身也是一个复杂而庞大的经济体系，内部有着非常巨大的差异。它以最快速度融入世界经济。中国加入 WTO 是一个坐标，2001 年到现在只有 12 年时间。它现在已经是全球最大的出口国，超过德国。而且从平均关税来看，中国经济的开放程度超过绝大多数发展中国家。也从来没有发展中国家能够在全球吸引那么巨大的跨国资金，中国企业还可以参与跨国金融。并且中国直接就发展建设了 21 世纪水平的通讯和基础建设。在 2009 年全球金融危机后很多人发现，中国正在扮演一个前所未有的角色——这个角色过去是美国在扮演着——就是拉动世界经济复苏的火车头。如果中国不能扮演这个角色，那么全球经济复苏就会减慢。这些都是我们对于中国大陆兴起从历史坐标上来讲的客观历史定位。

由于我们常常会执著于名目性的 GDP 的计算方式，所以中国大陆经济体看起来会小一点。如果真的用购买力均等，即 Purchasing Power Parity（PPP）方式来评估的话，根据刚刚过世不久、最权威的荷兰经济学家安格斯·麦迪逊（Angus Maddison）的估计，事实上中国在 1982 年就已经超过了德国，1992 年购买力均等的 GDP 已经超过日本。[①] 到了 2006 年，中国的经济总量已经相当于美国的 86% 了。所以按照这个估计，三年之后，它的经济总量就会超过美国。到 2015 年，中国的经济规模还会是印度的 2.5 倍以上。当然，有人会质疑和挑战这些评估，但有更多人觉得这个评估可能还略显保守，因为这些评估还是在 2008 年 9 月全球出现金融海啸之前做出来的，因此对于美国以及欧洲国家未来经济成长的估计可能还过于乐观。

---

① http://www.ggdc.net/maddison/Maddison.htm。

中国如何实现史无前例的兴起？

我们首先要回答的问题是：这样一种快速的、大规模的、史无前例的兴起是如何成为可能的？这个问题需要用一个学期课程去说明，简单讲，有三个特殊条件：第一是中国大陆的政治体制；第二是中国发挥了"大"的优势；第三是在全球化时代中国发挥了后发优势。

一个是中国大陆政治体制带给它的特殊优势。很多人以为中国1949年到改革开放这前面的30年都浪费掉了，完全是黑暗时期。其实这个认知本身就是错误的。这个时期不完全是白费。反而可以说中国这个时期以高昂的社会代价（很多人因此而牺牲）去建构了日后改革开放的基础，这个基础让其他发展中国家根本没有办法去模仿，只能理解而难以复制。在这前30年中国建设了动员能力特别强的现代国家体制，这个体制在中国历史上、在这个土地上从来没有出现过。其动员、渗透的能力进入到了社会的最底层。并且中国建立了非常强的国家意识。另外，中国完成了一场相当彻底的社会主义革命，因为它把私有财产权，尤其是最重要的土地资本与工业资本集体化。而这个庞大的集体资产，大部分是国有资产，成为中国后来30年快速发展的资本。其他很多国家没有走这条历史道路，就很难有这个历史条件。

另外，中国充分发挥了"大"的优势。我在学校给研究生开的"中国大陆政治经济变迁"课上，开宗明义跟他们讲，理解中国大陆时，有三件事情你要记得：第一个是中国非常大；第二个是中国非常非常大；第三个是中国非常非常非常大。"大"也可能是负担，是巨大的包袱啊？但也可以把它变成巨大的优势。第一，中国可以充分发挥规模经济，可以完全发挥它的磁吸效应。现在很多关键性核心产业，没有规模是没办法发展的，根本不可能建立。韩国不可能建立航天工业，台湾也不可能建构一个高铁的产业体系，因为没有这个市场和规模。全世界航空集团严格说起来到今天为止只有两个，一个是波音，一个是空中客车，而且空中客车把欧洲所有国家的资源、人才、市场整合在一起才有可能跟波音抗衡,那么第三个最有可能的就是中国大陆。如果把这个巨大规模的潜力展现出来,那它就会产生巨大的磁吸效应。

全世界所有跨国公司没有不挤破头要进入中国的,先插个旗、占个位置。不止 CEO,连美国所有的排名前 50 的大学校董都会问:我们学校有什么大中华战略(greater China strategy)?作为校长你必须要回答出来,你没有回答出来,就代表你的大学在 21 世纪没有一个前瞻性的规划。世界 500 强(Fortune 500)的 CEO 也是一样。这样一来的话,中国就可以对所有外资要怎么进入中国设定很多特别的、在一般情况下跨国企业不会轻易答应的条件。比如,美国通用汽车进入中国,就把它一个新的研发中心放在上海。任何其他国家说"你得来我这儿设研发中心",通用汽车根本不会理它,因为其他国家没有这个谈判筹码。也因为有这个规模,中国就有完整的科技体系、产业体系。中国大陆发射一颗人造卫星,里面所需要的所有的知识与技术体系它都自己具备。而且中国大陆前 30 年的自力更生也逼着它去建立一个完整体系,虽然体系的水平可能参差不齐,有些很接近国际一流水平,有些还很落后。但没有关系,因为一旦有这样一个体系,它要追赶、要学习、要模仿、要改良就很快,无论是航空母舰还是隐形战机。

另外,日本人过去常常讲东亚雁行效应,或者说雁行理论,就是说它有一个垂直分工体系,领头羊是日本,后面跟着四小龙,再后面跟着东盟,也就是第二梯队的新兴工业化国家。但是中国大陆的规模大到自己内部就可以产生雁行效应,它内部就可以进行垂直分工。也就是说,它的成长动力,可以从沿海到中部,再到西部,再到大西部,其中有好几个层次,因为中国各地区有不同的发展条件,包括劳动成本、土地价格等。它在改善生产力的时候,不同地区也有不同的改善空间。

第三的特点就是后发优势。中国大陆在过去 30 年充分掌握着后发优势。后发有时候是可以先至的。后发优势有很多要诀,譬如说第一,你可以学习过去的成功经验,避免错误,可以少走很多冤枉路。特别是如果你有能力去模仿、复制，然后在这复制的基础上再去改良的话，那你可以进步非常非常快。同时，中国大陆明显地采取蛙跳式技术更新。当中国大陆要安装一个有线的座机都很困难的时候，它根本就是一举先跨入了无线通信、数字通讯领域。同样，中国大陆可能在第三代移动通讯这一块儿的技术方面输给了韩国、西欧，但它现在已经开始布局它的第四代以及第五代移动通讯。这就是我们讲的蛙跳式技术更新。另外，中国大陆改革开放的时机让它成为全球化的最大受益者。在生产、产品营销、金融整合等各方面，全球经济都在这个时期突飞猛进。在过去30年里全球化脚步加速，跨国企业进行全球生产布局，资金跨国移动的限制一一解除。当然它有很多要素配合，包括贸易自由化、通关的便利、货柜运输、数字通讯、资本市场开放等等。所有这些条件都在最近30年到位，中国大陆也正好利用这个历史机遇掌握并发挥了后发优势。

如何理解中国的政治经济体制

到今天为止，中国大陆的经济体制都还是社会主义市场经济，也可以叫做以市场为导向的社会主义经济体系，这也是中国官方对自己国家经济体制的界定，我们要对这个概念认真对待，不要把它看成是一个宣传或包装，其实它真正地告诉了我们这个体制的一些很重要的特征。一方面它充分运用市场机制来调节大多数商品的原材料以及劳动力市场供需，以价格来引导资源分配。从这个方面讲，它是充分运用了市场机制对促进其整个经济体系效率的正面作用。另外在所有权方面，这一经济体制是有多种所有权并存的，它们之间既竞争也共生，彼此共同发展与相互引导。它有国有的，有集体的，有民营的，有外资的。国有企业今日在中国仍主导着整个经济体系中最骨干、最核心的部门。如果你去看上海的上市公司，前20、前30大的公司都是国有的，无论是金融、能源、运输、通讯、石化或钢铁都是国营企业的天下。

到今天为止，中国大陆还坚持农村土地仍旧是农民集体所有，中国共产党不会轻易地跨出完全私有化这一步，因为私有化很快就会使农民丧失土地，会出现农村社会结构的剧烈变化，土地兼并，农民流离失所，在中国历史上这种经验斑斑可考。所以这不是从共产党的意识形态出发，而是根据中国自己的历史经验来思考这个问题。中国共产党领导精英也不断试图克服发展过程中会出现的社会不均衡问题，当然目前已经做到什么程度见仁见智。但这个自我修正与响应社会需求的动力仍然存在。这个政权不断试图追求平衡发展，包括让社会保障体系覆盖面更完整，尽可能用财政移转性的支付来化解城乡、区域、劳资、发展和环境之间的矛盾。如果你从中国自己的历史角度去看，有一些措施也是史无前例的，包括取消所有的农业税，对农村的医疗与基础教育、中央财政、地方财政全面进行补贴，这也是中国历史上3000年未有的大变。

中国大陆的政治体制最突出的设计就是一党专政。这个体制表面上看起来和世界潮流有点格格不入，但观察的重点应该在于一党专政如何维持政治稳定和治理能力。有几个值得注意的地方：一个就是它解决了继承危机问题和个人独裁的问题。一般而言一党专政或者权威体制常常很难克服这两个门槛。至少从毛泽东以后，中国大陆建立了一些制度去克服这两个问题，一个是任期制，一个是集体领导。中共十六大与十八大分别展现了它的任期制和接班制的实际运作。各级常委体制也解决了个人独裁问题，贯彻集体领导。所以说中国大陆的政治局常委就像一个非常强势的总统——当然这个总统是由9个人一起做，各自有各自的分工，但最重要的决定要寻求共识。

另外，这一体制也在不断提升自己的执政能力，来适应快速变迁的社会环境。共产党承担的最重要的任务就是提供人才筛选和人才内部竞争的机制，让有一定资历、条件与能力的人，能够在这个体制里循序渐进，承担更重要的责任。还有，这个体制也鼓励地方政府在公共治理方面不断创新。中央政府本身还扮演核心的统筹角色，因为它仍有一个相当大的协调和制衡机制掌握在自己手上，包括大军区制、人民银行大分行制，中央控制基本能源、运输、通讯、国土资源，也控制宣传工具与人事任命权。这些都是中央面对地方时可以发挥节制作用的关键手段。但另外一方面，中国大陆又像是实施联邦制，省这一级的政府职权在有些领域要比美国的州还要大。这个分权体制没有宪法作为依据，但在实际运作上却也体现联邦制的若干特色，结果是各个地方政府可以因地制宜，可以进行各种不同形式的试验创新。其结果是，中国大陆整个巨大板块内部有剧烈的区域竞争，不仅是省和省要直接竞争资源、人才与资金，甚至县和县之间都要竞争。所以像苏州下面的昆山，从一个农村突然一跃变成一个高科技产业重镇，接下来旁边的那些城市都开始模仿它，都想变成另外一个昆山。这一体制也有足够诱因让地方政府本身成为利益主体，所以地方政府就是有能力调动与统筹自己管辖范围内各种资源的企业集团，政府首长自己就像企业集团的CEO。

这个政治体制面对的最大挑战，就是进行人才选拔与淘汰不胜任的人，并确保适当的人被摆在适当的位置并且受到监督。所以从这个角度来看的话，中国共产党的组织部是全球任务最艰巨的人力资源管理部门。这个人力资源部门面对的管理挑战当然远远超过任何一个全世界最大的公司，不管是美国通用，还是微软。事实上这也超过过去我们认为最庞大的一个官方体制——美国的国防部。甚至从某种程度上来讲，中国共产党内部人才筛选、定期淘汰与选拔竞争的功能，很像美国国防部的人力资源管理。为什么？这是一个封闭体系，所有领导层级的干部都是由内部晋升。你想要做总司令，你不可能空降，必须从少尉开始做起，必须从体制里逐级而上。但不是每个少尉都有机会做到上尉，不是每个上尉都有机会做到上校，不是每个上校都有机会做到少将。金字塔最后到了最顶端的时候，只剩下七个人。同样，美国军队有几个四星上将，有几个三星上将？就是这样一个金字塔。

用什么机制去管理、筛选？这是一个庞大的、极为艰巨的任务，其他人类社会从来没有面临过这样的挑战。如果你到北京经过长安街，看到一个不挂牌的、看起来非常隐蔽的大楼，这就是人力资源管理部的总部:中央组织部。它所领导的部门要负责 1300 万人的党员干部,从选拔开始,到训练、到考核、到晋升、到淘汰。另外,中国大陆的政治体制虽然没有西方经验定义下的民主机制,但它自己的社会主义民主机制也不是纯粹表面的东西,有它实际的作用。最重要的就是它的干部选拔与考核。在中国大陆很多地级市的组织部每年都要委托民调机构,针对这个市的所有政府部门进行民意调查,看民众对这些机构的表现满意或不满意。凡是评分掉车尾的部门都会被警告,第二次再掉车尾,领导人会被撤职或调职。还有,很多单位在进行内部提升之前,会公布合格的候选人,然后让这个单位的所有成员对这些候选人进行匿名投票。这些例子说明了中国大陆有自己摸索出来的制衡与问责机制。

中国大陆的很多城市,尤其沿海地区比较发达的城市,市民参政要求比较高,这些政府都设置有纳入利益相关者意见的咨询与协商机制。重大的建设必须要让居民或者是利益攸关的群体进入协商机制。另外,地方政府有时候不一定贯彻中央的政策和要求,可以体现因地制宜的灵活弹性。还有,大陆近年来不断涌现群众抗争事件,这未必是政治不稳定的征候,换一个角度来看,这些事件频繁出现也意味着,这个体制也允许社会矛盾和压力的释放,上层其实是默许串联、举报、上访甚至抗争的。因为集体抗争是很多地方民众面对无法容忍的事情时最可能采取的自我保护手段,采取这种高亢的手段就是要让问题曝光,曝光以后上面就会派人下去调查,看到底是怎么一回事,很多时候会揭露弊端。而且现在中国共产党领导层对于处理大规模群众抗争事件有非常严格的要求,对于大规模群众事件,地方的一把手要亲自处理,而且绝对不能轻易动用武力。

这些都是中国大陆在面对一个快速变迁的转型社会时的举措。中国大陆实际上在不断地调整自己内部的很多机制去化解社会矛盾,让社会利益也有一定的表达机制,并形成对干部的制衡,叫"问责"。它最近也引进责任审计。任何一个副厅级以上的干部在卸任以后,他任期内所经手的所有的经费、预算要经过审计,这样才算真正完成交接。在这个过程中也常会发觉问题。这个是中国大陆内部不断在进行制度调整的一些很明显的与时俱进的机制。

另外我们要去了解,一党专政体制也不可能没有它的文化背景。这个文化背景应该是儒家文化圈内都最熟悉的。因为这个体制实质上建立在满足"民享",而不是"民治"的基础上。它的政权基础是很抽象的,可以意会却难以言传,叫"民心",而不是选票。"得民心",就是原来中国传统当中政治正当性的一个核心概念。儒家本身的"民本"其实也是一个精英政治,用这个精英政治手段试图来实现"民享"或"民本"的目标。它可能仍面对各式各样的障碍,甚至面对无法跨越的难题。但这个政治体制的政治正当性的建构也有其论述建构的基础。

也因为这样,面对中国大陆的政治体制,中国大陆用那么快速的工业化全面崛起,西方学者是非常困惑的。因为根据他们自己的政治经验,如果没有"民治",怎么可能有"民享"呢?不过中国大陆学者可以问你这个问题:菲律宾也有"民治",但是它有"民享"吗?所以这两者之间也不能直接画等号。另外西方学者也发现他们不能否认中国大陆这30年来的具体发展成果。他们观察中国在筹办北京奥运会、处理四川汶川地震灾难、应对全球金融海啸时所展现出来的统筹兼顾的能力,发现他们的政府都没有这个条件以那么快速有效的方式去应对那些危机,迎接那些挑战。所以前一阵美国《纽约时报》有一个很有名的专栏作家,写过《地球是平的》这本畅销书,叫汤姆·弗里德曼(Tom Friedman)。他最新的一本书里有一个章节叫"让我们做一天中国"(*Let's be China for a day*)①,因为他觉得他也看到了美国的体制存在很多严重的问题。他很担心美国的体制会处在不断的内耗过程中,没有办法让这个国家真正有效地面临21世纪的挑战。他特别在意美国一定要发展绿色经济,一定要对可再生能源投入大量的科研预算。但他发现,美国代表石油界、能源界的利益集团太庞大了,他们在国会可以左右所有这一类型的立法。

---

① Thomas Friedman, *Hot, Flat, and Crowded: Why We Need a Green Revolution-and How It Can Renew America*, Farrar, Straus and Giroux, 2008.

所以他很感慨。他说，我们能不能有一天做一天中国，在那一天把所有21世纪需要颁布的立法全部颁布了，然后第二天回去做美国。当然这是一个梦想，但他用戏剧化的论述来说明这两个体制的不同。

解读中国崛起要有大历史观

解读中国崛起一定要有大历史观。没有大历史观根本看不清楚。所以为什么我一开始用"兴起"而不是"崛起"，其实从历史的角度来讲应该是"再兴"而不是"崛起"。因为在乾隆时代，用安格斯·麦迪逊的计算方式，即购买力等值的GDP，当时中国国民生产总额占全球经济体系超过1/4。它在20世纪初期一度降到最低，只有3%，一蹶不振，也因为其他国家进步太快，尤其是西欧，还有美国。从这个角度上来讲，中国只是在恢复它在世界上的份额，也在恢复它在东亚的地位。我们今天看到的是它在恢复过程里面的一个序曲而已。更重要的是，中国大陆已经在重新塑造世界秩序。但这不是它第一次塑造世界秩序。在历史上，它就曾经是一个塑造世界秩序的重要行动者和成员。大家可能不知道，600年前明朝的时候，中国的贸易占全世界贸易总额的比重超过50%。西方国家从拉丁美洲掠夺的白银基本上都运到中国了，明朝享有大量贸易顺差，有茶叶、丝绸、瓷器、中药这几个出口大项，它自己内部的制造业也很强，所以不太需要进口。

最后，从大历史观，我们应该把中国的"再兴"放到更宏观的角度去理解。中国的崛起是"非西方世界全面崛起"大故事的一部分，而这个大故事就是20世纪的最后40年到21世纪整个世界历史变化的主轴。你现在看到的欧洲面对的所有的经济停滞问题和日本的长期衰落，其实都在这个大历史脉络里面。可以说人类历史已经跨入一个新的阶段，传统的"南北关系"开始出现根本性的变化，一般我们讲"北"，就是指先进的工业化国家，虽然它们不一定都在北半球，但大部分都在北半球，有少数例外，像澳大利亚、新西兰。传统的被殖民的或者是低度发展的国家基本上都在南半球，尤其在非洲和南亚，还有拉丁美洲。什么叫传统的"南北关系"？就是说北方的工业化国家永远掌握科技、军事与金融的优势，他支配全球事务，他们根据自己的利益制定全世界的各种游戏规则。而且他们一直以各种手段，有时候是自由贸易，有时候是殖民掠夺，来维持他们永久的优势。他们和这些南方国家比，享有差距非常悬殊的生活水平。全世界的财富以及创造财富的手段集中在他们身上。最典型的是他们出口非常高价位的工业产品，换取非常廉价的工业原料、农业产品和能源，中美洲国家要出口好几吨的香蕉，才能去换一部电冰箱。有些学者把这叫做南北的不对称交换，或不公平交换。

这种不对等关系是不可能维持长久的，因为落后国家可以学习、模仿、追赶。只要不被殖民、不陷入内战，很多非西方世界国家都有急起直追的机会，先是日本，后是东亚四小龙，接下来还有更多的新兴经济体系，开展了非西方世界全面崛起的历史新局。这些后起之秀也进入快速工业化国家的行列，也进入过去北方国家最擅长的科技尖端领域，也会去挑战原来北方国家所支配垄断的先进产业。这时候南北的交换关系发生根本性的改变。这个改变很简单，用一句简单的话来说，凡是中国和印度会生产的，价格都会上升。凡是中国和印度——当然我们也可以加上巴西、墨西哥、印度尼西亚等等——会制造的，其价格就会不断下降。就这么简单。这就是为什么跟五年前相比鲑鱼越来越贵，因为鲑鱼的总产量要增加很难，但中国与印度的需求增长很快。反过来，一个DVD播放器，你到夜市去买，不到100美元可以买得到。再过几年，模仿iPhone这种智能型手机，在1000元人民币以下是家常便饭。这就是南北关系的根本性变化。

我们正进入一个300年来未有的大变局，全世界生产活动重心快速向非西方世界转移。什么叫"西方"？传统西方，就是西欧，加上美国、加拿大、新西兰和澳大利亚。当然也有人把日本放在里面，这是另外一种定义，传统西方不包括日本。不过日本在心态上常常自以为是西方集团里面的一个成员。全世界财富与权力快速重新分配，也不过是非西方世界在恢复他们在世界经济与政治舞台上的份额，如此而已。我刚才也讲过中国曾经是世界经济体里面一个举足轻重的成员。大家知不知道，其实阿拉伯也是，印度也是——至少在西方还没有把它纳入殖民地势力之下时，它根本就是全球经济体中一个非常重要的组成部分。只不过过去，最多两百多年，世界经济发生了这样翻天覆地的变化。这个变化的发生说明我们过去所熟悉的世界不会真正永久保存在那儿。事实上它已经起了剧烈变化，西方国家一些敏锐的观察家已经看到了。在次贷危机全面爆发之前，前《新闻周刊》的总编辑法里德·扎卡里亚（Fareed Zakaria）在2008年就出了一本书，叫《后美国世界》（*The Post-American World*）①，就是在探讨这个大历史变化和大趋势。他描绘说，当前的转折是过去500年来人类历史第三个重要的结构性转移。第一个是西方世界的崛起，主要是指西欧；第二个是美国的崛起；第三个是非西方世界的崛起。这是他的原话。新加坡李光耀管理学院院长马凯硕（Kishore Mahbubani），一位印度籍的著名学者，也写了一本书，叫《新亚洲半球》（*The New Asian Hemisphere*）。② 因为历史学家把美国崛起叫做西半球（west hemisphere）的崛起，是以美国为首的西半球的崛起。他借用这个概念，说亚洲自己就是一个"亚洲半球"，它会变成世界政治经济舞台上的一个新的要角。这本书也讲到，其实中国、印度、穆斯林和其他很多民族曾经就是世界历史的主角。没有阿拉伯人把天文、医学、数学还有古希腊的一些经典传回欧洲的话，欧洲是不会有文艺复兴的。

过去 500 年世界 GDP 比重分布

麦迪逊做的非常精致的历史估算，是对人类在不同历史时期每个经济体时值规模的估算。这个估算需要收集大量的材料，运用很多不同的

---

① Fareed Zakaria, *The Post-American World*, W. W. Norton & Company, 2008.
② Kishore Mahbubani, *The New Asian Hemisphere: The Irresistible Shift of Global Power to the East*, PublicAffairs, 2009.

估算法。下面这张图（见图1）只是展现他数据里面的一个部分。我们看1500—2000年大的历史变化。中国最迟到乾隆末年、嘉庆初期，国民生产总值占全世界的比重始终是超过1/4。有时候稍微小一点，可能正好有战争，有时候会大一些，但是基本上都是在1/4上下。印度在世界经济中也是一个相对而言非常大的经济体，随后它就全面纳入英国的东印度公司，成为了英国的殖民地，开始被殖民、被掠夺的过程。美国经济在19世纪后期内战结束以后突飞猛进，尤其是到第二次世界大战之后达到顶峰。但是我们要想，北美、欧洲这两个地区总人口不过占全世界1/10多一点，曾经能够享有全世界几乎一半以上的生产力。坦白说，这在人类历史上是一个例外，不是一个常态。这个例外是不可能维持很久的。因为其他国家一旦独立、一旦不挨打，就可以开始发展、模仿、追赶。有些成功，有些没那么成功，但是大趋势还是在的。要维持科技永久的大幅领先，其实是不太可能的。

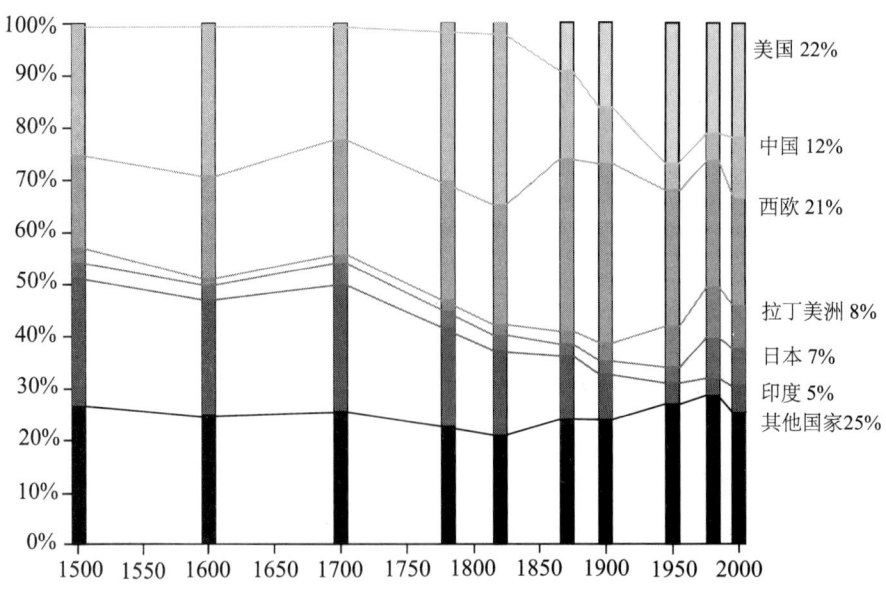

图1　过去500年世界GDP比重分布

数据来源：Angus Maddison，University of Groningen。

在 19 世纪的欧洲人的眼中，美国商人都是一群剽窃、模仿的莽夫，怎么可能追赶西欧？但美国在 19 世纪 60 年代内战结束以后开始全面追赶。在追赶过程中，美国其实也是山寨大国。所有欧洲发明的东西，三个月以后，在纽约、波士顿就会有仿冒或复制品。在这个阶段美国当然不尊重欧洲的知识产权。美国今天领先了，就反过来要求落后国家严格遵守知识产权，作为贸易谈判的重要手段。其实这个追赶过程都很类似。反过来讲，其实历史上中国输出很多重要的科技发明，例如活版印刷、火药与罗盘，当时没有专利的制度，自然也没有向其他国家收过权利金。

非西方世界崛起 呈现多元现代性

安格斯·麦迪逊根据这个模型对未来做了估算。这个估算跟我之前讲的《日蚀》那本书其实很呼应。虽然他的重点主要放在 GDP，而萨勃拉曼尼亚的重点是全球经济活动的比重，特别是贸易和投资。他们侧重的面不一样，但是整个大趋势是非常类似的。按照这个模型估计，西欧 2030 年占全世界的比重会从过去的最高峰、石油危机之前的 1/4 多一点，降到 12%。美国相对来说减缓速度会比较慢，因为美国还会有新移民，人口还会增长，它的科技创新整体来讲是优于西欧的。从现在很多学者对这个资料的看法来看，对中国大陆的比重应该是一个保守估计。最重要的一点，西方在石油危机之前曾经是占 51% 左右，"二战"刚结束的时候大概占 56% 多一点。美国、英国、法国等重建战后世界，建构国际体系中所有重要的制度和规则，也不奇怪，因为它们站在这样一个无与伦比的领先支配性地位。但是整体来看，西方到 2030 年会低于 1/3，而广义的非西方会超过 2/3。这个世界就绝不是我们以前熟悉的那个世界了。历史一定会出现翻天覆地的变化。其实这个变化已经出现了，不过它的终局还没有完全形成，还在一个演变的过程中（见图 2）。

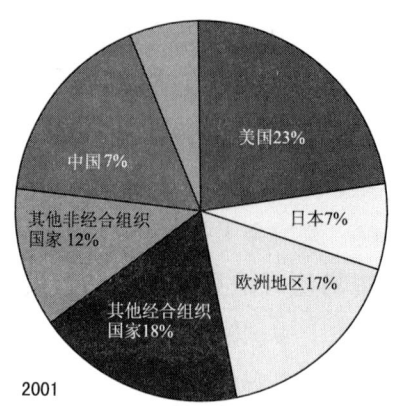

2001

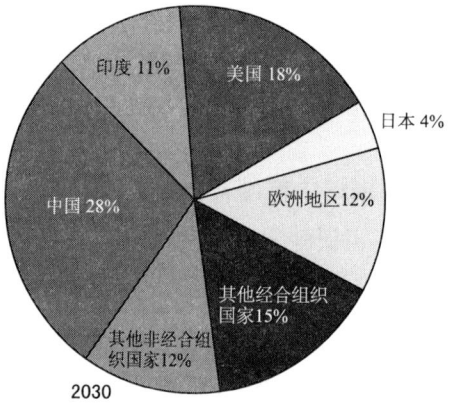

2030

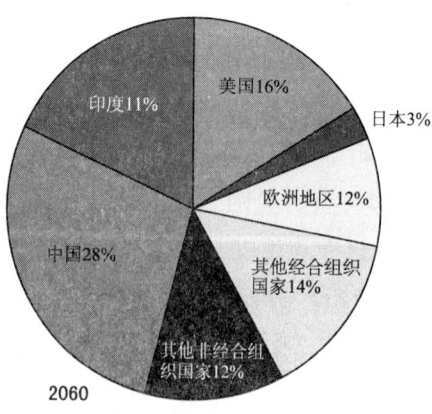

2060

图 2　未来全球 GDP 比重变化趋势

数据来源：Johansson, A., et al., OECD Economic Policy Papers, No. 3, 2012。

全球生产力的重分配与财富的重分配，必然带来权力结构以及意识形态场域格局的变化。2008年加州大学教授斯蒂文·韦伯（Steven Weber）与他的学生在《国家利益》（*National Interest*）双月刊发表了一篇评论，他们特别提醒读者，过去西方领袖对整个世界秩序的理解，对于全球事务应该遵循什么样的规则与体制来进行管理，是基于一种西方中心的思考。过去很少探索过，如果西方中心的这种观点逐渐被淘汰或被迫调整的时候，接下来可能是一个什么样的世界。他们认为非西方国家的选项并不是只有融入西方主导的国际体制或是挑战现存国际秩序这两种，非西方国家也可以选择绕过西方建构的体制，而根据不同的世界观与价值观另外建构一套国际交往的规则，然后把西方国家建构的国际规范摆在一边。

未来实际的发展应该是三种变化都会出现，非西方国家会选择性地接纳既有的国际交往规则与多边体制，但也会要求改革。同时，非西方国家也会绕过西方国家主导的体制，自行建构新的合作机制与多边组织。西方国家也必须做出一些让步与调整，例如2008年以后没有人再把G8当一回事了，G20已经取而代之。为什么要出现G20？为什么G8（其实是G7）要把舞台让出来？因为形势使然。

另外，"金砖五国"已经逐渐实体化，包括南非在内的BRICS，已经开始挑战西方主导的世界秩序了，并且已经在西方主导的既有的合作体制和规范外设立一套自己的合作机制，当然还在萌芽阶段，但是已经有一定的动能。

中国崛起带动西方世界全面崛起，根本改变了工业产品和原材料之间的交换条件，加速了全球财富的重新分配。当然，这个重新分配不是所有西方国家都相对来说在走下坡，也有幸运者，比如说天然资源非常丰富而人口又很少的国家，加拿大和澳大利亚。因为它们有很多森林、铁矿、油页岩，还是可以受惠于非西方世界的全面崛起的。

但从核心价值观的角度来看，更重要的是，我们过去所熟悉的一元现代性历史格局在消失。在那种格局下，西方代表最先进的，其他国家只能慢慢模仿和靠近，进步和落后的坐标是非常清晰的。我们几乎可以确定，21世纪的特征就是多元现代性（multiple modernities）。不同的历史背景、文化背景的国家，可能会以不同的路径走向现代化，而且它们成熟稳定的现代化社会的模样、组织原则中，有现代性成分，也有共通的成分，还有其特殊的成分。不是每一个国家最后都会演变成美国，或者演变成德国。事实上日本就不是。日本作为一个高度现代化国家，其实它的社会、政治运作模式和美国、欧洲很不一样。不过我们有时候忽视其差异，只看它们共通的地方，勉强去运用一元现代性的历史格局。

非洲这10年来巨大的变化，是非洲独立以来从来没有出现过的景象，其实这都是因为这些国家全面加速和中国大陆、印度、巴西的关系，形成新的经济交换和互惠关系。中国大陆和非洲贸易额在2011年就达到1600亿美元，占非洲对外总贸易额的18%。反过来，中国也更依赖非洲的能源。中国也开始进行各类投资，到2010年底有400亿。在这个时期，中国本身很多金融机构也扮演着很重要的角色。在上一个10年，2001—2010年，中国进出口银行给非洲提供的各种不同形式的贷款，短期、长期，融资总量是672亿美元。而世界银行，这个过去全世界最重要的给发展中国家提供优惠性贷款的机构，在这个时期只不过进行了500多亿美元的融资。由此你就可以看出这个变化。中国也减免了35个贫困国家300亿美元的债务。现在一个新的重要金融机构在非洲发展，开始在非洲扮演角色，这就是中国的"国家开发银行"。它的总资产超过世界银行和亚洲开发银行的资产总和，它要和跟非洲合作的中国中小企业开始对非洲进行融资。在拉丁美洲，你会看到同样的景象。

所以从这个角度来看，中国发展的道路会影响到人类的未来。它震惊了西方主流经济学，也撼动了过去传统的国际发展机构对于发展和治理的话语权，包括国际货币基金组织、世界银行。以前这些机构认为它们知道应该如何指导非洲、拉丁美洲、亚洲怎么发展，怎么进行政治改革，怎么制定经济发展战略。但它们过去的这种支配地位发生了剧烈变化。也因为有这个变化，所以林毅夫才可能变成世界银行的副总裁。

中国大陆的社会主义市场经济有可能在全世界的意识形态版图上占有一席之地，在东亚我们可能感受不到这个趋势，但是在非洲、拉丁美洲、南亚你完全可以感受得到，在美国式资本主义和西欧式民主社会主义（福利国家）体制以外，开创第三条道路。这种可能性是存在的。它会逼着第三世界所有国家的政治精英重新去思考，怎么样去平衡正当程序、维持国家治理能力、取得最好发展结果，应该用什么样有效的制度、安排和策略来追求它们之间的平衡。

最近，非常有影响力的《经济学人》杂志也意识到这种挑战，虽然它对中国大陆体制不太愿意用官方的名称（社会主义市场经济），而是给它取了另一个名字，叫做"国家资本主义"（State Capitalism）。但它也看到了这样一个变化，因而忧心忡忡，说西欧福利国家模式面临崩解，美国资本主义面临挑战，国家资本主义在新经济体中变成一个主流思想，不仅是在中国大陆，而是在很多非西方国家。

所以如果要我对21世纪世界经济的新坐标做一些揣测、描绘的话，我会认为，金砖五国会成为非西方世界的领头羊、代言人，会逐渐取得全球议题的话语权，G7会逐渐失去制定多边体制与规范的主导权。当然并不是明天就会看到一个焕然一新的结果，但是这个过程已经在进行，而且在10年、15年，甚至在更短的时间内会出现戏剧性的变化。可以预见，美国和欧洲，因为其相对位置开始下降，经济的挑战压力开始上升，除了像德国可以维持很好的竞争力以外，它们内部的贸易保护主义会上升。反而新兴经济体会变成维护全球贸易的主角。20年前，它是完全反转的景象。

我也预测，新兴经济体之间的依存度会不断增强，彼此在贸易、金融、能源和环境上更紧密合作。金砖五国在新德里召开最近一次的峰会时已经达成协议，要成立一个自己的开发银行。这个开发银行一旦成立的话绝对会侵蚀现在世界银行的地位。同时我也认为，美元最终会失去世界储备货币的独占地位，但是完全取代美国的超主权货币也很难在短时期内出现。这时，国际贸易会呈现多种货币结算的多元化局面和区域化格局。比如，在某一个区域中，某一种货币是主要的资本市场操作和结算的货币。当然欧元也会有它的位置。人民币成为东亚主要货币的可能性看起来与日俱增。

这就是我们刚才讲的为什么西方国家不得不接受 G20。很简单，它要新兴经济体承担新的责任。希望它们能够扩大支出、扩大消费，带动西方国家的出口，而且希望这些国家能够注资国际货币基金组织、世界银行和其他的全球性的金融或财政援助方案，动用它们的储蓄、外汇存底，也希望这些外汇存底丰沛的国家能持续购买美国的国债，压低长期利率。你要人家贡献，你就必须在饭桌上给人家多一副碗筷，多一个席位。

在很多不同领域，除了经济以外，比如说我们现在最关注的全球暖化问题，怎样完成一个后《京都议定书》新协议。这个游戏规则过去是西欧在主导的。因为美国非常抗拒整个构想，不愿接受任何一个全球性的强制减少温室气体排放的协议，变成一个被动的大国，所以欧洲变成领头羊。欧洲在设计游戏规则时，其实在很多方面还是以自己的利益作为第一位考虑的。这个主导地位在 2009 年就被挑战，从此以后不可能恢复——必须要协商，必须要面对以东亚、印度、巴西这些国家为代表的非西方集团对全球气候变化公约的要求。所以你可以看出来这个世界已经在剧烈变化。虽然说金砖五国还谈不上是一个紧密的政治集团，内部还有很多矛盾，尤其是中国和印度之间，不过 2012 年 3 月在新德里举行的金砖五国峰会上，可以从政策宣言里看出，它们也找到了对全球性议题共同的立场和看法。因为它毕竟还处在一个急起直追、相对落后的位置。它们提出要建立一个公平、公正、包容、有序的国际货币金融体系。这话是什么意思？就是说现有的国际金融体系是不公平、不公正、不包容、无序的。但这是用一种正面表述的方式，来说它们对现存体系的不满。为什么国际货币基金组织和世界银行总裁，永远是一个美国人做，一个欧洲人做？世界上经济的实力已经出现了那么巨大的变化，如果西方国家把这些管理机构、多边体制牢牢掌握在自己手中不放的话，非西方国家就另起炉灶；如果你内部不改革，那我从外部改革，会带来更大的冲击。

我们来看东亚的经济新秩序。我认为也很清楚。中国和印度会变成在未来很长一段时间内带动东亚经济成长的火车头。东亚国家整体上来讲会降低对美国与欧洲市场的依赖，并强化与其他新兴经济体的经济合作，包括拉丁美洲、中东、非洲。中国大陆也会成为带动东亚区域经济整合的龙头，不会是日本，日本看起来可能性比较低。东亚国家即使不是形成正式的、有形的货币同盟，也会是某种形式的货币同盟，包括发行他们自己的货币和货币政策，以及相互增加持有对方的国债，人民币也会变成这个区域里面日渐重要的一个结算货币以及亚洲债券市场的主要计价货币。

在台湾我们不太关注，我们过去的历史经验是走向海洋才可能发挥自己的优势。这也没有错，在历史上某一个阶段陆上战争很多、贸易障碍非常严峻的时候，海上通路是最通畅的、无远弗届的。但是一旦陆地的政治障碍可以克服的时候，陆上运输的经济效益比海上还要高。现在已经在出现这样一个变化。泛亚铁路系统会变成亚洲区域经济整合的加速器。不久之后，就会有高速公路，还有高速铁路，从昆明直接到新加坡。如果朝鲜的改革速度真的加快的话，高速铁路从长春经过边境到平壤，再到首尔，也不是完全不能想象的。今天一个货柜从重庆——一个过去认为交通极不方便的落后山城——花不到 15 天就可以到达德国汉堡，中间不需要通关，因为沿路的所有国家都签了一个协议，可以让一个封关的货柜直接到达欧洲。同样一个货柜，如果要从上海运到鹿特丹，需要 21 天以上的时间，而且要确定洋流、马六甲海峡的海道都是不是没有问题。很多新的变化都是值得我们关注的。这样，整个中亚这条传统陆上丝路就会透过现代的运输体系被重新建构。这些都可能是我们要去面对的东亚新秩序。

结论

中国崛起是撼动当前全球秩序的最重要转型力量之一,也将是引导21世纪全球秩序重组的主导力量之一。在这层意义上,中国的发展模式影响全球秩序的重组,中国发展道路的选择影响人类社会的未来。中国发展模式的突出表现,震惊了西方主流经济学,也撼动了国际发展机构对于经济发展与经济治理的话语权,让许多第三世界国家在思考如何在社会公正、可持续性发展以及利伯维尔场竞争效率之间取得平衡时,有一个更宽阔的思考与选择空间。中国政治模式的实践经验也十分突出,在引导社会追求最佳公共选择上有其明显的功效;特别是它在西方代议民主体制的经验之外,开辟了另外一种取得"政治正当性"的途径。对人类历史发展而言,中国崛起与中国发展模式的出现,将加速一元现代性框架的解体,加速多元现代性框架的确立。未来,西方历史将不再是唯一的参考架构,也不能用简单的形式化指标来界定文明的"先进"与"落后"。在多元秩序格局的世界里没有先验的"普世价值",任何制度与价值体系都必须在不同的社会土壤、不同历史条件下经过实践的检验,经过时间的淬炼,才能取得其特定时空下的正当性。没有国家仅仅因为披上"代议民主"的外衣,就自动取得政治文明的优越地位;现行的西方代议民主体制,不但要落实自由权利保障、政治参与、权力制衡与公平竞争这些起码的核心要素,也必须在保障人的安全、增进人的发展、维护社会公义、维护民族与国家的生存发展等这些最基本的国家与政府职能上,高度满足公民的期待,才能跟中国模式在意识形态领域相竞争。

非西方世界的全面崛起也意味着,人类社会将同时面临两种可能的历史发展情境,一方面全球秩序可能进入一个较长的崩解与重组时期,在这期间一定程度的失序与混乱很难避免,许多全球层面的公共治理议题可能会出现巨大的真空;另一方面,我们也可能迎接一个更公正的全球秩序之来临：一个更符合对等与互惠原则的国际经济交换模式，一个更尊重文化与宗教多元性的全球公共论述领域，一个更能统筹兼顾地球上绝大多数群体的可持续性发展需要，以及一个更能体现"休戚与共"及"和而不同"理念的全球秩序。

当中国统治世界的时候

[瑞典] 克拉斯·埃克隆德

克拉斯·埃克隆德（Klas Eklund）

　　瑞典著名经济学家、作家，曾经担任瑞典首相顾问、财政大臣顾问、财政部计划司长、欧盟专家、瑞典最大私人银行——斯安银行的首席经济学家和瑞典社民党20世纪90年代政策委员会主席。现任斯安银行高级经济专家，著有《瑞典经济》等十多本书，并在国内外刊物上发表过850多篇论文。

> 中国认为自己起码与美国一样优越,但却在某种程度上对自身作用自我满足,更没有类似的使用武力在全球传播福音的传统。

西方外交官经常批评中国的外交政策,宣称中国没有担负起人们有权利要求一个超级大国应该承担的全球性责任,但是中国近几十年在国际舞台上取得了很大成就,特别是考虑到其起点是一个贫穷孤立、没有多少国际影响的毛主义国家时,更是这样。现在香港和澳门已经回归,和平统一台湾的前景也在改善。中国拥有巨大的外汇储备,正在建成世界历史上最大的商业中心,拥有丰富的自然资源、证券和土地。中国的发展模式赢得了许多发展中国家的尊重。

在我个人看来,中国不可避免地要成为全球支配性大国,其发展将影响全世界。

进步与扩军

其军事领域落在发展后面。1991年和2003年的两次伊拉克战争告诉中国领导人,他们的军事能力,其速度、火力、射程、技术、通信和情报系统仍然距离美国很远。中国虽然拥有200万人的世界上最大的常规部队，而且有能力将其迅速扩大许多，但在今天的战场上数量不再有决定性意义。速度、准确性和火力更加重要。军队因此必须是职业性的，并掌握高科技武器系统。

随之而来的是对新武器和综合系统的巨大投资。中国的军事开支迅速增长，尽管开始时与美国相差很远。自 2000 年以来中国的军费增长了五倍，而美国翻了一番。但由于起点很高，美国军费开支目前仍然是中国的六倍。即使按占 GDP 的比例，美国军费也比中国要高不少。美国人说中国没有公布其所有的军费预算。

中国军费的迅速增长拉近了双方的距离，其对新武器系统的投资初见成效。引人注目的是中国有干扰雷达能力的最新战机的问世和建造第一艘航空母舰的努力。新一代导弹可以击沉远离中国海岸的美国航空母舰。中国雄心勃勃的航天工程，以其 2008 年的太空散步和 2013 年登月工程为代表，象征着新一代未来军事技术的发展。2011 年 3 月利比亚战斗中，中国最快地撤走了本国侨民。在几天时间里三万多人利用飞机和船舶离去了，这相当于三个步兵师。在军事上或者民事上没有几个国家有着从地球另一端运送如此多的人马的实力。

这一切都构成了可以扩大行动范围和增加政治影响的巨大军事力量。但中国要在自己的领土上在军事上挑战美国尚需时日。

外界人士有时对共产党能否长期控制军方表示怀疑。这个疑问并非一无根据。随着军队将领们日渐地专业化，并建立起高科技军事武器库，军队会日渐远离毛泽东时期建立的游击队传统：政治委员掌握权力，士兵与农民打成一片。

共产党与经理们、教授们和想扩大行动自由的其他方面的专家们的关系方面也面对着类似的挑战。但由于军方有着武器，这种关系有着质的区别。共产党与军队之间历史上就有过矛盾。前文中讲过国防部长因为反对大跃进而被清除。同样军队在"文革"集体大疯狂中，先是管理国家，成为国中之国，后来又被按到地上，而总司令林彪也死在逃亡路上。因此共产党极力要控制军队，由共产党的领导人担任中央军委的主席。然而发展的趋势表明：专业化正在帮助军队脱离日常政治控制，减少对共产党的归属感。为了取得军队的支持，共产党的领导人只好以不同方式讨好军方。

和平崛起

令人吃惊的是中国的迅速崛起迄今为止是在政治或军事上没有发生巨大冲突的情况下发生的。以往国家间的领导地位发生更迭时情况并非如此。欧洲列强为争夺主导地位和殖民地打了几百年的战争。美国时间虽然短些，但同样也有着灭绝印第安人，攻击西班牙、墨西哥和军事干涉拉丁美洲的残暴历史。

中国的崛起迄今尚未发生类似摩擦。到目前为止，中国的扩张主要是经济上的。在政治上人们努力避免在美国的势力范围——拉丁美洲挑战美国。军事上中国的力量太弱了，还不能形成对美国的威胁。中国特别强调和平发展并以此扩大影响。中国人的口号是"和平崛起"，从目前情况看，他们还是言行一致的。

从历史上看，中国是比较和平的。中国的皇帝们把中国当做邻近小国、仆从国的文化经济中心，而不在军事上占领它们。中央之国从历史上就是一个自满的国家，与美国和过去另一个超级大国是不同的。它们都通过战争和占领进行扩张。

未来摩擦会增长

预言未来是困难的。随着中国经济实力的增长，政治上的冲突似乎难以避免。随着国内矛盾的激化，民族主义情绪正在增长。现在已经有人主张中国在外交上应该采取措施，对美国更加强硬。美国方面对中国存在"战略上的猜疑"，很少有人相信中国权力更大些时会继续坚持和平发展。

当高等职位也受到中国人的竞争时，在一些西方国家保护主义在上升。对人民币兑换率的争吵可能会尖锐化，反对中国购买证券与企业的政治抗议声可能会高涨，同样人们也反对得到国家支持的中国龙头企业的扩张。中国方面可能会为这些"走出去"的企业输入更多资金，从而激起美国和欧盟更多的对抗措施。地区性利益也会酿成矛盾。在非洲、拉丁美洲自然资源和能源上的争夺将会尖锐化。关于气候政策上的资金负担之争可能要持续很长时间。

美国可能会在上面一个或者几个问题上选择以硬碰硬的方针，中国也可能选择某种方式进行挑衅。随着石油产出达到顶峰或者停滞，对地球能源之争可能会成为冲突的爆发点。最大的危险是一个或者几个这样的冲突可能会导致针对东南亚地区的军备竞赛。

具体情况还不甚明了，但历史表明老的超级大国绝不会自愿退出舞台。美国恰恰有着残暴的历史，而且对美国文明的作用有着独特的认识——美国例外论。这是一种比中国传统的优越感更加外向、更有侵略性的偏执性。中国认为自己起码与美国一样优越，但却在某种程度上对自身作用自我满足，更没有类似的使用武力在全球传播福音的传统。

一个统一的但更开放的中国

当中国面对如此众多的挑战时它真能保持统一吗？许多人认为内部矛盾和国际关系紧张加剧时，中国早晚也会像苏联一样走向分裂。这个比喻并不恰当。苏联是一个年轻的通过军事占领建立的多民族、多种族的国家，当国家领导瘫痪时，帝国的不同成员寻求独立是自然的。

但中国作为统一国家历史要长得多。中国历史悠久，它不是建筑在军事占领基础上的，种族分裂并不能形成威胁。92%左右的中国人是汉族，剩下8%的人由包括藏族、维吾尔族和蒙古族在内的55个少数民族组成。最大的少数民族是居住在与越南接壤的南方的壮族。因此，并不存在能够影响中国国家统一的种族或者民族冲突。

巨大的挑战来自政府如何应对民众日益增长的对言论自由和反对腐败的要求。目前尚不存在实现多党制或西方民主的压力，但共产党对地方上、甚至有限的不满发泄也选择了压制的方针。这需要一场大规模的社会宣传活动。因特网为通讯交流、发泄不满和小型新闻采访提供了新的可能。共产党对社会的全面控制已经破裂，共产党以加强网上巡查和进行新一轮的舆论紧缩作为回答。

这种以政府控制为一方，以居民正在增长的教育水平、新的通讯渠道为另一方的冲突必须以这种或那种方式加以解决。目前这种关系是不稳定的，从长远看这也不利于创造性的发挥和经济的发展。考虑到上述情况，以为西方民主在中国可以行得通是过于简单化了。我个人的估计是政府慢慢地会被迫更加开放，共产党将更多地倾听各方意见，同时扩大党内民主。但通向彼岸的道路可能是困难重重。

中国成为第一

如果中国能够继续革新，如果世界能够避免因中国崛起而发生流血冲突，中国将经过长达200多年的虚弱时期之后很快夺回其世界领先地位。原因有二，一是其庞大的人口，二是在这方面能够挑战中国的唯一国家——印度在经济上远远落在后面。这给中国一个重大的机遇，当中国重新成为中央之国之时，在一个一体化的世界上，相比上一次经济位居世界榜首时，它能给国际社会更加显著的影响。

经济上，这个世界与我们习惯的世界将区别很大。我出生在20世纪50年代，当时美国经济处于顶峰，它参与并利用其经济实力和高效的军火工厂打败了纳粹。美国的工业没受破坏，它的货币成为世界储币，它的外援最多。此外，美国自己通过其仆从国还控制着世界石油资源。欧洲和亚洲大部分地区受到战争蹂躏而变成一片废墟。

从图1中可以看到，1950年尽管北美人口不多，却占有全球总产值的1/3。亚洲众多发展中国家包括人口最多的中国和印度在内，加在一起仅拥有世界总产值的10%。

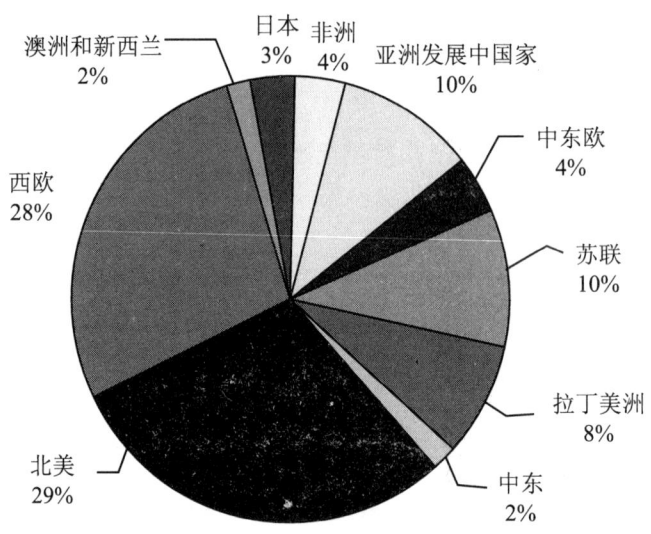

图1　1950年世界各地区经济产值占世界总产值比例

如果我们迅速地跳过100年来到2050年，谁也不知道那时真实情况如何，但我们可以把世界上最大的银行之一——美国花旗银行的一份预测作为出发点（见图2）。这份关于2050年的预测把1950年的世界完全颠倒了个个。亚洲发展中国家将拥有世界总收入的一半，而北美下降到10%多一点，西欧份额更小。过去的领先地区的产值加在一起尚不及这些前殖民地仆从国的一半。

亚洲国家经济上的这种支配地位会带来许多后果，政治中心将从美国和欧洲转向亚洲。这肯定会影响现存的联合国、经济合作与发展组织、国际货币基金组织和世界银行等领导机构的组成，如果它们那时还存在的话，或者在新组建的更加适合新的领导性国家的国际机构的领导班子中得到反映。不管怎么说，那些按美国意图设立的组织肯定将失去意义。

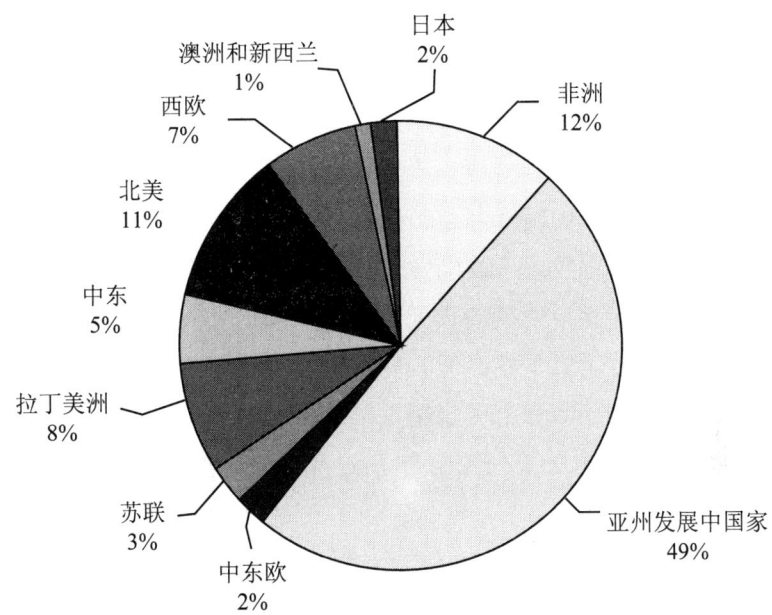

图 2　美国花旗银行预测 2050 年世界各地区经济产值占世界总产值比例

研究与发展

有些西方知识分子反对这种未来预测，他们的主要观点几乎都是美国的教育制度（在某种意义上也包括欧洲）比中国优越。首先，美国的教育促进创新，而中国的教育以权威主义为基础，搞填鸭式灌输，从长远看不利于创新或者技术发展。西方世界的优质教育将会阻止关于中国崛起的预言变为现实。

请允许我提出异议。中国已经不再仅仅是使用廉价劳动力、生产廉价商品的国家。中国正在迅速成为拥有大批工程师、技工和受过高等教育的青年人的国家。一大批科研中心正在涌现。在一系列行业里中国企业正在产品增值链上跨出大步，低费用与高技术相结合在越来越多的领域内形成强大的竞争力。在未来的许多年里，中国仍然可以通过提高效率、创新产品取得迅速发展，而不需要取得科研领先地位。

中国的科研开支正在上升，2004年占国民生产总值的1%强，2010年翻了一番，达到2%。按照计划，10年后将达到约3%。同时，越来越多的外资企业正在把其科研资源迁移到中国。

尽管起点不高，中国专利申请的数量却正在迅速增长。中国现在已位居世界第四，与前面国家的距离正在拉近。仅仅2006年到2010年，来自中国的国际专利申请就增长了三倍。申请的质量尚不是最好的，实际被批准的专利数量要少些，但人们在这方面也雄心勃勃，计划在十年内进入世界前五名，实际上可能用不了这么长时间。一些企业已经跑在前列，华为（与日本松下公司合作）近年来已经成为专利注册最多的企业。

甚至在高等教育领域内中国也开始大步跨越。现在中国每年有700万人从大学毕业，所培养的工程师和科技工作者的数量远远超过美国，大约是200万比40万。在未来十年内，中国高等院校培养的学生将会翻番。实际上中国培养的理工科博士也在增加，每年2.8万名，而美国为2.5万。这个差距看来会迅速扩大。尽管中国学生水平不一，但许多人在儒教影响下学习刻苦。平均说来，他们的数学水平与技术能力比西方同龄人要高。

统计表明，中国研究人员也在缩小与西方的差距。英国科学院2011年春公布了一项关于各国发表的科研论文的排名情况。美国仍然排名第一，占文献发表量的20%，但美国所占份额近十年来迅速下降。中国迅速上升，目前科技文献发表量已占11%，在化学和物理方面更多。中国只用了几年时候就从第四名跃居第二名。在自然科学和技术领域中国实际上已经超过美国。美国在那些最著名的刊物上发表的文章量依然保持领先地位，但双方差距正在缩小。

被低估了的中国教育

各种统计表明，中国的创新能力与西方国家的差距也在缩小。再过几十年中国15亿人口中将出现数百万研究员。同时，研究工作的开放趋势尽管有所起伏，也在发展。以为西方教育有如此大的优越性，以致可以战胜中国的人口优势似乎是过分自信了。

目前约有10万中国学生在美国大学学习，他们经常是当年的尖子生。他们中的许多人完成学业后留在美国，但回国人数比例在增长。中国当局和学校领导利用优厚的工资待遇和科研经费吸引更多的尖子生回国。

他们可能会取得成功。2010年秋天，美国《新闻周刊》中的一篇文章里说，勤奋上进的中国青年人愿意在美国尖子大学上学，但不愿在美国工作。学成后他们愿意回国工作，因为那里富有活力，挣钱和上升的可能性更大些。退休时，他们不想住在中国或者美国，而想去欧洲——世界上的这个角落有着良好的食品和文化，舒适安静，就像个博物馆。

我有时也怀疑中国教育是否会有西方辩论家们不承认的强项。但经合组织2010年的国际学生评估报告（PISA）对一些国家的高中生的才能进行了比较排名，所得结论是上海学生在阅读和数学方面名列榜首，后面是韩国、中国香港地区和新加坡，都是些受中国刻苦学习的传统影响的国家或者地区。美国和欧洲国家学生落在后面。

中国重点大学正在表现出创造专利和培养青年企业家的孵化公司的能力。在这些领域，中国有着雄心勃勃的计划。下个十年将兴建上百个世界领先的大学，其中两个领先者进入世界前十名。为了支持那些有希望的创业者，有些领先大学已经设立了科技园和创新中心。

创造性与权威

在关于创造性和教育的讨论中人们经常争得面红耳赤。西方观念受到挑战。2011年冬天一篇关于儿童教育的论文问世，作者是一位居住在美国的中国女性——查亚米，著名的美国耶鲁大学的法律教授。她曾在一本书中称赞中国妇女是"母老虎"。她还在《华尔街日报》上发表过文章《为什么中国妇女高人一等?》,这篇挑衅性文章立即成为该报历史上评论最多的文章。

她从孔子出发宣称西方对儿童的教育是松散的、享乐主义的。我们给儿童过多权利,而且过早地赋予他们这些权利,使他们只会看电视,玩电子游戏,而不努力,不做作业,不用时间学习语言,不去欣赏古典音乐或文学。中国家庭不一样,父母对孩子提出要求,特别是对学习要求严格,要按时做作业,成绩要好。

查亚米说,中国父母认为对孩子来说最好的不是给他们充分的自由,很容易、很快地满足他们的需要,而是相反,要提出严格要求,进行辅导,让他们为将来生活中的严峻竞争作好准备。

美国大多数的政治评论对她的反人道主义立场表示震惊,但是中国学生在自然科学和数学领域内击溃了他们的西方同学。当成千上万聪明的中国学生毕业并走上工程师等工作岗位之后,如果他们对学业的严要求不在其技术能力上、在他们制造的日益先进的新产品和服务中体现出来,就是令人奇怪的了。在建造网络、基础设施和绿色能源方面也是一样。

创造性和开放的知识环境是很重要的,但只讲创造性,不讲纪律性是不够的。如果记忆库充满了知识,而大脑看到了联系,就会促进创造性的发挥。反复训练、大量阅读和幼年纪律可以保证基础知识的获得。学习纪律和基础知识是创造性和科研成果的前提,而不是相反。我们看到的被称为创造天才的人,绝大多数在其领域内都拥有深厚的基础知识并长期艰苦研究。

在我看来,中国的高等教育和研究将会日益开放,那些极力发展的中国大学肯定会从世界各个角落招聘教师、教育家和其他有创造力的人才。中国在科研和高等教育领域带来的挑战应该受到重视。

当中国统治世界的时候

2011年世界经济论坛达沃斯峰会期间,我和几个经济历史学家参加了一次讨论,议题是从历史角度怎样看待21世纪的发展,什么是这个世纪最大的特点。

大家一致的看法是大融合。19世纪、20世纪主要的特点是工业化,西方国家,先是欧洲随后是美国崛起。第三世界的穷国继续保持贫困。这是大分化,贫富差别严重拉大。但是现在历史开始翻页,主导性的变化是穷国的报复。它们的经济开始增长并赶了上来。在这场赛跑中,领先的首先是包括中国在内的一些大国。

中国变成一个领导性国家,会在许多领域产生影响,会在许多地方打上烙印。中国经常强调自己的特性,要建设有"中国特色"的国家。中国经济上对世界未来的影响是不言而喻的,因为中国将成为世界上超级的最大经济体。西方很多人对这么众多的人口本身的影响的含义不甚了解。我愿意提醒大家我曾讲过的一些预言,只需要几十年时间中国的经济就可能达到美国与西欧经济总和的几倍。

与此同时,若干西方国家将受到债务危机的打击。美国国债之大已经接近可以破坏其增长可能的危险界线。其他国家如日本和意大利等已经超越这个界线。若干西方国家不得不通过通货膨胀来消化债务,否则只能重新谈判。不管怎样做,其行动自由和行动能力在未来几年都将受到很大限制。

经济权力会带来政治影响,此外,还会产生增强软实力的所需资源——文化影响。当中国企业收购外国公司时,同时也会出口中国的管理文化。当中国利用其外汇储备的一角来扩大其国有电视频道的国际辐射力时,其文化价值和文化也将得到传播。当中国成为世界经济中心时,越来越多的经济学家和政治专家会去把"中国奇迹"理论化,并告诉人们怎么向中国学习。

让我回到上个世纪 50 年代，我出生的那个美国人优先的年代。上个世纪的下半叶，美国人的支配地位可不只表现在生产、贸易和投资上。美国商标、食品和文化风靡世界，想想汉堡包、牛仔裤和可口可乐，还有好莱坞、电影明星和摇滚音乐。美国游客带来的不只是美元，而且还有荣耀。约翰·肯尼迪成了世界上许多人的偶像。我们都学了不少美国历史，从南北战争到肯尼迪被刺和 9·11，我们甚至认真地追踪每一次美国大选。

100 年之后，可能在 2050 年前后，中国可能会接替美国的角色。那时中国的文化和政治会比我们今天可能想象的更多地影响着我们。中国食品，包括中式快餐会变得更加流行，中国电影和文学如同中国款式和中国设计一样会占领世界。我们可能会看中国电视，用我们自己的语言或者中文，我们中的许多人那时候肯定会学中文。一个中国式的约翰·肯尼迪会使我们着迷。当我们生病时我们会用更多的中草药和针灸。我们会佩服中国体育明星。成群结队的中国游客会挤着参观我们的名胜古迹。

即使不是因为中国这个超级大国在周围已经建立了上百个孔子学院，也会有其他原因使我们许多人去研究孔子。1949 年和公元前 221 年在我们的历史书上也会变得像 1632 年和 1789 年一样重要。我们会更加密切地关注中国的内政发展，不管它是走向民主还是保持一党执政。世界会变得与今天大不相同。

结束语

中国崛起激起了人们的强烈情感，有支持的，也有反对的。究竟它是天堂还是地狱，远景图像并非一清二楚。对关于中国的任何一种判断人们都可以提出反驳，对每一个预言人们都能提出反证，因为这只猫既是黑的又是白的。

中国是一个一党执政国家，但其公民享受了前所未有的自由。

中国是一个穷国，但却有正在扩大的中产阶级和富得流油的权贵上层。

中国威胁环境和气候，但在绿色技术上的投资超过了所有国家。

中国从原有工业国家手里抢走了工作，但通过压低消费品的价格提高了我们的生活水平。

中国在扩张并创造了新的平衡——却恢复了西方国家和帝国主义国家在中国衰弱时期打破的平衡。

中国使非洲殖民化，但没有像欧洲人那样使用武力和奴隶制，而是向其提供金钱和出口市场。

作为世界上人口最多的国家正在重新成为中央之国，如果不激发人们的情感反而不正常了。历史上当新的大国走到前台并挑战原有的强国时都是这样。我们欧洲人都很清楚，近百年来由于一个上升的大国要用武力和鲜血改变原有的权力结构，使欧洲曾经两次成为世界大战的爆发地。

中国的崛起与德国、日本和美国分别挑战苏联时的情景颇不相同。中国比它们大得多。中国的历史远比它们悠久，对自己的看法不同——不把自己当作一个竞争性民族主义国家，而是一个更加美好的负有文明使命的文明古国。中国因此要求比以前的超级大国拥有更大的国际舞台。它的崛起与突破会产生巨大的政治、经济和文化影响。

在西方，人们以为中国领导人会把关系到我们的问题，例如人民币汇率、贸易协定、国际外交等作为首要问题，实际上却远非如此。中国是如此之大，国内面临的问题是如此之多，使其领导人为国内问题忙得不可开交。

这些问题都十分棘手。中国领导人需要把贫穷的、还残留着计划经济痕迹的广大农村，改造成现代化的、有社会保险覆盖的城市化的市场经济。他们需要改造国家的能源供给系统和基础设施，使国家经济更加绿色。他们要推动人类历史上最大的投资和城市化工程。他们还得解决人口老龄化问题和青年人的抵触问题，从零开始建筑社会保险体系。他们还得顶住各种紧张局势保持国家统一。所有这些都得在两代人的时间内完成，而这个国家有着世界上最多的人口，最古老的国家机器和最古老的文明。

此外，他们还想保留共产党的权力，这可能是政治局目前最为迫切的任务。现在很难预言他们是成功保存一党国家，还是最终被迫改革成别的什么体制。现在共产党的目标是通过改革来保留党国。这有几种可能，共产党可能通过扩大党内民主来收揽人心，通过实行个人选举，发展一种更能听取群众意见的一党制国家。

如果不能实现革新，社会将会更加僵化，成为压迫性的一党专制，结果会导致难以处理的敌对性冲突，一方是党国，而另一方是经济界，民众和国际社会。但事情很清楚，西方式的议会多党民主不是当前的议程。另一方面，人们也不能低估共产党应对新的挑战的能力。共产党虽然是一个列宁主义的干部党，但也学会了进行现代化管理和攻取民心的技术。

最好的结果自然是中国能够成功地提高其生活水平、建造一个更加和谐、更加绿色的国家，同时能听取民意，继续渐渐地向着民主方向前进。这样整个人类都能向前迈进一大步。

因此我们祝愿中国取得成功，同时我们也将为中国更加开放更加民主作出自己的努力。

（高锋 译）

中国经济增速渐进下移①

韦森

韦森

复旦大学经济思想与经济史研究所所长、教授、博士生导师，曾任英国剑桥大学和哈佛大学访问学者。主要研究领域为制度经济学和比较制度分析，对哲学、伦理学、法学、政治学、人类学、语言学、社会学以及宗教神学等学科也有着广泛的研究兴趣。学术专著主要有：《社会制序的经济分析导论》、《经济学与伦理学：探寻市场经济的伦理维度与道德基础》、《经济学与哲学：制度分析的哲学基础》、《制度经济学三人谈》等。

---

① 本文原载 FT 中文网。经作者授权发表。

> 如果说过去30年中国经济高速增长，主要得益于中国经济吃"市场化的红利"和靠吃"人口红利"而得来的话，在这两个红利都快"被吃尽"的情况下，未来中国经济增长，就主要靠吃"制度改革和法治民主建设的红利"了。

为何判断中国经济增速正在渐进下移？

今天圆桌讨论的主题是"寻找经济新增长点"。我想先谈出一个基本判断：中国经济大致已经进入了这一轮工业化的中后期——如果说还不是末期的话，这也在基本上决定了中国经济高速增长正在趋缓，正在逐渐进入一个中速增长时期。

刚才林毅夫教授在主题演讲中再一次谈了他对未来20年中国经济的乐观预期，即仍有8%以上的增长潜力。毅夫之所以得出这一判断，如他刚才自己所解释的，主要依据是人均GDP水平。按照目前中国人均GDP大致只有5000多美元的现状，毅夫判断中国大致处于日本20世纪50年代初、新加坡1967年以及韩国和中国台湾地1975—1977年与美国的差距，而这些国家和地区之后都利用了自己的"后发优势"，达致了一个20年左右的8%上下的高速增长，由此他预计中国可能还有20

年超过8%的GDP增长潜力。

我自己没有林毅夫教授那样乐观。我自己感到，在未来20年中，中国经济能维持5%到7%平稳的GDP平均年增速，可能就很不错了。因此，我们未来的政府决策层和各界人士，似不宜再强为不可为，逆经济发展大趋势而为，再力图保八，再千方百计维系一个难以维系的经济增长速度。

我之所以得出这样一个判断，有以下两点理由：

首先，从表层上看，中国经济增长的"三驾马车"目前看来都动力不足。这一点林毅夫教授已经作了全面的分析，我都同意。这里我想补充的一些想法是：经过20多年尤其是加入WTO十几年的高速增长，外贸出口大致已臻顶峰，未来几年净出口对GDP的贡献将很低，甚至是负的；另一点是中国投资的黄金时代正在过去，加上中国的消费增长因受居民家庭收入在国民收入中持续多年下降和其他因素制约，而不可能支撑未来中国的高速经济增长，这将从表层上决定中国经济增速在今后几年甚至更长的时间里会逐渐下移。另外，从近现代世界经济史来看，任何一个国家经济的高速增长时期，都是投资的高速增长期。当一个经济由靠投资占GDP的份额很高转向主要靠消费增长来拉动经济增长时，本身就意味着这个经济正从高速增长转向中速或低速增长了，几乎没有例外。

为什么说中国投资增长的黄金时代正在过去？我们不妨先看制约中国投资增长的三个因素：第一，房地产投资的巅峰期已经过去。按照2012年5月13日中国人民银行和西南财经大学发布的研究报告，中国自有住房拥有率已经高达89.68%，远远高于世界60%的平均水平，差不多已是世界上最高的了。这一事实反过来实际上说明房地产投资高速增长期也自然会过去。说进一步靠中国未来的城市化来增加房地产投资，在中国目前的体制、制度安排和文化传统下，中国未来的城市化怎么走，怎么自然演变，我们好像还不是很清楚。至少从目前的经济格局来看，房地产发展的一个周期快到了。

第二，中国出口不振和产能过剩，出口企业利润率偏低和下行，会影响制造业投资增长。近些年来，中国企业的平均利润普遍逐渐下降，众多企业出现亏损，自有资金不足，即使不做出口的企业的投资扩张动力也在减弱。

第三，也是最主要的，21世纪以来一轮大规模的由各级政府所推动的基建投资的黄金时代也已经过去，包括高速公路、高铁、机场、码头、政府大楼，乃至绝大部分城市的基础设施已经基本完成和趋于饱和，即使再启动一些项目，也不可能像前几年那样全面地大规模地铺开了。当然，根据国家"十二五"规划的部署，公路、铁路、地铁、水利等基建投资未来数年仍有一定增长潜力，但地方政府负债率已经很高了，加上经济增速下滑所导致的税收增收减缓而民生类支出压力较大，局部地区风险约束明显增加，因此各级和各地由政府推动的基建投资扩张的能力受到限制。即使按照国务院经济研究中心刘世锦所率领团队的新近研究，他们也预计2013年固定资产投资增长率会低于20%。投资机会在减少、投资在下降，又加上过去的投资还留下巨大的银行负债，这也决定了中国经济的增速在渐进下移。

其次，上述三驾马车动力不足说，只是说明了短期中国经济增速会下行的一些表层因素。更深层次的问题是，中国经济经过30多年的高速增长，尤其是中国加入WTO后外贸出口高速增长、人民生活水平的提高（牵涉到家电、汽车的快速增长等）和较快的城市化，特别是随着过去二三十年来中国实体部门的高速增长，到目前为止，中国经济已经基本上到了工业化过程的中后期，如果说还不是末期的话，从而导致在目前的中国经济发展阶段上，几乎所有部门的资本投资边际回报率都在逐年下降，在现实中表现为各行各业赚钱的机会和可能越来越少，越来越小。

中国整体的资本边际回报率多年前已经开始下行，这一点本身也就表明中国的潜在经济增长率在下移。这里，我特别推荐一下《财经》（2012年第27期）上发表的伍晓鹰教授的一篇文章，按照他多年的跟踪研究，自 1995—1999 年以来，中国的资本边际回报率"下降速度是惊人的"。由此伍晓鹰得出结论说："当经济进入低谷，为了实现增长的投资努力往往是以牺牲效率为代价的。"我非常同意这一判断。实际上，今天在座的彭文生博士的研究团队最近一两年所作的几个研究报告，也表明和支持这一观点。

资本的边际回报率普遍下降，意味着整体上中国经济的潜在增长率在下移。我之所以得出这一判断，在理论上是得益于今年年初我重读凯恩斯的"货币三论"——即《货币改革论》（1926）、《货币论》（1931）以及《就业、利息和货币通论》（即《通论》，1936）——所得到的一些感悟。在《货币论》第 30 章中，凯恩斯强调指出："我要提请史学家特别注意的明显的结论是：各国利润膨胀时期和萎缩时期，与国家的兴盛时期和衰败时期异常地相符。"指出这一点，凯恩斯还觉得不够，又补充道："本书的重要论点是，一国的财富不是在收入膨胀中增进的，而是在利润膨胀中增进的；也就是说，发生自物价超越成本而向上奔驰的时候。"

凯恩斯的上述判断，是一个极其伟大和深刻的理论发现。他这一段话的核心思想是，一个国家的兴盛与衰退，与资本的边际回报率或平均利润率的高低密切相关，或者反过来说，资本的边际回报率是一国繁荣兴衰的重要经济指标。当然，经济学的业内行家会知道，从宏观经济的分析技术上说，资本的边际回报率短期可能与经济的去库存化周期有关。但是，伍晓鹰、彭文生的研究团队以及其他研究机构的研究都表明，中国各行各业的资本的边际收益率多年来已经保持下降的趋势，这就可能不是一个短期去库存化的问题，而可能是个经济增长趋势性的问题了。或用一句通俗的话来说，当各行各业都感觉赚钱难和不再赚钱的时候，这也意味着一个国家在一段历史时期的经济繁荣已经差不多到了顶峰。

正是基于这一深层次的考虑，我在今年 5 月所作的一篇访谈"大转型中的中国经济"中，尤其是今年 8 月 10 日在 FT 中文网上发表的另一篇长篇访谈"把脉当下中国经济"中,都谈了同一个意思:中国经济增速逐渐下移,目前看来是个无法改变的自然和必然趋势。

最后要指出的是,我之所以在今年以来初步感到中国经济增速正在趋势性地逐渐下移这一点,也与多年来我一直在研读世界经济史和中国经济史的文献有关。从1979年算起,中国经济已经连续高速增长30多年了,年平均增长速率超过了9%;尤其是在中国加入WTO后到2011年,尽管有2009年上半年的短期经济增速下跌,但是我们可以说经历了10多年的黄金增长时期,年平均GDP增速超过了10%。这么长时期和这么快速的经济增长,在人类历史上是前所未有的。

从人类近现代和当代经济史来看,在欧洲近代崛起中,工业化导致一个国家的经济起飞,先是有一个"快速"增长时期,然后进入中速增长期,最后进入一个长期停滞时期。按照麦迪森(Angus Maddison)教授生前的研究,英国从1830年至1870年的复合增长率才2.05%。到1873年,第一次世界经济大萧条就结束了。然后从1870年至1913年进入中速增长期,复合增长率为1.90%。1813年后,出现了"英国病",二三十年经济增长率为零,失业率超过10%甚至20%。直到第二次世界大战后,差不多直到1950年后,英国才随"二战"后的一波全球经济快速增长而从"英国病"中走出来。从近代史上来看,德国的经济崛起时间也大约只有30至40年,自俾斯麦1871年统一德国后,从1871年至1913年,德国的GDP年平均增长率为2.83%,然后,德国卷入了第一次世界大战,经济变成一片废墟和萧条。再看日本。日本战后的高速增长期为18年,实际上这还要归因于日本在战争废墟上的经济恢复,才有这一波相对快速的经济增长。从1955年至1973年,日本GDP年平均增速为8.89%,1975年至1990年为中速增长期,年平均增速为4.29%。1990年后,日本陷入长期的萧条期,到目前为止,这20多年年平均增速只有0.85%(见图1)。

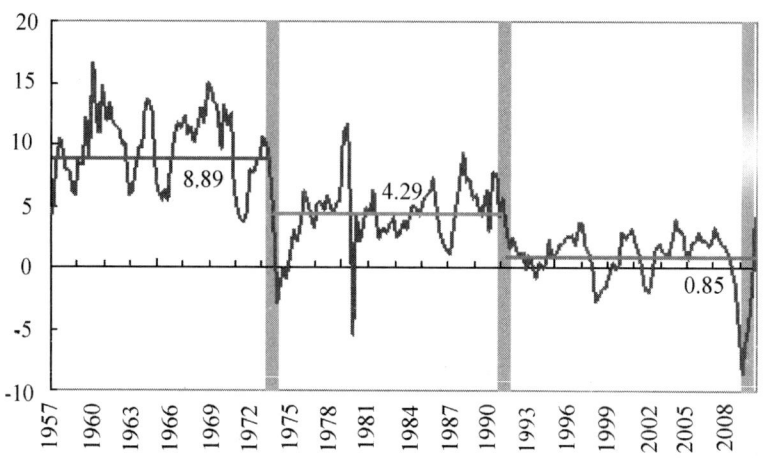

图1　1957—2009年日本经济增长轨迹

通观人类一些国家的近现代和当代史，反观中国经济目前的整体发展阶段，我有一个不甚成熟的判断：目前中国经济大致相当于日本经济在1973年所处的发展阶段和日本在1975年所面临的情形，即正在从高速增长期逐渐向中速增长期移位。

正是基于这一判断，我最近在广州岭南大讲坛中呼吁说：中国进入中速增长期不可怕，可怕的是意识不到这一点，再人为批准和促动政府所推动的一些不讲效率的盲目投资项目——如湛江"吻增长"的钢铁项目等，来人为保八，从而逆经济发展的必然法则和必然趋势，费不可为之力，为不可为之事。这样做，短期只会逼迫各级地方政府及其统计部门在经济增长的统计数据上造假，甚至勉强投一些无法收回投资成本和没有效率的项目，在中长期这将会把中国经济推向大萧条！

刚才林毅夫教授讲到他仍然主张依靠进一步的政府基础设施投资来维持保八的增长，我感觉，尽管这一政策建议的思路值得同情和理解，因为我上面已经指出，任何国家的高速经济增长期，都是投资尤其是固定资产投资的快速膨胀期，但是，今天我们也应该意识到这一政策导向也有许多局限性和潜在风险。

我粗略计算了一下，从 2009 年至 2011 年的过去三年中，中国全社会固定资产投资总额加起来为 80.49 万亿，年平均增速为 25.8%。如果 2012 年政府的货币政策再一放松，财政刺激政策再加大，这四年，中国全社会固定资产投资总额加起来将会超过 110 万亿，这将是 2012 年 GDP 总量的两倍，也将超过中国的广义货币 M2 和全中国的银行储蓄总额。理解了如此大规模的固定资产投资，才能真正理解在过去三四年中为什么在全球经济复苏步履维艰、一片低迷中中国经济仍有超过 9% 的 GDP 年增速了，也就随之能理解中国经济增速下移将是一个不可避免的自然趋势这一点了。因为，任何一个社会都不可能在如此天量的投资推动下保持长期可持续的增长。在全社会的资本边际回报率下降的大趋势（这一下降趋势反过来看恰恰是这一天量固定资产投资快速增长的必然贡献因素）下，等到所投项目不赚钱了，大多数企业利润为负的了，谁来还款？谁来为这超过百万亿的固定资产投资埋单？这也就是这几年我根据奥地利学派米塞斯和哈耶克的商业周期理论的理路一再呼吁的：要警惕中国经济潜在的风险。按照这一学派经济学家的分析理路，等到还款期到了的时候，等到投资要清算的时候，大萧条就不远了。

未来中国经济的新增长点在哪里？

认识到中国经济增速在未来将会逐渐下移，是否意味着政府在未来经济增长中就要完全退出和无所作为了呢？显然不是。刚才毅夫在主旨讲演中提出他主张在未来一段时间中，要继续增加政府在基础设施方面的投资，并把这一点作为未来中国经济增长速度的一个重要贡献因素。

对于这一点，我基本上表示同意和支持。尽管在过去数年中有许多政府的不当投资和浪费性的投资，且给各级地方政府留下了巨大的负债包袱，但是在目前中国经济的发展阶段上，考虑到各级政府实际上掌握着近 20 万亿的财政收入（"第一财政"、土地出让金以及各种"预算外收入"和"制度外收入"），中国政府在一些地区和城市——尤其是在中西部一些城市——继续投资改进民生的地铁和一些公共设施项目，还是应该支持的。在财政体制上，我同意贾康等学者的看法，应该允许地方政府靠发债来进行基建投资。允许地方发债来进行基础设施建设，这将推进地方政府阳光财政、阳光融资，更重要的是推动中国政府的市场化融资，而不是现在这样靠银行贷款和各种各样的政府融资平台来进行暗箱操作。通过银行贷款和政府融资平台进行基建投资融资，这已经给中国经济埋下巨大的隐患，实际上已经成了许多官员腐败寻租的重要渠道和温床。各级政府通过发债来进行基建投资，也会减轻银行的负担，把风险留给市场，留给投资者自己。这也将从整体上和在长时期中降低银行业的风险。

尽管保持一个相对较高的投资率尤其是基础设施投资率是必须的，但是我个人觉得，从国家发展战略上讲，在中国经济增速渐进下行的趋势中，与其说要靠启动更大规模的投资来"保增长"，毋宁要努力寻找当中国逐渐进入中等收入国家时期和即将进入中速增长时期一些新的增长点。

未来中国经济的新增长点到底在哪里？在这个问题上，林毅夫教授在最近出版的《新结构经济学》和《繁荣的求索》中，提出除了继续依靠政府基建投资外，主张还要靠政府指导和引导下企业技术创新和产业升级来求得未来中国经济的新增长点。实际上，中国政府尤其是发改委在过去几年中在这些方面已经做了大量工作了。虽然看来有些成绩和成效，但现在所造成和带来的问题也不少。其中，像太阳能和多晶硅行业的大量企业——如无锡的尚德和江西的赛维——这几年在盲目发展中导致企业负债累累，资不抵债，企业面临清算倒闭的窘境，就是一些典型的例子。

那么，除了基建项目投资外，未来中国经济的新增长点主要在哪里？我觉得一个过去常常讲、人人讲，但却在现实中被实际上忽视了的因素是发展服务业，尤其是金融服务业。

中国经济新的增长点可能不能再指靠启动更大规模的固定资产投

资，而是要靠发展服务业，尤其是金融服务业——这一点说来已经好像不是什么新的理论了，因而好像也构不成新的增长点了。我觉得问题的关键在于，要从经济学的基本理论上理解这么一点：服务业，尤其是金融服务业，并不只是为制造业和实体部门服务和融资的部门，而是金融服务部门本身也创造 GDP。

回顾人类近现代经济史，尤其是当代经济史，我们发现，各国的经济发展和社会繁荣，并不仅仅表现为科技进步、制造业部门的产业升级，而且表现为市场分工越来越细，生产越来越迂回，更多的交易部门和服务部门的出现，结果是第三产业产值占 GDP 的比重越来越大，尤其是金融服务业的比重越来越大。就此而论，服务业的发展，服务业所创造的国民收入占 GDP 的比重越来越大，这是现代经济增长的一个典型的事实或者说内在构成部分。

为了说明这一点，我们不妨先问这样一个问题：近几年来，中国物质生产部门的许多产品的总量都为世界第一了，但是目前中国的 GDP 总量差不多只是美国 GDP 现价的一半。这到底是因为什么？譬如，按照国际钢协 2012 年年初发布的数字，2011 年中国的粗钢产量已经达到 6.955 亿吨（按中国工信部 2012 年 3 月发布的数字，2011 年中国的钢产量实际为 7.3 亿吨），占全球粗钢总产量 15.27 亿吨的 45.5%。比日本、美国、俄罗斯和印度的总和还多。2011 年，中国的水泥产量也高达 20.85 亿吨，占世界总产量的比例已经超过 60%。2011 年，中国煤炭产量为 19.56 亿吨油当量，远远将位居世界第二的美国（5.56 亿吨油当量）甩在身后，在全球产量中的份额已经提升到大约 50%。中国汽车产量在 2011 年达到 1840 万辆，比美国 1370 万辆高出了 470 万辆。2011 年，中国的造船吨位完工量高达 6800 万吨，也保持了世界第一。另外，按照 2011 年 3 月 4 日中国国家统计局发布的数字，到 2010 年，中国已有 220 种工业产品产量居世界第一了，那为什么中国的 GDP 却不是世界第一而只有美国 GDP 的一半？其中的原因，就在于中国的服务业——尤其是金融服务业——发展的落后，服务业创造的产值占 GDP 的比重，远远落后于西方发达国家，甚至低于印度等发展中国家（参见图2、图3）。

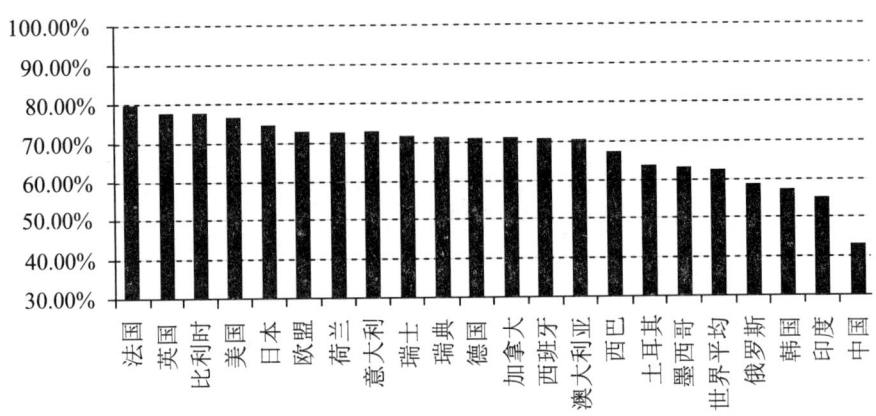

图2　2011年各国第三产业产值占各国GDP的比重

资料来源：wind，中金公司数据。

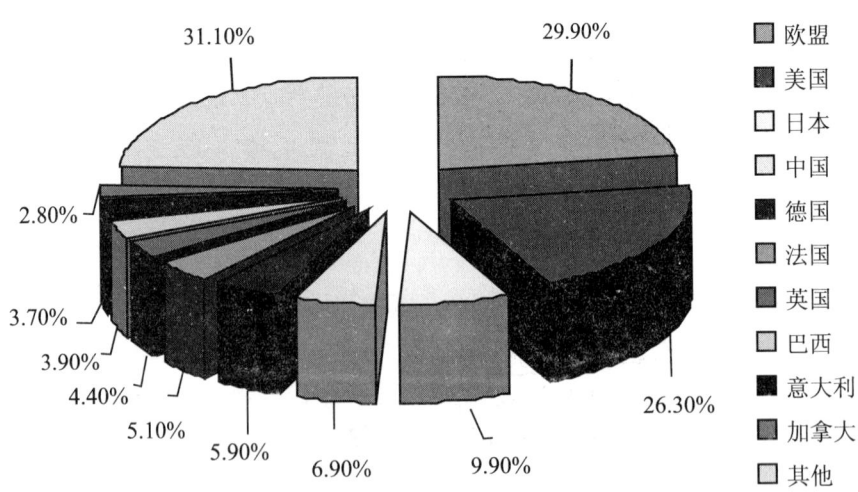

图3　2011年各国第三产业产值占全球第三产业产值比重

资料来源：wind，中金公司数据。

从图 2 和图 3 中，我们可以清楚地看出，尽管中国的实体部门的产值远远超过美国，但是在服务业和第三产业的发展上，中国还远远落后于美国和其他发达国家，低于世界平均水平，甚至落后于印度（按比例）。比如，2011 年，中国服务业所创造的 GDP 占整个 GDP 总量的份额，远远低于美国和世界上的一些发达国家，后者平均已占 70% 以上。2011 年，在美国 15.9 万亿美元的 GDP 中，服务业所创造的价值超过 76%，而同年在中国大约 7.5 万亿美元的 GDP 总量中，服务业所创造的份额只占 43.1%，尤其是金融服务业所创造的 GDP 占比，还不到 7%（而中国香港地区的这一指标为 22%—25%，新加坡为 26%）。这个例子充分说明，服务业，尤其是其中占很大成分的金融服务业，才是现代经济增长的主要构成部分。

另据 CEIC DATA 数据库的统计数字，1950 年，美国制造业的规模占 GDP 的比重高达 27.03%，金融服务业只占 11.49%。60 年后，到了 2010 年，制造业的产值占美国 GDP 的比重下降到只有 11.72%，而金融服务业的占比则提高到了 20.7%。由此看来，与其认为现代经济增长主要是由于实体经济部门内部的产业升级所推动的，不如认为主要是由第一产业向第二产业、第三产业尤其是其中的金融服务业的过渡和转变所实现的。

理解了现代经济增长很大一部分主要靠服务业的扩张来实现的，也就能大致理解在过去二三十年中国实体部门高速增长所推动的中国高速经济增长末期经济增速速率下滑这一经济社会的大转型期合宜的国家发展战略了。

在目前中国经济社会的格局中，以及在目前的世界经济大环境中，要想维持稳定且可持续的经济增速，光靠政府的基建投资，显然不够，且十分危险。完全指靠技术创新和产业升级，就目前人类社会的科学技术发展的前沿来看，这一点还构不成未来中国经济进一步增长的主要推力。现在要实现中国经济的进一步提升，中国经济要保持相对稳定的增速，看来还是要遵循人类现代社会经济发展的一般法则，即跟随西方国家已经走过的路,发展服务业尤其是金融服务业了。反过来看,只有金融市场和金融服务业繁荣发展了,才能有望为实体部门尤其是企业的技术创新和产业升级服务,才能更好地为投资和融资服务。更重要的是,金融服务业的发展和股市的繁荣,也会反过来通过增加人们的财富,并通过财富效应来提升人们对未来投资和消费的信心。

如何发展服务业?在这方面经济学界和社会各界已经有大量研究报告和政策建议了。我这里只想指出一个看似虚无但实际上却至关重要的问题:由于服务业尤其是金融服务业的发展需要一个良序运作的法律制度环境,没有进一步的改革,尤其是政治体制改革,就不能期望我们的服务业尤其是金融服务业有长足的发展。道理说来简单,如果现代法治民主的政治体制不能建立,如果司法部门一直是政府官员腐败的重灾区,如果政府官员运用手中掌握的权力和掌控的巨大资源进行个人和家族的腐败寻租现象越来越严重、越来越普遍,法制形同虚设,从而导致全社会感到社会收入和财富占有上越来越不公平,社会紧张程度越来越大,如果一些民营企业家对未来缺乏安全感且感到存在巨大的不确定性,纷纷把资产转移到国外,未来中国又怎么会有繁荣的金融服务行业和可持续的经济增长?

也正是从这个角度,我们认为,如果说过去30年中国经济高速增长,主要得益于中国经济吃"市场化的红利"和如蔡昉教授所坚持认为的那样是靠吃"人口红利"而得来的话,在这两个红利都快"被吃尽"的情况下,未来中国经济增长,就主要靠吃"制度改革和法治民主建设的红利"了。

两周前,我在广州"岭南大讲坛"讲完当前中国宏观经济形势及其走势的报告后,一个蛮专业的听众问我这样一个问题:"韦森教授,既然中国整体的资本投资边际回报率在下降,你又怎么能期望中国的股市能繁荣?"这是一个很好、很深刻且很尖锐的问题,但背后的逻辑却值得我们进一步推敲。对于这个问题,这里可以反过来问两个问题,大家也就可以有自己的答案了:

（1）在过去三四年中国经济仍然有超过9%的GDP年增速，为什么中国的股市表现却在世界上排名倒数第一？甚至比希腊和西班牙还差？

（2）在过去三四年美国的综合年GDP增速不超过2%，但为什么美国的道琼斯指数和纳斯达克指数均不断创历史新高？

一旦深究这两个问题，我们就会很容易发现这样一个问题：中国股市和金融市场一再萎缩，中国金融服务业之所以不怎么发展，关键还是制度原因。由此我们也可以得出这样一个结论：没有根本性的制度改革，中国金融服务也不可能得到大的发展，中国的股市也不可能有真正长期稳定的繁荣。这也从另一个方面说明，未来中国的经济增长，主要靠吃"制度改革的红利"这一点了。可能正是因为这一点，全中国人民乃至全世界都在对即将召开的中共十八大有诸多期待，大家都在期盼着十八大选出的新一代中国政府领导人能够真正有所作为，能够在深化经济改革的同时，稳妥渐进地启动中国的政治体制改革。

中国如何避免中等收入陷阱？

蔡昉

蔡昉

中国社会科学院人口与劳动经济研究所所长、研究员，中国社会科学院学部委员，兼任浙江大学"卡特中心"教授、北京天则经济研究所特约研究员、农业部软科学委员会委员、劳动与社会保障部专家委员会委员。主要研究领域：劳动经济学、人口经济学、中国经济改革、经济增长、收入分配和贫困以及"三农"问题的理论与政策。近期著作有《中国流动人口报告》、《惑与不惑之间》等。

> 一旦经济发展越过了刘易斯转折区间，人口红利消失，制约经济增长的因素就是潜在产出能力，而在一段时间里不会是需求因素。

中国经济发展阶段已经发生了根本性的变化，不仅跨越了刘易斯转折点，而且人口红利也开始迅速消失，最终都会表现为供给方面的潜在产出能力降低。一旦不能从长期方面认识到这一点，对短期的宏观经济形势判断也必然失误。经济周期现象与经济增长过程之间，既存在着密切相关的联系，相互施加着重要的影响，又分别由不尽相同的因素所决定。因此，认识中国经济需要把短期和长期视角结合应用，才能对经济发展阶段和宏观经济形势作出正确的判断，形成具有针对性的政策应对思路。如果以为增长减速是周期性因素造成的，从需求角度采取刺激增长速度的政策，则无异于南辕北辙。从国际经验看，这往往造成灾难性的后果，即增长减速变为经济停滞，在许多情况下导致一些国家陷入中等收入陷阱。

本文对中国经济发展阶段变化作出判断，通过归纳落入中等收入陷阱的四个步骤，进而从长期和短期结合的视角对宏观经济作出判断，帮助读者认识中国经济面临的问题和挑战，做出防止错误判断发展阶段和宏观经济形势的警示，进而提出对长期可持续增长有针对性的政策建议。

认识中国经济的发展阶段

在改革开放初期,随着大规模减贫的成就,中国摆脱了马尔萨斯陷阱,进入到二元经济发展时期,实现了前所未有、令世人瞩目的增长绩效。而伴随着刘易斯转折点和人口红利消失转折点的到来,中国经济发展目前面临的根本性变化,本质上则是从二元经济发展向新古典增长的转变。能否对中国经济发展作出正确的阶段性判断,能否认识到中国经济面临挑战的本质,关系到中国经济增长奇迹能否最终实现。如果缺乏能够把长期与短期相结合的理论框架,面对这样一个没有既往经验可资参照的转变,很可能会得出似是而非的判断,乃至产生张冠李戴的政策结论。

在为中国经济发展阶段定位时,一个常用的分析方法就是,把中国与某个经历过类似发展过程,如今已经进入高收入经济体行列的国家进行比较。把中国与日本进行比较就是一个十分有意义,但是需要格外小心的研究课题。像中国一样,日本曾经被看作是一个成功实现经济赶超的奇迹创造者,其发展路径也与中国有诸多相似之处。这些相似之处包括,在经济发展过程中,两个国家都受益于人口转变创造的人口红利,政府都发挥了较突出和更直接的作用。然而,更重要的是,中国和日本都经历了劳动力从无限供给到短缺的刘易斯转折点,以及人口红利消失的转折点。

把现在的中国与上个世纪60年代和70年代的日本进行比较,人均收入水平更加接近,无疑可以得出结论,根据日本的经验,中国仍有20年甚至更久的高速增长时期。这个结论固然有助于人们认识中国经济增长的可能性,但是,这种推理却不能回答中国能否避免中等收入陷阱的重要问题。事实上,与成功地跨越中等收入阶段,进入高收入行列的经济体相比,更多的国家恰恰是在仍有增长可能性的阶段上开始停滞,乃至落入中等收入陷阱。因此,找出决定能否持续增长的根源,相比仅仅指出保持持续增长的可能性,对中国来说更具有针对性。

虽然一般认为,日本经济在1960年到达其出现劳动力短缺和工资上涨现象的刘易斯转折点，但是，以劳动年龄人口停止增长、人口抚养比开始上升为标志的人口红利消失的转折点，直到20世纪90年代初才发生。而就这两个转折点的时间间隔来说，中国的未富先老特征呈现出不同的表现，即在2004年到达刘易斯转折点之后，仅仅花了短短数年时间，即在2013年中断了15—64岁劳动年龄人口的增长。如果从中国的国情出发，选取15—59岁人口作为劳动年龄人口的话，则在2010年到达峰值之后，已经开始了显著的下降过程。

可见，把2010年的中国与1990年的日本进行比较，更加切中两个经济体面临挑战的共同点，符合比较研究的初衷。正是在1990年，日本的经济泡沫破灭，经济增长从此陷入长达20余年的停滞。例如，在1990—2010年期间，日本GDP实际年平均增长率只有0.85%。观察当时日本遇到了哪些与今天的中国相似的变化，及其与日本经济"失去的20年"的关系，有助于认识中国目前面临的严峻挑战，由此可以引申出有益的政策含义。

在典型的二元经济发展中，劳动力无限供给，受工业化积累能力制约的经济增长所需劳动力，可以以不变的生存工资水平得到满足。由此，这个时期的工业化伴随着劳动力大规模从农村向城市转移。就这一过程来说，中国与日本在几个方面有较大的不同。

首先，中国劳动力流动始终面临着很大的制度障碍。在改革开放之前人民公社、统购统销和户籍制度的严格禁锢下，中国农村剩余劳动力的转移进程被耽误了几十年。甚至在改革开放之后，在劳动力流动规模和范围不断扩大的同时，中国仍然继续受到户籍制度的制约，因此，劳动力转移是不彻底的，迄今仍然属于一种"有来有去"的模式，转移劳动力及其家庭未能成为永久的城市住户。

其次，在整个改革开放期间，中国同时处于迅速的人口转变过程，其发生速度大大快于以往其他国家所经历的过程，因而也形成独特的"未富先老"特征。因此，与日本刘易斯转折点与人口红利消失转折点之间有长达30年的间隔不同，中国在刘易斯转折点出现之后，便迅速地迎来其人口红利消失的转折点。

在争论中国是否迎来其刘易斯转折点时,鉴于经济发展阶段具有长期的特点,其变化也反映在一定的时间区段内,因此,有人建议用"刘易斯转折区间"的概念代替刘易斯转折点。我们认为,根据东亚经济体的经验,刘易斯转折点到人口红利消失转折点之间的间隔,是一个更容易观察也更有政策含义的转折区间。

图1显示的,就是中国15—59岁劳动年龄人口,从迅速增长到减速增长,及至零增长,进而负增长的完整过程。一般情况下,伴随着劳动年龄人口的这个变化,同时还发生着人口抚养比从迅速下降到减速,到达最低点之后转而升高的过程。所以,这里以劳动年龄人口变化作为这两个过程的代表。如图所示,我们把2004年标注为刘易斯转折点,把2010年标注为人口红利消失点,两者之间的年份则是刘易斯转折区间。这种划分是理论与经验结合的产物。

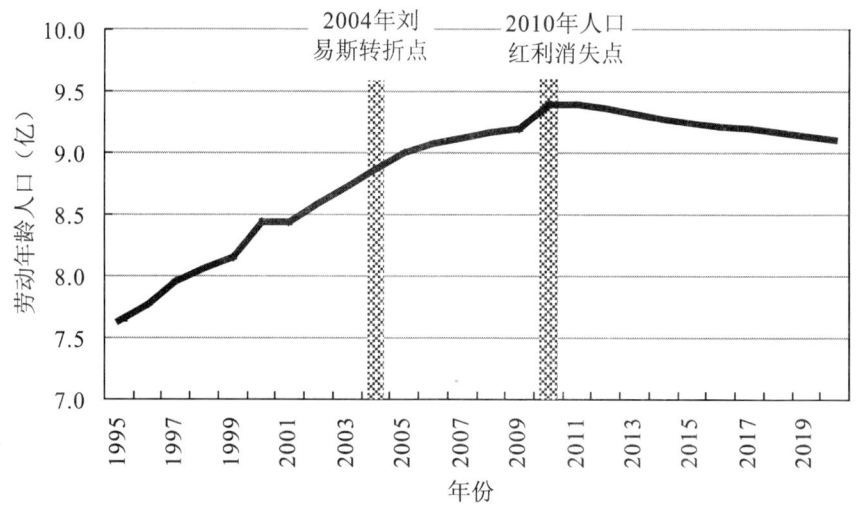

图1 中国的刘易斯转折区间

资料来源:中国发展研究基金会:《中国发展报告2011/12:人口形势的变化和人口政策的调整》,中国发展出版社2012年版。

根据二元经济理论,当劳动力需求增长速度快于劳动力供给增长速度,以致典型二元经济发展时期的不变工资现象不再存在时,第一个刘易斯转折点就到来了。2004年,以出现民工荒以及随后持续的工资上涨为经验证据,中国到达其刘易斯转折点。2010年,劳动年龄人口达到峰值,随后就开始了负增长,相应地,人口抚养比触及谷底后开始提高,意味着人口红利正式告罄。由于未富先老的特点影响,中国的刘易斯转折区间极其短暂,仅仅经历了6年的时间。

如果用同样的概念观察日本经济,其刘易斯转折区间无疑落在1960至1990年。这期间,日本经济保持了长达30年的高速增长,而一经跨过这个区间,日本的经济增长毫无惯性地戛然而止。表面看,日本经历了20世纪80年代的泡沫经济,泡沫破灭之后至今未能得以复苏。但是,如果不能找到其他更根本性的因素,很难令人信服,泡沫破灭会导致长达20余年的经济停滞。

因此,我们应该撇开泡沫破灭这个直接催化剂,看看在那个特别的经济发展阶段上,究竟是什么东西使得一个高速增长的经济停顿下来,及至一蹶不振。更重要的是,我们需要了解中国可以从中汲取什么教训。

日本的人口红利一经消失,就如所有发达国家一样,成为典型的新古典经济,这时,能够支撑经济增长的唯一源泉,则是与技术创新和资源配置效率提高相关的全要素生产率。能否使全要素生产率的提高保持与其他发达国家相匹敌,是日本经济能否实现适宜增长速度的关键,取决于体制活力、创新能力和人力资本水平等一系列因素。在这些方面,日本的确存在一些根本性的障碍。

例如,对没有生命力的企业的保护阻碍了资源重新配置,对高等教育的人为抑制延迟了人力资本与新发展阶段的适应。特别是,面对不可避免减慢的潜在增长率,政府着眼于以产业政策带动投资,把刺激性宏观经济政策长期化、常态化,试图以需求拉动的方式提高经济增长速度,结果更是南辕北辙。

随着在2010年15—59岁劳动年龄人口达到峰值,相应的人口抚养比降到谷底,中国面临着与日本当年类似的发展阶段转折,以人口红利消失从而潜在增长率下降为主要标志。

首先,劳动力短缺及其导致的工资上涨,会显著地并越来越严重地削弱劳动密集型产业的比较优势。二元经济发展的最重要特征就是劳动力无限供给和工资长期停滞在生存水平上,因此,刘易斯转折点到来则意味着因普通劳动者短缺而形成的工资持续上涨,其削弱劳动密集型产业比较优势的作用也已经显现。既然过去30余年高速增长在相当大程度上靠劳动力成本低廉这一人口红利,人口红利的消失无疑将产生抑制经济增长速度的效果。

其次,面对工资持续上涨的情况,如果仅仅尝试通过增加投资,用机器替代劳动力,则很快会遇到资本报酬递减现象。由于增长速度减慢,政府倾向于调整产业政策刺激增长,包括对新兴产业的鼓励和补贴,结果是扭曲了资本要素的价格,不仅直接助长资本密集型产业过快发展,而且诱致企业利用廉价资本以机器替代劳动力。然而,新古典增长的特征就在于,在劳动力不再是无限供给的条件下,资本报酬递减现象必然会发生,而没有生产率进步的增长速度终究不能持续。

最后,随着农村劳动年龄人口的减少,劳动力从农业部门转出的速度下降,也会降低资源重新配置效率提高的速度,导致全要素生产率提高更加艰难。尽管提高全要素生产率的源泉仍然存在,但是,现行的体制制约因素如户籍制度和国有企业的垄断,妨碍包括劳动力在内的各种生产要素在企业、所有制、部门、地区及城乡之间的自由流动,都使得进一步获得资源重新配置效率的难度加大。

在这种情况下,即使没有发生政策误导,仅发展阶段变化本身,就必然意味着中国经济将在较低的潜在产出能力上增长。我们可以通过估算潜在GDP增长率,来观察这种经济发展阶段变化对经济增长速度的影响。潜在增长率是在资本和劳动都得到充分利用的前提下,在一定生产要素的供给制约下,以及全要素生产率提高限度内,可以实现的正常经济增长率。主要由于劳动年龄人口在 2010 年之后开始负增长，在作出必要假设之后，我们估算的结果是，中国的潜增长率将从"十一五"时期的平均 10.5%，下降到"十二五"时期的 7.2% 和"十三五"时期的 6.1%。

中等收入陷阱怎样发生的？

中国在处于中等偏上收入阶段时，遭遇了人口红利消失，即传统经济增长源泉耗竭的转折点。虽然这是经济发展的自然进程，并不意味着必然从此落入中等收入陷阱，然而，从世界经济史上大量国家的经验和教训看，这种潜在的危险的确是存在的。

例如，有经济学家用各国人均 GDP 占美国水平的百分比来衡量各国经济水平，把大于 55% 的国家定义为高收入国家，在 20%—55% 之间的定义为中等收入国家，小于 20% 的为低收入国家。在进行比较的 132 个国家中，定义为中等收入国家的，1960 年有 32 个，2008 年有 24 个。观察这个组别的变化特点发现，中等收入国家有大约一半的可能性，经过近半个世纪仍然滞留在中等收入阶段，而那些脱离中等收入组的国家，更多的则是向下流动到低收入组，而较少"毕业"到高收入组[①]。

我们可以按照经济分析的逻辑，把相关的因素整合在一起，观察各自的因果关系，从中找出一些具有规律性和普遍性的东西，加以借鉴以避免重复其他国家既往的错误。换句话说，虽然中等收入陷阱与贫困陷阱有相似之处，即两者都是一种均衡陷阱，处在一种常规力量难以打破的超稳态均衡状态之中；但不同之处在于，如果说贫困陷阱是一个长期的马尔萨斯状态的延续，通常并不能一下子找到形成这种状态的直接原因的话，中等收入陷阱常常是由于某些可见的政策失误所导致。

---

① Prema-Chandra Athukorala and Wing Thye Woo, "Malaysia in the Middle-Income Trap", paper prepared for the Asian Economic Panel Meeting at Columbia University, New York City, March 24 – 25, 2011.

因此，我们可以以不同国家在经济发展过程中的政策失误为经验依据，构造一个中等收入陷阱的因果循环关系，看一看落入中等收入陷阱需要哪些必要的步骤，哪些因素使一个国家不能逃脱这种恶性循环，以便于我们从政策上找到打破其因果链条的切入口。

第一步，较快的经济增长在中等收入阶段的某一特定时期缓慢下来。对于一个后进国家来说，通过资本积累和劳动力投入，在摆脱贫困陷阱向中等收入过渡的发展阶段上，往往容易实现较高的增长速度。然而，到了一定的发展阶段，或者以往的增长源泉消失，或者出现某种政策失误，增长速度通常经历一个骤减。一些学者通过国际比较发现，按照购买力平价和2005年美元计算，人均GDP达到17000美元时，高速增长的经济通常遭遇明显的减速，一般来说经济增长速度降低的幅度为2个百分点的年均GDP增长率[①]。

第二步，在经济增长大幅减速的情况下，如果对问题的性质认识有误，政策应对则往往南辕北辙，不仅难以奏效，甚至会造成人为的扭曲，减速变成停滞。例如，如果减速的原因是潜在产出能力降低，然而政府的政策却是着眼于在需求方面刺激增长速度的话，则会导致一系列的扭曲和不良结果。其中，最严重的扭曲现象莫过于政府过度使用产业政策，造成生产要素价格扭曲；最严重的政策后果则是通货膨胀、泡沫经济、产能过剩和对落后产业及企业的不当保护。至此，原本可能是正常的减速或者暂时性的减速，反而被转变为长期的低速增长甚或增长停滞。

第三步，面对经济增长停滞带来的一系列社会问题，政府进一步采取饮鸩止渴的方式应对，造成经济社会体制的全面扭曲。例如，在经济增长停滞，蛋糕不再能够做大的情况下，重新分配蛋糕在社会上形成普遍的寻租激励，造成腐败滋生。由于具有特权的人群往往得到更大的收入份额，以及收入分配中的马太效应，收入分配状况恶化，进而激化社

---

① Barry Eichengreen, Donghyun Park and Kwanho Shin, "When Fast Growing Economies Slow Down: International Evidence and Implications for China", NBER Working Paper, No. 16919, 2011.

会矛盾。这时，财力拮据的政府往往只能借助于仅有承诺却难以兑现的民粹主义政策，不仅于事无补，反而伤害经济活动中的激励机制。

第四步，与停滞的经济增长相伴而存在的资源分配和收入分配严重不平等，造成既得利益集团，后者竭尽全力要维护这个有利于自身的分配格局，因此，不利于打破中等收入陷阱的体制弊端，积重难返。一旦进入这种体制状态，相关的经济社会政策就被利益集团所俘获，不仅经济增长陷入停滞，制度变迁更是举步维艰，不利于经济增长的体制便被固化了。相应地，各种生产要素不再是按照生产率最高原则配置，而是按照既得利益最大化原则配置。一个国家一旦陷入这种境地，最坏的结果是，不仅不能摆脱中等收入陷阱，甚至可能退回到低收入水平上。

上述步骤固然存在着时序上和逻辑上的因果关系，因此，从逻辑起点上就阻断其恶性蔓延的可能性，是最有效的对策；但是，每个步骤所呈现的现象也完全可以是同时存在的，从而应对之策应该是综合配套的。从一些国家的经验看，在经济增长减速乃至停滞之前，不利于可持续增长的体制弊端通常已经表现出来，而且收入分配状况的恶化也常常直接伤害经济增长本身。

认识宏观经济形势

在准确作出经济发展阶段判断的基础上，我们需要将发展阶段变化所显示的长期供给因素特点，与短期宏观经济中的需求因素相结合，才能作出经济形势的正确评估，进而借此提出有针对性的调控方向、目标和信号的决策。宏观经济虽然也会遇到短期的供给冲击，如 20 世纪 70 年代初的石油危机对一些发达经济体的影响，总体而言，供给因素决定的潜在增长率是长期稳定的；而需求因素固然也有其长期趋势，但更经常表现出短期波动的特点。

因此，只有长期和短期相结合的视角，才可以在判断宏观经济形势时，具有理论上的一致性和实践上的透彻性，得出正确的结论，作出有针对性的政策选择。把两者密切结合，不仅有助于判断宏观经济形势，也是形成正确政策措施的前提。长期供给因素和短期需求因素，以不同的组合形式构成四种宏观经济情形。

第一种情形是强供给与强需求组合，即较高的潜在产出能力与较强的需求水平之间形成匹配状态。一般来说，这主要发生在生产要素供给比较充分，并且没有明显报酬递减现象的经济发展阶段。可见，这是一种二元经济发展过程中的赶超现象。在比较纯粹的这种情形下，不会出现持续的周期性失业现象，也没有严重的通货膨胀。

第二种情形是强供给与弱需求组合，即较高的潜在产出能力与较弱的需求水平形成不匹配状态。最典型的此类情形，是在赶超过程中遭遇经济衰退或金融危机的情况下，周期性需求冲击使增长速度不能达到潜在产出水平。通常，这种组合导致较为严重的劳动力市场冲击，造成周期性失业现象。

第三种情形是弱供给与弱需求组合，即较低的潜在产出能力与较弱的需求水平形成匹配状态。通常，是在二元经济发展阶段即将结束之时，常态增长源泉式微，同时尚未挖掘出新的增长源泉的情形，也是新古典增长的常态。

第四种情形是弱供给与强需求组合，即较低的潜在产出能力与较强的需求水平形成不匹配状态。这种情况实际上只可能通过人为的政策干预才会发生，即通过扭曲的政策手段拉动投资或扩大出口。在潜在产出能力降低的情况下，如果人为刺激起旺盛的需求因素，则会导致实际增长率超越潜在增长率，很容易产生通货膨胀、产能过剩甚至泡沫经济等恶果。

实际上，上述按照供给与需求因素特点组合成的理论情形，与历史和现实中的宏观经济形势具有直接的对应性。借助这种理论抽象，我们既可以理解过去，也可以认识现在，还可以预见未来。

首先，第一种情形是2010年前，即刘易斯转折完成之前中国经济的常态。在那个时期，得益于人口转变带来的人口红利，供给因素有利于经济增长,中国经济具有较高的潜在增长率。例如,1978—1995 年期间潜在增长率平均为 10.3%;1995—2009 年期间的潜在增长率平均为 9.8%。与此同时,居民收入增长、投资高速增长和出口大幅度增加,提供了与之适应的需求因素。所以,总体来说,这个时期在高增长位势上形成了宏观经济的平衡(见图 2)。以潜在增长率与实际增长率之差表现的增长率缺口,虽然年度之间有一定的波动,但是总体来说波动并不大,并且呈现逐渐缩小的趋势。

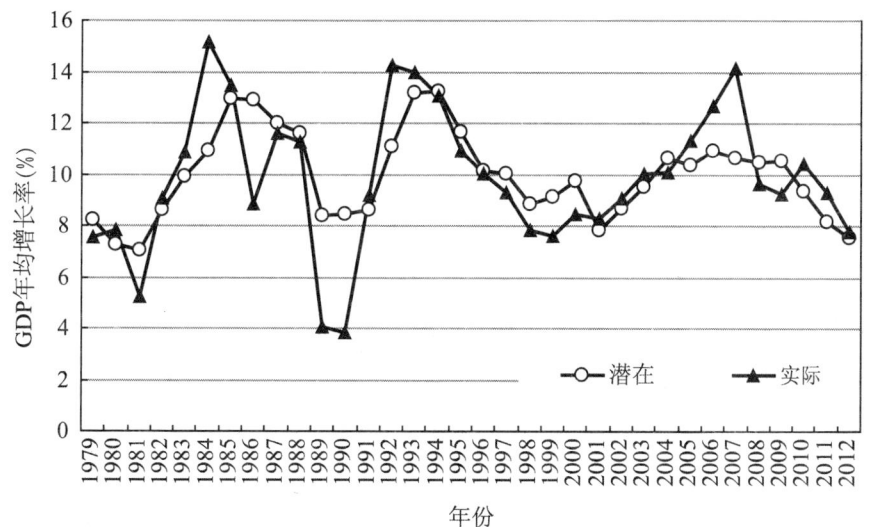

图 2　改革开放时期的增长率缺口

资料来源:Cai Fang and Lu Yang, "Population Change and Resulting Slowdown in Potential GDP Growth in China", *China & World Economy*, Vol. 21, No. 2, 2013, pp. 1-14。

其次,第二种情形是在第一种情形的大趋势中,遭遇严峻内部或外部冲击时的状态。例如,在 20 世纪 90 年代中期以后,国内宏观经济低迷和亚洲金融危机相继造成严重的需求萎靡、生产能力利用不足,进而出现大规模失业现象。之后,随着中国加入世界贸易组织,借助国外需求,经济增长速度才反弹到潜在产出水平,宏观经济回归到情形一的常态。此外，1988—1989 年应对通货膨胀以及随后的治理整顿，以及 2008—2009 年遭遇世界金融危机，都曾经使实际增长率掉到潜在产出能力之下。

再次，2012 年是第三种情形的典型年份。从 2011 年进入"十二五"期间开始，中国潜在增长率较之前大幅度降低，根据我们的估算，2012 年潜在增长率从上一年的 8.1% 降至 7.5%。在这种情况下，恰遇外需水平明显下降，无意之中却成就了需求与供给的匹配，所以，实际增长率由于没有明显超过潜在增长率，因此未造成通货膨胀，也由于没有低于潜在增长率，因此没有遭遇就业冲击，经济增长的平衡性反而得到增强。

最后，中国经济增长未来的主要风险是出现第四种情形。无论是在经济学家中间还是在实践者中间，都存在着一种误解，以为决定经济增长的关键因素在于需求。因此，每逢经济增长速度遇到障碍，最常见的对策都指向采取某种手段扩大内外需求。其实，对中国来说，20 世纪 90 年代中期以后，在从短缺经济进入到过剩经济的一段时间里，这种认识是有道理的。但是，一旦经济发展越过了刘易斯转折区间，人口红利消失，制约经济增长的因素就是潜在产出能力，而在一段时间里不会是需求因素。

结合中国经济所处的发展阶段和近期形势，可以得出的结论是，中国经济面临的真正挑战，不在于短期的宏观经济需求因素，而是长期的经济增长可持续性问题。换句话说，希冀通过刺激需求而超越潜在增长率，是一个错误的选项。正确的政策选项，则是提高潜在增长率本身。但是，在理论上坚持认为是需求不足导致增长乏力，在实践中坚持实施以刺激需求为目标的各种政策手段，很容易成为旷日持久的现实，并且可能带来灾难性的结果。关于这个问题，我们不妨再回到日本的教训上来。

长期以来，日本各界普遍认为这个国家实现的高速经济增长，主要是依赖外需，而国内消费需求始终是疲软乏力的。因此，一旦日本在

1960年越过刘易斯转折点之后,劳动密集型产业逐渐失去了比较优势;继而在高收入阶段的1990年丧失了人口红利,全要素生产率的表现不足以支撑其新古典时代经济增长的情况下,政府则利用包括产业政策、扩张性财政政策和宽松的货币政策在内的各种手段,不遗余力地扩大内需。如今,以宽松的货币政策为特征的所谓"安倍经济学",就是这一政策传统的继续。

上述从理论到政策之间的逻辑,其实大错特错了。首先,有力的研究证据表明,日本在高速增长时期,消费需求是不容忽视的增长拉动力,而杰出的出口表现则是经济增长的结果,而不是原因。其次,也有研究表明,日本1990年后的经济停滞,是其全要素生产率表现不佳的直接结果[1]。正因为前述理论和政策误导,开出了不对症的政策药方,过去20余年日本经济饱尝了恶果:先后经历了泡沫经济及其破灭、僵尸企业和僵尸银行横行,及至长达20年的经济停滞。

总结和政策建议

在人口红利消失的情况下,假设其他条件不变,潜在增长率的下降,并不意味着中国就必然陷入中等收入陷阱。归根结底,人口红利只是特定发展阶段的经济增长源泉,惟其被生产率进步的新源泉所替代,二元经济发展才能够转向新古典增长,实现向高收入阶段的过渡。实际上,当人口红利窗口关闭之时,更加可持续的经济增长大门已经在那里了,看你能否将其开启。

划分经济发展阶段的一个用意,就是后来者通过从先行者的经验和教训中学习,可以较早地找到坦途,少走弯路。根据所概括的落入并困扰中等收入陷阱的前述几个步骤,结合中国经济增长现实,我们应该着眼于从以下几个方面未雨绸缪。

---

[1] Fumio Hayashi and Edward C. Prescott, "The 1990s in Japan: A Lost Decade", *Review of Economic Dynamics* 5 (1), 2002, pp. 206–235.

当前，对中国来说，最为重要的是准确认识经济增长减速，找到真正对症的药方，并且在经济学家和决策者中达成共识。2012年，当潜在增长率降低的表现初步显露出来的时候，在舆论上和分析界，充斥了误导性的说法，几乎异口同声地把问题归结为消费不足，一时间形成一种探寻"新的经济增长点"的倾向。从较长期的角度，人们提出加快城市化进程、加大对中西部地区基础设施建设的投资力度、超前投资于新兴产业等建议。有时，人们还混淆长期结构性问题和短期周期性问题的区别，建议刺激性的宏观经济政策。

这些建议不仅建立在对经济发展阶段和宏观经济形势的错误判断之上，还有着特别的危险之处。那就是，这类建议很容易与政府所擅长的政策手段一拍即合。推进城市化的意图、区域发展战略和产业政策，原本是正确的政策方向，政府有着成熟的政策工具和实施方式，甚至可以说是驾轻就熟，过去也取得了一定的良好效果。然而，一旦把这些政策用来拉动投资需求，以达到超越潜在增长率的目标，则会产生适得其反的效果，结果必然是偏离比较优势，加大过剩产能，造成通货膨胀乃至资产泡沫，伤害中国经济长期增长的可持续性。

潜在增长率就其本意来说，是在资源禀赋决定的生产要素供给条件下，以及一系列其他因素决定的生产率提高能力基础上，所能实现的正常经济增长速度。因此，用需求拉动的方式超越潜在增长率，就如同用行政命令、舆论造势和物质激励的手段，意图把运动员的运动成绩拉高到其运动潜能之上一样，或许一时或偶尔奏效，终究会导致运动员受伤。

同样，正如运动训练不是完美无缺的一样，决定生产要素供给和生产率提高的体制也存在着缺陷，这为我们从供给角度提高潜在增长率留出了巨大的空间。所以，当人们说到通过改革创造制度红利时，实质上就是指通过改革创造更好的生产要素供给和生产率提高的制度条件，达到提高潜在增长率的目的。换句话说，继续完善社会主义市场经济体制，可以为中国经济增长带来新的源泉和动力。

根据针对潜在增长率所作的一项模拟，至少有两个变量的改变，可以显著地提高未来的潜在增长率。而这两个变量都可以通过深化经济体制改革产生有利的变化。

第一，如果在2011—2020年期间，每年把非农产业的劳动参与率提高1个百分点的话，这一期间的年平均GDP潜在增长率可以提高0.88个百分点。在劳动年龄人口负增长的情况下，仍有增加劳动力供给的办法，那就是提高劳动参与率。提高劳动参与率的潜力来自于相关的改革。例如，通过推进户籍制度改革，稳定农业转移劳动力在城镇的就业；进一步发展和完善劳动力市场，促进更加充分的就业。

第二，如果在2011—2020年期间，全要素生产率的年平均提高速度每年增加1个百分点的话，这一时期的年平均GDP潜在增长率可以提高0.99个百分点。提高全要素生产率有诸多途径，如在农业劳动力比重仍然较高的情况下，推动剩余劳动力的持续转移，可以继续获得资源重新配置效率；通过创造更加公平的竞争环境，允许生产要素在产业、部门和企业之间自由流动，让长期没有效率的企业退出经营，让有效率的企业相应壮大，也可以创造出资源重新配置效率。

此外，劳动者人力资本的改善，无疑有助于大幅度提高潜在增长率。人力资本积累途径包括各类教育和培训，以及"干中学"等。教育和培训的激励、质量和效果，以及与劳动力市场的对接能力，都与一系列体制因素有关，分别对教育体制、户籍制度、公共就业服务等方面的改革提出进一步的要求。

房价,中国政府该如何控制

[美] 迈克尔·赫德森

迈克尔·赫德森（Michael Hudson）

美国独立的金融和经济分析专家。现在是美国长期经济趋势研究所所长、密苏里大学堪萨斯分校的有杰出贡献的教授,也是加拿大、墨西哥、俄罗斯和美国等国政府以及联合国训练研究所（UNITAR）的经济顾问。他出版了大量的论述美国金融统治地位的著作,包括《超级帝国主义——美国金融霸权的来源和基础》、《全球分裂》、《贸易、发展和外债》等。

> 要保证经济继续增长，中国需要保持其均衡的社会主义经济，并且不受西方泡沫经济及其负资产的影响。采用古典经济学的政策征收土地租金税和自然资源租金税，规范基础设施服务的价格和自然垄断的价格，保持其一直符合产品成本规律，这意味着要避免"金融化"的生产成本。

控制房价需征收土地税

中国如何才能避免"西方金融病"——充斥着违约和丧失抵押品赎回权的房地产泡沫？为避免这种命运，美国和欧洲最初是采取征收区域位置价值税的方式。租金税是进步时代改革的重点。

随着房地产和自然资源的私有化，制定征收租金税仍然是中国面临的主要挑战。如果对土地租金实行全面征税，银行就没必要提高抵押贷款的利息——政府也无需征收个人收入所得税和销售税。控制房屋负债将降低劳动者的生活成本，而不是生活标准。

虽然西方国家由于债务型通货紧缩和财政紧缩出现经济衰退，但中国仍在继续其前所未有的 30 年的增长。许多西方预测者警告说，中国必将遭受到西方式的金融崩溃，好像这就是普遍的路径。但是，中国已经通过政府贷款和对基础设施进行投资实现了工业化，并提高了居民的生活水平。这就像 19 世纪后期，混合私人/公共结算在工业革命中推动美国、德国和法国成为世界强国一样。它的关键点是积极的公共基础设施投资、补贴教育和城市化、提高工资水平和累进税制。

新自由主义经济学家有一个盲点,这阻碍他们理解为什么他们自己的国家曾经是那么的成功——因此,他们也无法明白美国和欧洲的经济是如何逐渐远离激发它们工业腾飞的政策的。古典经济学家的理想是把生产和消费从经济开销中解放出来。这种经济开销是中世纪开始产生的,经历了殖民主义者的土地征服,以及随后的银行私有化和货币创造,并得以遗留下来。

当毛泽东的"文化大革命"让位给新一代领导人的改革开放的时候,中国已经在很大程度上摆脱了后封建社会的食利者阶层。而在非共产主义国家,食利者阶层却幸存下来。西方批评家们警告说,提高工资将削弱中国的竞争地位。但较高的生活水平是提高劳动生产率的先决条件,而且在西方国家的经济正处于萎缩期时,提高工资有助于中国支撑其国内市场。

对中国来说,目前还没有遭受西方式衰退的内在必然性。事实上,西方自己的金融泡沫和房地产泡沫是不可避免的。这是因为目前美国和欧洲的金融和税收政策背离了1980年之前的进步的税收体系,正是当时的那种体系促进了美国和欧洲的繁荣。而在过去的30年中,金融机构和银行家获得了收益的最大份额。中国面临的最大挑战是继续保持目前具有活力的金融动力和房地产动力。正是因为丧失了金融动力和房地产动力的弹性空间,西方国家和后苏联时期的经济才逐渐陷入了债务危机,同时创建了一个超级食利者阶层,他们只依靠所有权特权就可以获得收入,而不是通过发挥富有成效的经济作用来获利。

房地产政策面临的挑战:征收土地租金税还是将土地租金以利息的形式支付给银行

传统的经济政策与进步时期的经济政策旨在通过征收土地租金税、

自然资源租金税和垄断租金税来预防经济衰退的命运。但是这导致食利者（靠租金获利的人）为获得更大利益发动了相反的变革，并在过去的一个世纪里获得了权力，特别是20世纪80年代以来。新自由主义已经阻止了西方古典工业资本主义和自由市场的理论家所倡导的理论——既非劳动所得税必须被纳入正常税收的基数中。"非劳动所得"包括"经济租金"和土地价格增长的"自然增值"。

如果不对土地的位置价值即不同地方的不同租金进行区别征税，那么这一差额将会被"免费"抵押给银行以获得按揭贷款。较大的贷款支撑起更高的房价，因为不管房产值多少钱，银行都会贷款给买家去购买它。在美国，房地产投资者（或业主）的座右铭是"租金是用来支付利息的"。当买家们就某一房产或物业竞相投标时，无论获胜者是谁，首先都必须将租金的所有收入抵押给银行以换取贷款来购买这一物业。土地价格上涨导致债务问题越陷越深，而大部分的金融和房地产泡沫正是源于土地价格上涨。"自置居所"的政策使信贷平民化，也使银行结束了迄今为止一直由地主阶级征收土地租金的时代。

现在，中国的食利者财产所有权的发展状况在很多方面都很像西方国家，而未来一代人的任务就是确保中国免受房地产和金融泡沫的困扰，因为正是这些泡沫使整个西方经济体陷入了负资产净值和劳务偿债的境地。目前，中国正面临着一个普遍的问题，这就是如何引导其经济盈余进入到新的资本投资中（包括公共基础设施），以及如何提高居民生活水平，以创建一个蓬勃发展的国内市场。而中国要面对的挑战将是如何避免重蹈覆辙，不再走20世纪80年代以来美国和欧洲所选择的致命路径。其目标是防止经济盈余被上涨的土地租金、具有垄断地位的商品和服务（如道路、商业特权、通信等）的价格以及银行利息和服务费所吸纳。

在未来的20年内，中国将不得不面对西方经济体所经历的同样的问题，如城市化、房屋和土地价格上涨。分析这些普遍问题最重要的方式是，看看是谁获得了这些经济剩余——是征收各种税的政府，收租金的个别业主，还是收利息的银行？这是最基本的权衡。要注意，即使不征收任何税，位置租金的经济差额也会作为利息（免费）抵押给银行。

确定一个公平的价格是古典政治经济学的重点和中心政策问题。这里的"公平的价格"反映的是生产成本（价值），而不是经济租金（在必要的生产成本中，"免费午餐"是无以复加的）。早在13世纪，牧师们就曾就银行家们收取多少服务费才算是一个合理的价格进行过讨论。从法国大革命前的重农学派到英国的亚当·斯密、大卫·李嘉图和约翰·斯图亚特·穆勒，焦点都转向了土地租金。工业革命促使欧洲国家鼓励资本的形成，以构建自己的生产能力。当时，投资的制约因素有两个方面：一方面，拥有土地的贵族管理他们土地租金的经济开销；另一方面，逐渐加重的公共债务和随其增长的税收都需要交纳利息。（私营经济体的债务仍然被认为是相当微不足道的，但这类债务却非常富有生产力，因为自中世纪以来，它主要集中在商业贸易融资上。）经济盈余分别交纳了土地租金和利息，而那些得到这些利益的人——食利者阶层的地主和靠银行债务吃利息的人——没有让这些经济盈余再发挥生产的经济功能。

马尔萨斯为地主所扮演的经济角色辩护，他指出，地主用他们的租金收入聘请管家和其他服务人员，购买马车和漂亮衣服。因此，他们对劳动产品的需求，在生产者和消费者之间的收入流通中，发挥了重要的作用。但是绝大多数古典经济学家将"生产性"劳动定义为从事商品生产并为获得利润服务。将租金收入用于消费——特别是奢侈品消费——是在使经济盈余消失，而不是再投资，以提高产量。

工业经济需要的是有形资本投资，而不是有钱有闲阶级的消费。19世纪，一场伟大的政治斗争席卷整个欧洲和北美。这场斗争就是要对贵族的地租进行征税，而这些贵族一直受到政治特权阶层的保护。［最为明显的是，贵族控制着国会的上议院。例如在英国，上议院也叫地主议院"House of（Land）Lords"。］其目的是将工业资本主义从封建残余，特别是世袭地主阶级那里解放出来。世袭地主们的祖先们征服了那些土地，并私自进行了瓜分。对于征收地租税，地主们提出反对，但事实上，就像撒切尔夫人后来总结的那样，事情就是这样，"没有选择余地"（TINA）。

当然，还是有选择余地的。英国的约翰·斯图亚特·穆勒、美国的亨利·乔治以及他的追随者，如俄罗斯的列夫·托尔斯泰、中国的孙中山都先后将税收体系建立在土地和自然资源基础上，而不是产业和劳动力上。他们的论点是，免征地租税，让地主获得逐渐提高的地租收益，有助于劳动者支付不断上涨的房租和房价。因为这样将防止地主们因世界市场（甚至他们自己的市场）中的竞争而导致的经济不稳定。在那个时代仍然需要用工业贸易盈余获得货币黄金，以支撑在生产商品和服务的循环流动过程中所需要的货币供应量。因此，土地税是实现产业盈余的一个重要政策。（同时还需要公共基础设施投资和商业银行产业化，在下文中我还将作更详细的论述。）

土地租金税的定价是由市场决定的，独立于土地生产成本和地下矿产资源之外，不受这些因素控制。大自然免费给我们提供资源，供应成本是零——但是大自然的供应是有限的。这就是为什么在古代矿井被当作公共财产，只能被租用，土地也是一样，它们成为国家财政收入的主要来源。相比之下，收入所得税和消费品的销售税使生活成本提高，从而也关系到雇主们的劳动力成本。同样的道理，对利润进行征税会提高工业资本的供应价格。

然而，今天，财产税已经成为整个西方最不受欢迎的税种。正如中国所一直探讨的，究竟该如何划分出一个合适的财产税层次？要做到这一点，了解政治利益，尤其是了解金融利益非常重要。这些利益已经导致传统的租金和税收理论遭到摒弃。为什么要通过收入所得税和消费税的附加价值将税收负担转嫁给消费者，而不是去实现征收土地税和"免费午餐"的租金税的传统理想？

税收理念发生这种逆转的原因是自置居所通过信贷实现了平民化。目前在美国和英国，大约三分之二的家庭拥有自己的房子，而在斯堪的纳维亚半岛上的国家，这样的家庭超过了80%。这些房屋所有者认为自己就是小地主。事实上，许多家庭已经升格为中产阶层，这主要得益于他们房屋的市场价格的上涨。在泡沫经济时期（大约从1990年开始），美国和许多欧洲国家的"资本"收益（主要是土地价格上涨带来的收益）上涨速度远远超过了国民收入增长的速度。许多家庭都是眼看着他们房子的价格在上涨，涨出的总额远远超过了他们的年收入！

土地的位置价值被两个因素给抬高了——第一个因素是基础设施的公共开支，这些基础设施包括：道路和公共交通（公共汽车、地铁和铁路），生活用水和污水管道，电线和电话线，邻近的好学校，商场，图书馆或文化中心；第二个因素是繁荣程度，一个人生活和工作的街区通常标志着一个人的地位，所以大多数人或公司都会用自己增加出来的收入，在他们能够负担得起的最负盛名的位置租房、买房或扩大办公面积。

其结果就是，在这些街区中，公共开支与租值上升之间形成了一种循环流动。在教育支出方面，这一情况尤为明显。家长宁可多支付些居住成本，也愿意住在一所公立学校附近。实际上，土地的租赁费用刚好用来支付公共服务。这就是为什么在美国的城市中，某些最负盛名的街区的土地税会如此之高。

但是，在许多情况下，上升的租值也已成为众所周知的"免费午餐"——对于那些幸运的受惠者来说，对收益或资产估值不需要支付任何生产成本。例如，在伦敦，朱比利线的延伸，使这一地铁沿线的所有住宅楼和写字楼的价格因更为便利的公共交通而得到全面提升，尤其是越靠近新车站的地方，价格涨幅就越大。经济领域作家弗雷德·哈里森在报告中写道，"投资34亿英镑修建朱比利线的延长线以连接金丝雀码头"，从而使伦敦的金融业及保险业得以扩大。这一区域的地价也上涨到了100亿英镑以上。"土地所有者没有对其资产应计实现的增加值作任何努力。"纳税人承担了成本，业主却得到了天上掉下的大馅饼，并且在很大程度上不用缴税。

没有公共基金的需求，也没有提前增加乘客票价以支付建设地铁线路的资本开销。它的成本费用可能是通过发行债券融资来的，而不是随后才对那些获得"意外收益"的市民进行收税——即对租值较高的地铁沿线位置征收土地税。事实上，由于认识到运输业能很大程度地提高其位置的租值，所以金丝雀码头物业的业主们曾提议他们自己修建并支付朱比利延长线大约8亿英镑的费用。但是，当地的国会议员敦促撒切尔政府除修建地铁延长线外，还要出资修建地铁沿线其他额外的车站。正因如此，伦敦城拒绝了私人资金的这个提议。费用由纳税人承担（还有地铁使用者随后以高票价的形式分担）。当地的业主们能做的只剩下看着财产价值高涨了——这被19世纪的经济学家们称为所谓的"自然增值"。

这就是为什么古典经济学家们极力主张征收土地税，既可以收回对公共基础设施投资的费用，随后，又可以降低住房价格，同时还不会将这"免费"的租值以银行贷款和支付债权人利息的形式被资本化。免征劳动力和资本的税，而改为征收土地和自然资源租赁税，并用租赁税支付资本投资（为运输提供价格补贴），通过这种方式，经济双倍节约成本成为可能，政府可以最大限度地降低其成本结构。

银行如何结束土地租金，银行贷款如何提高房产价格

今天，绝大多数家庭寻求拥有自己的房子（当他们赚的更多时，就会去买一辆高档的耗油量大的轿车上下班）。但考虑到土地价格较高——它的市场租金都被并入银行贷款——一个家庭能买得起房子的唯一途径就是去银行借钱。而在现今世界，这就意味着要背负一辈子的债务，在美国，许多家庭需要支付银行大约40%的个人收入。

这是最近美国去工业化的一个重要原因，英国也是如此。即使它们给他们的工人免费发放所有的食物、服装和其他消费品（目前这大约只占他们工资的30%），他们的工人仍然无法支付在银行做房屋抵押贷款

所带来的巨大费用、其他债务及缴税所需的费用。

当金融、保险和房地产（FIRE）部门涉及价值、价格和租金理论时，就会混淆视听，以取得既得利益。银行家们认为，提高房地产税增加了住房的成本，而不是降低了它。这一观点特别在近期不断被提及。当然，增加房产税的成本效应似乎确实是立竿见影的，因为这是必须要支付的费用。但是，通过吸纳土地的"免费"的租金，这项税降低了税后的租金收入，而这笔费用是要支付给银行，为按揭贷款还本付息的。因此，如果增加房产税，银行将不得不减少贷款给新买家，以降低他们哄抬房价的能力。

银行希望放出尽可能多的贷款，以吸纳尽可能多的租金收入。所以，它们很自然就会有"反政府"的税收思想——同时，作为一个副产品，它们也反对政府开支和其他所有的公共服务。其策略就是要让房屋所有者和其他选民确信，降低税收将使房屋的成本更便宜——而不是将土地租赁的受益者从政府转换成银行。银行家们的目的是试图困扰选民，不让他们意识到：如果政府不征收土地租赁税和其他非劳动所得税，它就必须给劳动力和资本方，即消费者和雇主，增加负担。换句话说，这就是选民自己！

银行家们的经济学理论很垃圾，但却运作得相当好，通过信贷平民化，市民能够自置居所，这一政策使得银行加入到了房地产说客的行列，在北美和欧洲，他们劝说选民不要同意对土地征税。但是，这却给工业资本主义创造了一个"内部矛盾"。由银行家们运作的金融资本主义似乎已经进入到了接近终点的"最后阶段"。泡沫经济破灭了，让位给负资产净值和债务型通货紧缩。债务被冻结，当经济逐渐停顿下来时，大多数人和几乎整个经济（在冰岛和希腊）都陷入了债务危机之中。其结果是导致了一场金融化的反工业革命——这一结果正好与古典经济学相反，古典经济学认为，工业资本主义仍处于上升期。

西方国家不征收非劳动所得税，从而创造了一个后共产主义的食利者阶级，很显然这不是中国应该学习的做法。但当时苏联却放手新自由主义者,将土地和自然资源移交给内部人员,并大幅削减这方面的税收,但同时却对劳动者强行征收收入"固定税"。这种太右的做法在美国是从来不会被通过的。经济分化和政治分化,导致20世纪90年代后期,苏联出现了极严重的产业空洞化和资本外逃,主要是逃往美国。北美和欧洲仍坚持不对土地、地下权益和金融征税,结果出现了以债务为杠杆的泡沫经济。

有人说,从错误中学习。幸运的是,没有必要一定从自己的错误中学习,人可以关注别人是怎么误入歧途的。金融和房地产泡沫使美国、英国和其他领先的"金融化"的经济体物价过高,因此不得不退出世界出口市场。应该把他们的经验当作一个警告,中国应尽量避免重蹈覆辙。

中国从租赁权到土地租金税的转变

与西方国家发展相比,中国从改革开放初期的公有制过渡到土地权利私有化,这一转变是独一无二的。其首要任务就是调整结构,使其达到最有效的状态,从而把实际成本降到最低。政府出售房产登记权,确保在指定的时间内(通常为30年),房主拥有这处房屋的所有权,就像西方国家所谓的租赁权一样。将所有权转交给个人,目的是让这些新的所有者有机会筹集资金建造房屋,这样的做法已经改变了中国的城市轮廓,并使中国在过去的30年里成为世界上最大的资本投资国。

私有化一直没有把对租值大幅上升的土地征收位置价值税考虑在内。在美国,专业的评估人员每隔几年就会重新评估房地产市场价格。但是中国并没有引进这样的"最佳经验",苏联解体后的独联体也没有。因为在这些国家,金融、保险和房地产部门拥有权力,他们试图拖延重新评估的时间。

具有讽刺意味的是,西方国家至少保留了一个传统的做法,就是他们意识到位置租值是一个免费的午餐,因此为公平起见,他们利用财政手段让公共部门获得这些上涨的租值。共产主义国家的目标是使它们的经济摆脱不劳而获的食利者，而且，在革命时期它们也确实是这样做的。但是现在，它们却忘记了如何恢复这种基本的财政做法。在俄罗斯和波罗的海国家，这已经导致了极为严重的贫富分化，它们的经济正在萎缩，人口在不断地移居国外。

这是中国改革后期最重要的未完成的任务。如果政府不去收取这部分上涨的租值（就像苏联解体时那样），那么第一个后果将是产生一个新的食利者阶级，他们因地价上涨而意外暴富，而地价上涨的原因则是公共开支和普通经济的发展。第二个后果是，将来这些房产可能会用于信贷，定期向银行支付租值，这就会存在抵押者只需在自己的电脑键盘上简单操作一下就可以建立新的信贷的特权。把拥有上涨"免费"租值的土地或自然资源作为附属担保物抵押给银行，换取贷款，这种做法是将租金转换为利息。新买家将无需缴税的"免费位置"租金作为利息支付给银行。这就在住房和办公用房的价格中增加了租金和财务费用。

这两个后果将威胁到中国的经济，首先会把经济分为房地产所有者和租用者两部分，然后分成债权人和债务人。产生的结果就像有和没有那样不平等，这种现象已经在西方出现了，并且目前正在把经济拖垮。

拿出工资收入的多大比例用于支付住房仍然是目前大家争论的问题。在德国，住房大约占一般雇员工资预算的20%。在美国，这一比例要高出一倍多，往往超过40%。原因是，美国银行对膨胀的住房价格放宽了信贷要求。这是泡沫经济的资产价格通胀阶段。类似的房价上涨的情况在爱尔兰、英国和其他欧洲国家也出现了，随之而来的是新自由主义的先银行政策。银行家们结束了有着千年历史的经济租金，这还是入侵军队当年从欧洲的公共领域中学来的经验。

显然这不是中国复兴的目标。中国的目标是要创建一个公正平等，同时又具有生产力和竞争力的社会。这个目标与古典政治经济学家们的目标非常相似。正如我前面提到的，把工业资本主义从幸存的封建残余中解放出来是改革计划的主要内容。劳动价值理论的目的在于区分开经济租金和作为保证金的经济租金，两者都要部分纳税（对被私有化的土地和自然资源征税），或者仍然保留公共领域中的经济租金（针对基础设施和其他自然垄断品）。但是自"二战"以来，一种反传统的、支持食利者的逻辑学一直在试图为房地产和金融收益辩护，认为这类收益也是"劳动所得"，而不是"非劳动所得"。特别是自1980年以来，金融和房地产泡沫将西方工业资本主义转向了金融资本主义的繁衍寄生模式，并将其附加值增加到价格中，而不是引导价格符合成本价值规律。

今天中国所面临的巨大挑战是，如何避免走上这条路。这不是"资本主义"所固有的道路，当然也不是自由市场的。这是资本主义跑偏了的轨道，但是这条路却得到了房地产和银行业等既得利益者的支持和鼓励，他们是以工业经济为代价获取利益的。

中国的增加工资、提高生活水平之路

对中国来说，提高人民生活水平当然是有益的。事实上，这是提高劳动生产力的一个先决条件。实际上这样做使劳动更有竞争力，因为高工资的劳动力正在压价与低工资的"穷人"劳动力竞争。这意味着，增加工资并不需要削弱中国的经济增长或国际出口能力。对劳动者来说，增加工资是一个前提条件，然后他才可能接受更好的教育、吃得更好、住更好的房子、穿更好的衣服、身体更健康。由于工资上涨和生产力之间的关联性，人们认识到，高工资的劳动力正在压价与低工资的"穷人"劳动力竞争，而政治经济学的"美国体系"正是建立在这种认识的基础上。

然而，较高的住房成本并不能构成工资的实际增加和提高生活水平。它们是开销，而不是生产量。正是这点不同，所以租金理论才不同于价值理论，金融、保险和房地产部门才不同于有形产品和消费的"实际"经济。价值是一个产品的真正成本，因此被加到价格里，租金也是由商品价格支付，但是却没有相应的生产成本。今天通常使用的后古典主义理论的国民收入和产值核算（NIPA）的架构里，并没有将这两者区分开。这种记账方式是银行家们的观点——将具有生产力的事物简单地视为在"零和"（甚至是负值）的活动中利用他人。19世纪的古典经济学家早就想到，这不是实际财富和经济增长的观点，当时他们正着手经济改革，希望通过区分劳动所得与特殊利益集团的权利收益的差别来解放市场。当然，这种观点也不是中国的管理者们想要的。

是否私有化公共基础设施？

在美国，一个相关联的问题在19世纪后期的争论中变得越发复杂，这就是是否在公共领域继续保留和发展基础设施，或是私有化这些基础设施使其成为合法的垄断行业，国家用收益率加以调控。对于国家的基础设施而言，以价格补贴的形式提供服务，甚或是像道路一样可以免费使用，然后由国家赞助资金进行技术开发。这是降低国家的生活成本和商业经营成本的一个关键因素——降低成本可以提高其出口竞争力。美国第一所商学院宾夕法尼亚大学的沃顿商学院的经济学教授西蒙·帕滕是美国第一位经济学教授，他定义公共基础设施为继土地、劳动力和资本之后的"第四"生产要素。在绝大多数国家，对道路、通讯、港口、供水和污水处理系统、电力和天然气等方面的公共投资远远大于对工业厂房及设备的投资。然而，其回报不是以竭力为其所有者（在公有制下，政府是其所有者）赚钱这样的利润来计算的。公共投资的收益是以降低生活及商业经营费用的形式表现出来的。

目前，指导世界银行和华尔街的新自由主义政策与主要工业国家曾经奉行的成就它们世界领先地位的政策刚好相反。在刚刚过去的半个世纪里，经济思想和理念发生了如此异常的反转。对于今天的中国来说，突出的问题是遵循哪一种发展理念，是主张最大限度减少经济租金以压低价格的古典经济学政策，还是反古典经济学（"新自由主义"）的政策——将房地产和公共基础设施转到私人手中，以其为抵押向银行借贷申购资金，并向银行支付经济剩余？

西方已经颠覆了传统增长和公正的模型

对于古典经济学家们来说，在自由的市场里，价格要符合技术和社会的必要生产成本规律，并随其波动。这意味着，价格不受地租、垄断收益、自然资源租金和金融特权利润率的影响。在给超出成本值的部分定价时，经济租金是"空"的。食利者（土地房屋所有者、放债人、银行家和其他垄断者）获取收益，但是他们却没有在生产中发挥直接的作用。在超过一个世纪的时间里，进步时代的一代人遵循古典经济学家的思想进行改革，以促进没有不公平的"非劳动所得"的工业进步。他们的计划是征收经济租金税（土地租金、矿产租金、垄断收益和金融特权），并提供公共银行和信贷。

美国和欧洲曾经为它们的工业出口企业提供更具竞争力的有利条件——提供基础设施价格补贴，甚至可以免费使用，如道路和其他运输体系、教育、公共卫生、养老保险、通信、电力电气、上下水处理研制开发。在过去的 30 年中，西方国家已经通过银行融资及利用信贷实现私有化等方式颠覆了这些进步的发展。越来越多的购房者和投机者借助信贷购买房地产，基础设施的买家也是如此。像房屋所有者一样，他们向银行抵押产业，贷款购买该处产业的特权，并将"经济租金"作为利息支付给银行（例如过路费）。

西方观察家们曾颂扬这一利用债务杠杆收益来赚钱的转变，并认为这是在探求开创一个繁荣的不用工作的后工业时代。从经济学角度来看，这就意味着这是一种掠夺性抽取收益的经济，无需成本就可以获得资产收益。由于接受了这种经济理念，西方已经重新定义了"自由市场"的概念。

这不是一个新的现象。纵观历史，绝大多数公共财富都是被各个公共部门瓜分的。从公元前 3000 年的青铜器时代的苏美尔，到 19 世纪伟大的美国铁路和政府拨给的公有土地,再到20世纪80年代后期,世界银行发起的欧洲撒切尔式的私有化,这些主要是通过内幕交易发生的。可以看出,银行和巨额融资是垄断的根源,它使地产的既得利益、采矿业、石油和天然气、垄断以及信托从北美到欧洲形成了一种共生关系。

因此,西方经济体是如何去工业化的解释是不会出现在上涨的工资和福利水平中的。事实上,工资和福利水平都在下降,而不是提高。飞速增长的是还本付息和新出现的垄断,人们将自己的收入支付给债权人和垄断者,而不是用于购买商品和服务。国内市场正在萎缩。

当经济萎缩,房地产和其他资产价格都在下跌。但是,债务还留在原地,它推动金融资本主义进入负资产阶段:债务超过了偿还能力。在这种经济状况下,家庭和企业甚至政府都"节衣缩食",进行还债。这种情况发生得越多,债务型通货紧缩就越严重,经济萎缩得就越厉害。这也解释了现在困扰着西方的紧缩政策。

其结果是,西方的银行家和金融业取代地主阶级,获得了统治地位。而地主阶级自工业革命时期开始就一直居统治地位。像占有土地的贵族一样,新的金融大亨们正在使他们自己变成不可逆的世袭阶级。自1980年开始,问题变得更加严重。金融、保险和房地产(FIRE)部门利用其收益,购买政府及其监管机构:法院、大众媒体和教育系统。其目的是通过以公共关系游说(垃圾经济学)代替现实经济分析报告的方法,扰乱选民,不让其了解掠夺性金融的原动力。

今天西方的许多问题都源于没有对土地、矿产权和公共基础设施的租值进行征税,使它们被"免费"抵押给银行。与进步时代的政策相反,城市和农村的农业用地市场价格上涨的部分被支付给银行,以创造新的世袭的既得利益,而不是用来作为税基,以保持住房和办公楼价格稳定,使人能负担得起。这意味着,今天的税收政策正在重新创建一个由地主和银行家们组成的封建式的超阶级,他们占有金融领域——这与20世纪80年代之前西方工业经济的生产力迅速提高、人民生活日益富裕时的政策刚好相反。

具有讽刺意味的是，中国的竞争对手们在指责中国时，常谈论文明之间的冲突。西方观察家们很不情愿地承认，中国正在致力实现的"自由市场"，正是古典经济学家们定义的能够使经济效率更高、更具竞争力的市场：管理控制食利者的利益，并对此征税。自中世纪起，他们的租金和利息一直是西方经济的负担。是西方自己偏离了古典政治经济学和进步时代的社会改革所指出的方向，而在这条道路上，曾创造过西方文明。在此背景下，西方的金融化泡沫经济象征着西方又倒退回工业化前的食利者经济状态中。它正在进入迷失的十年，或许迷失的是整整一代人的时间。

这是一个经济结构的问题。整个国家的经济走错了方向。西方经济体不会通过"内在稳定器"自动恢复。它们目前的经济衰退并不是一个财务周期的暂时现象，而是结构深处的问题。债务不会控制住，除非取消抵押品赎回权，将房产从债务人那里转让给债权人——或违约或债务减记。债务违约、丧失抵押品赎回权、房地产价格崩溃和银行紧急救助计划，这些都是新自由主义经济倡导的银行放松管制和税收理念的结果。这一系列结果使金融部门取代了 19 世纪以来地主的地位：食利者们垄断着经济剩余，却并没有在生产中发挥什么直接作用。

新自由主义者称他们的"政变"为"自由市场"，并且攻击批评言论，就好像这些批评是在攻击西方文明自身一样。然而，正是将欧洲和美国的经济从中世纪军事征服的残余和银行业的控制下解放出来的尝试，随后界定了其进步时代的西方文明，导致了第一次世界大战的爆发。

中国能采纳的西方最好的想法是什么？

中国羡慕美国和其他西方经济体的高消费标准。但是这些标准在过去 30 年中并没有提高。那么，中国应该羡慕哪一个"西方"呢？是那个实施古典战略的西方——大量的政府补贴和贸易保护主义是其成为工业强国的基础，还是最近的这个由食利者们倡导的去工业化的西方——

他们打着后工业经济的标语，告诉人们通过借贷去投机房地产和股市就可以致富？商学院的毕业生们接管公司，用"金融工程"取代"工业工程"，用企业利润回购自己的股票，从而提高他们股票期权的价值。

100年前促进经济增长的传统政策越来越少，并最终取消部分税务——至今仍向地主和矿主支付土地租金和自然资源租金。李嘉图发展了他的土地租金理论，并反对英国的贸易保护主义农产品关税（《谷物法》），这项法案使食品价格居高不下——这个理论导致企业老板不得不按最低生活工资标准支付员工薪水。如果英国想要竞争过其他国家，成为世界工厂，它就必须给工人很低的工资。1847年，英国废除了《谷物法》，成为自由贸易帝国主义国家。如果哪个国家同意不对英国工业产品出口征收关税，那么英国就为其进入自己的食品及原材料市场提供免关税准入许可。代表银行利益发言，因此李嘉图支持的是工业，而不是土地所有者。

社会主义者甚至主张将土地、自然资源和自然垄断行业（交通运输、通讯、大学等）完全国有化。马克思主义者将这一政策扩大到工业资本中，此时工业资本正在被编入巨大的托拉斯中。亨利·乔治的追随者认为，当所有权仍留在个人手中时，征收土地的租金对国有化是有利的，可以保持其市场反馈的益处。1909至1910年间，英国下议院通过了一项土地税法案，但遭到了英国上议院的反对，从而引发了议会危机。在俄罗斯，克伦斯基临时政府计划提出一项税收法案，刚好赶上1917年10月的布尔什维克革命，结果所有的财产国有化。

1991年苏联解体后，其成员国并没有采用20世纪初的土地税改革者的逻辑。这一次，西方推翻了自己1980年以前的累进税制，并不再对房地产征税。税收政策越来越倒退，负担被转移到消费者身上，甚至是企业主身上。这有益于金融、保险和房地产行业，但是却提高了商业经营的费用。

在所有发展领域中，房地产仍然保留有所有经济体的最大的资产范畴，其中，土地位置价值是其主要组成部分。这使中国面临与美国、欧洲和后苏联经济体的同样选择：将土地的租值作为税收体制的基础，还是金融体系的基础?

要恢复西方国家的工业增长,金融化的经济体需要用古典主义学说代替其金融的反政府模式,使经济摆脱房地产和金融食利者的控制。土地税可以抑制楼价上涨。对土地租金征收的税越多,住房成本将会越低——同时,经济的债务开销也会越来越低,从而抑制整体价格水平。但是,如果不对土地征税,或是房产税的税率降低了,那么债务的负担就会过重。越低的土地税,就会伴随越高的抵押贷款债务,当土地价格上涨时,租金收入就会通过新买家的信贷活动变成利息流。

这就是美国和其他西方国家所采取的路径。而自1991年苏联解体后,独联体国家过分地采用了新自由主义的意见,支持房地产和金融业甚于劳动力和工业。它们的自我毁灭的房地产泡沫产生的高本息债务和住房成本,压得它们的劳动者喘不过气来,而它们将公共基础设施免费赠与内部人士(没有价格限制)已经导致基本生活成本过高。它们的经济发生灾难性的衰退,资本外逃,技术工人移民别的国家,国内生产总值萎缩以及腐败现象叠升,这些都是反面教训,是中国应该尽量避免的。

支持金融、保险和房地产部门,而不是劳动力和工业,这种做法使国家、地方和联邦一级的政府税收严重不足,从而导致它们的预算出现长期赤字。同时,按揭贷款也使经济体负担过重,因为中国和其他社会主义国家会提供许多免费服务或提供公共价格补贴,这些费用如果是通过信贷得来,那么它的利息以及除此之外的住宅和商业建筑的利息都会将其压垮。

学生贷款资助教育是金融化基础设施的一个臭名昭著的例子。在美国,它的总额超过了1万亿美元,比信用卡债务还多。然而,在债务缠身的美国经济情势下,毕业生很难找到合适的工作,因此,违约现象急剧上升。而政府保证银行保持如此高的利率。很多丑闻已经被曝出来,说银行支付回扣给大学官员,让他们促成某些银行可以击败对手,获得这个可获利的、低风险高利润的市场。

一个后果是,很多学生离开自己父母的家后,无法负担公寓的租金。因此，新家庭的组成放缓，结婚率和出生率的下降遏制了房地产市场的恢复。同时，经济分化加重，债权人站在经济金字塔的顶部，而占人口99%的债务人则处于金字塔的底部。

总结：中国最好的选择是保持其经济的公平和均衡

这不是100年前西方经济学家们所预期的趋势。早从13世纪开始，经院哲学家（牧师）就把"公正的价格"作为理论用来分析银行收多少信贷服务费比较合适、转移国际资金收多少手续费更合理等问题，这些可以应用于土地租金上。经济租金的概念被归纳，包括了市场价格高出社会必要生产成本的那部分差额。到了18世纪和19世纪，出现了寻求用土地所有权民主化替代贵族和寡头政治的改革运动。其目的是从世袭的地主阶级那里解放欧洲，从9世纪到11世纪，地主阶级一直统治着欧洲；另外，改革还要使新世界、非洲和亚洲摆脱大陆殖民者的控制；并希望美国能摆脱房地产商和铁路老板的控制，他们是通过内部交易获得国家赠与的土地的。从法国重农学派到亚当·斯密、穆勒和随后的进步时代的改革者，经济民主的思想成为在房地产和自然资源或公开产生的特权等领域建立税收体系的基础，这些资源与财产不同，其区别是：财产是持有人自己的劳动和企业的产品。

但随着局势的发展，住房和财产所有权都通过信贷平民化了。经济租金（公共基础设施开支和土地位置价值所产生的价值）被抵押给了银行。经济租金的资本化使产品价格上涨。这种做法，遗留下来的问题就是债务型通货紧缩。

税务偏袒金融、保险和房地产部门，这使得金融寡头取代了经济民主。很明显，如果政府不对土地租金和金融盈利征税，就必然会对劳动力和产业征税。这就提高了生活和商业经营的成本。

西方政客们不是探寻如何扭转其经济的衰退局面，而是坚持"没有选择余地"（TINA），并且继续偿还不断增加的债务，或忍受更多的止赎、失业、移民,甚至以长期萧条为代价。紧缩使预算赤字更为糟糕,经济贫富分化也更为严重。

古典经济学的要旨是通过价格(包括正常利润)与生产技术所必需的成本费用的关系,制造经济竞争。但这是通过自然垄断仍保留在公共领域来实现的,如土地和矿产资源等。留给中国工业和城市变革的一个任务是:抑制住房成本,防止投机者和内部人士挖公共领域的墙角。

西方的金融两极化并不是不可避免的。中国也可以避免这样的命运。它可以把房地产、自然资源和工业资本民主化,同时不要把租值交给银行。通过适当的税收和金融政策,中国可以将信贷重点放在融资资本的形成和发展上,而不只是表现为经济开销,正是后一点使西方国家的经济陷入债务通缩和经济紧缩的困扰中。

中国的政策制定者们需要牢记的是,新自由主义的西方的建议已经使其自己的经济走上了负资产和劳务偿还债务的道路。

总之,当中国一直遵循西方的经济私有化和权力下放的建议时,西方已经走得太远了,政府正在下放规划权给银行业。虽然中国地方管理部门已经允许将土地卖给开发商以获得收益,同时收取产权的费用,但是仍没有对土地上涨的位置价值征税。而填写土地产权登记时,名义上的租赁款项比实际的土地税要多。

要保证经济继续增长,中国需要保持其均衡的社会主义经济,并且不受西方泡沫经济及其负资产的影响。采用古典经济学的政策征收土地租金税和自然资源租金税,规范基础设施服务的价格和自然垄断的价格,保持其一直符合产品成本规律,就可以实现其"自由市场"的目标。这意味着要避免"金融化"的生产成本。现在,银行提供电子信贷服务,个人可以"自由地"在电脑键盘上操作——这个功能必须要保留在公共领域。银行应该是社会公共机构——不要允许外资银行,除非像美国一样,可以允许外国银行的支行开展一系列有限的服务。

(霍星辰 译)

中国经济的崛起如何改变全球商品市场

[美] 大卫·黑尔

大卫·黑尔（David Hale）

总部位于芝加哥的全球经济学会的创办者，澳洲联邦银行全球经济顾问。1977 年至 1995 年，任肯珀金融服务机构首席经济学家，1995 年至 2002 年，任苏黎世金融服务集团首席经济学家。2002 年，创建黑尔全球经济学会。

> 世界各国所面临的挑战,就是要了解中国的新需求,并制定政策以适应之。

中国经济实力:复杂难解

全球地缘政治正步步逼近,成为一大全新挑战,但各国决策者和政治学家却尚未引起重视。这个挑战就是,中国逐渐成为全球多种工业原材料最大的消费国和进口国。经过多年的经济腾飞,中国已经取代美国和欧洲成为铁矿石、铜、铝以及多种基本金属的主导市场和定价者。目前,中国已成为全球第二大石油消费国,仅位居美国之后。发展如此之快,让各国政府甚至来不及思考其影响。正如在过去 200 多年,对商品的需求促使美国和英国制定了各种外交政策,现在,中国对原材料的需求也迫使其制定新的外交及安全政策。同时,由于中国大量从发展中国家进口原材料,需求的增长也会对这些国家的外交政策产生影响。中国目前已经成为澳大利亚、巴西、智利、秘鲁、伊朗、缅甸、越南、哈萨克斯坦以及其他一些商品出口国的主要贸易伙伴。中国的新经济地位意味着这些国家将进一步加强与中国的政治关系。

过去三年，中国实现了三大突破，确立了在全球经济中的新地位。中国取代了日本，成为世界第二大经济体、第二大石油消费国；取代了德国，成为全球最大贸易商品出口国；取代了美国，成为全球制造业巨头。最近30年，中国产出年均增长超过10%，最终实现了这三大突破。长期以来，中国依靠廉价劳动力和庞大的国内储蓄，发展起世界级制造业。同时，中国吸引了超过1万亿美元的外国投资，大量跨国公司把中国当作全球制造供应链的最后一环。目前，中国出口商品的60%都由这些跨国公司生产。

中国经济的崛起伴随着日益增长的商品需求

中国经济的繁荣引发了对原材料的大量需求。20世纪80年代中期，石油和其他初级产品约占中国出口商品总量的一半。而现在，中国进口商品所占份额从1986年的13%上升到2010年的37%。商品净进口总额占2010年国内生产总值的7%。中国的铁矿石海运贸易总额占世界总量的60%。目前，中国消耗全球铜产量的39%，而欧洲仅占20%，美国占9%。中国的铅消耗量占全球总量的45%，欧洲占17%，美国占15%。中国的锌消耗量占全球总量的43%，欧洲占20%，美国占7%。就铝消耗量而言，中国占40%，欧洲占20%，美国占11%。镍消耗量中国占37%，欧洲25%，美国8%。2011年，中国共生产6.83亿吨钢材，进口4900万吨。而美国和日本的钢材总产量约为1亿吨。

钢材产量的激增也让中国由长期以来的煤炭出口国变成主要煤炭进口国。2010年，中国进口4800万吨冶金用煤，日本为5800万吨，韩国为2800万吨。中国进口1.29亿吨热能煤，日本进口1.29亿吨，韩国为9100万吨。研究分析员预测，到2016年，中国将占全球热能煤贸易总量的23%。而这个比例在2006年还只有5%。目前，中国的煤炭消耗量占全球总量的一半，其中2/3用于发电。过去十年，中国成为全球石油需求增长最快的国家，目前每天消耗近900万桶石油。英国石油公司

（BP）预测，到 2030 年，中国对石油的需求将达到每天 1750 万桶，取代美国成为全球最大的石油消耗国。随着能源需求的不断增长，中国 80% 的石油和 42% 的天然气将不得不依靠进口。

中国对原材料的需求不断增长存在诸多原因。首先，中国的城市化进展迅速。1970 年，中国城市化程度不到 20%，而现在已超过 50%。城市化进程刺激了对钢铁、铜及其他金属的需求。中国每年要新建规模是纽约两倍的城镇，以安顿流动人口。其次，中国现在是世界第一大制成品出口国、第二大进口国，仅次于美国。2011 年，中国出口商品总额达 1.9 万亿美元，进口商品总额达 1.7 万亿美元。中国出口的扩大也刺激了对商品的需求。第三，中国正快速发展为耐用品消费市场，使得商品需求不断扩大。最典型的例子就是中国汽车行业的崛起。2010 年，中国取代美国，成为全球最大的汽车市场。中国汽车市场的崛起在未来很长一段时间所带来的机遇是惊人的。十年前，高盛曾发布过一份有关未来全球汽车市场变化的报告。2000 年，美国共有 1.35 亿辆汽车，中国仅有 850 万辆，印度 540 万辆。高盛预计，到 2050 年，美国将有 2.33 亿辆汽车，中国 5.14 亿辆，印度 6.1 亿辆。很难想象，全球这么多汽车对石油的需求量将有多大。亚洲对燃料的需求不断增长，意味着未来必须要寻找其他燃料，或开发其他替代性能源。

随着中国逐渐成为世界主要的商品消费国，商品价格也在不断攀升，突破 2008—2009 年全球金融危机爆发前的水平。2008 年年底至 2009 年年初，受全球经济影响，商品价格下跌，但中国采取了刺激经济复苏的货币和财政政策，为 2009 年第二季度价格的回升创造了条件。而美国和欧洲则仍陷在衰退的泥潭中。中国出口总量在 2009 年下降了 15.9%，在 2010 年上升了 31.3%。中国引导了全球贸易的复苏，发展中国家进口总量上升 18%，而发达国家上升了 11%。中国的需求带动了 2009 年的价格回升，这在全球经济史上还是第一次。现在，商品市场一个悬而未决的重要问题在于，由于中国采取了限制性货币政策来控制通货膨胀，2012 年中国经济增长速度会放慢多少？目前普遍认为，

2012年，中国经济增长速度将从2011年的9.5%降低到8.0%左右。

中国新的五年计划预计，到2015年，中国对基本金属的需求仍会稳步增长，但比2006—2010年间的增长速度要慢得多。2006—2010年，中国铜需求量复合年均增长率达到15.0%。据估计，2010—2015年，这个数字还将增长5.2%。而铝需求复合年均增长率将从上一个五年的17.5%降低至8.6%，镍则由21.4%降低至6.1%，锌从11.5%降低至5.2%，铅从16.5%降低至7.9%。许多分析员认为，这些预测都过于保守，实际铜、镍需求量增长率要远高于该预计值。如果中国经济减缓幅度比五年计划所预计的还要大，那么商品价格也会随之下降。

中国对原材料需求的增长，不仅带动了进口的大幅增长，也让中国企业在其他国家成为强有力的原材料资产竞标者。中国政府称之为"走出去"战略。2011年，中国企业完成207项国外并购，总价值达429亿美元，比2010年上升12%。过去五年，中国的外国直接投资不断增加，这些并购只是其中的一部分。在这个过程中自然资源占据主要地位。中国国家开发银行（CDB）提供了数十亿美元的贷款，帮助企业在许多国家开发基础设施和资源相关的项目，这大大促进了中国的外国直接投资。

中国成功扭转投资下滑趋势

在澳大利亚、加拿大和南非的证券交易所，中国公司竞先收购采矿公司和石油公司。惠誉评级公司认为，中国石油公司会继续积极竞标收购外国公司，因为现在他们仅有6%—25%的储量在国外。目前，中国在澳大利亚投资接近425亿美元，几年前仅有20亿美元。中国从澳大利亚大量进口铁矿石和煤炭，占澳大利亚出口量的27%。中国公司还通过收购在澳大利亚上市的采矿公司，大量投资西非铁矿石行业。澳大利亚公司大多为市场价值较低的出口公司，需要大量资金来开发资产。而中国正好拥有他们所需要的资金。中国铁矿石行业的领导人表示，他们希望在 2015 年前，国内一半的铁矿石都是从中资企业进口而来的。由于需要大量铁矿石，中国将在未来五年，不断加大在几内亚和喀麦隆的投资。

中国还在澳大利亚的邻国——巴布亚新几内亚进行投资。目前，一家中澳合资公司在巴布亚新几内亚共同开发价值 14 亿美元的瑞木镍钴项目。由于与当地土地所有人发生冲突，合资公司转向国际金融公司（IFC）求助。国际金融公司提议，合资公司应将项目 2.5% 的股权让给当地土地所有人，并开展一系列地区开发活动，例如小额信贷、资助当地大学生去北京学习中文。中巴两国建交已有 35 周年，但中国直到寻求原材料的时候才对巴布亚新几内亚产生了兴趣。长期以来，巴布亚新几内亚在与中国贸易中都处于逆差地位，因为其出口品主要为原木、棕榈油、锯木。但现在，随着新资源项目的开发，巴布亚新几内亚已实现贸易顺差。2010 年，中国贸易额占巴布亚新几内亚出口总额的 7.1%、进口总额的 7.9%。

中国在美洲国家的投资

中国宣布在亚伯达沥青砂行业投资 120 亿美元。对此，加拿大政府制定了支持计划，将修筑一条横贯不列颠哥伦比亚省北部的管道，方便向中国出口石油。由于环保人士一直反对修建管道连通亚伯达省和德克萨斯州，加拿大意图减少对美国市场的依赖。2005 年，中国竞标收购优尼科，以失败告终。但随后，中国在美国投资了几十亿美元开发页岩油和天然气项目。行业内公司也欢迎中国投资，为自身资产发展筹措资金。而中国也急切需要相关技术来开发本国大量的页岩油资源。

在过去十年里，中国成为拉丁美洲最大的投资国。中国在多伦多证券交易所竞标收购在秘鲁和智利有资产的公司。借助国家开发银行的贷款，中国进行了大量直接投资。目前，中国在拉丁美洲外国直接投资已超过 700 亿美元。中国国家开发银行和进出口银行在拉丁美洲发放贷款额已超过650亿美元。

2009年，中国国家开发银行向巴西国家石油公司提供了100亿美元的贷款，而巴西国家石油公司则承诺新油田开采后的十年，中国可每天购买20万桶原油。巴西国家石油公司计划2010—2014年将花费2240亿美元，热切需要中国投资资金。开采这些盐丘矿床，将使巴西石油产出在未来十年翻一番。同时，巴西也将成为中国主要的商品供应国，其中包括铁矿石和大豆。中国从巴西进口商品总额从2006年的84亿美元上升至2010年的308亿美元。巴西出口商品中有17.5%输入中国。

2007年以来，中国国家开发银行已向委内瑞拉经济社会发展银行发放贷款380亿美元。委内瑞拉经济社会发展银行因此成为中国国家开发银行最大的外国客户。作为回报，委内瑞拉国有石油公司在未来要向中国出售石油。此外，中国石油公司也积极与委内瑞拉企业成立合资公司，共同开发奥利诺科河盆地的石油资源。

中国财团国有安第斯石油公司，包括中国石油天然气集团公司和中国石油化工集团公司，于2005年斥资14.2亿美元购买加拿大能源公司的石油和管道资产，积极进入厄瓜多尔市场。安第斯石油公司每天约产原油6万桶，全部出口至美国，并拥有OCP管道公司36%的股权，每天可向厄瓜多尔太平洋海岸输送45万桶原油。2010年，中国国家开发银行向厄瓜多尔发放10亿美元贷款，厄瓜多尔则每天向中国石油天然气集团公司输送36000桶原油。中国还向厄瓜多尔提供17亿美元贷款，资助科卡科多辛克莱水电站工程85%的资金。该水电站将由中国水电集团负责修建。这项工程将满足该国近85%的电力需求。中国在厄瓜多尔总贷款已超过80亿美元，相当于厄瓜多尔GDP的19%。

通过收购现有公司的自然资源资产，中国已成为阿根廷一个大的投资主体。中国石油化工股份有限公司以120亿美元购买了阿根廷在西方石油公司的资产。中国海洋石油总公司（中海油）出价71亿美元从英国石油公司购买泛美能源公司，但以失败告终。中海油还斥资31亿美元收购阿根廷布里达斯石油公司50%的股权。此外，一家中国国有企业投资 15 亿美元，开发里奥内格罗省面积达 30 万公顷的不毛之地，生产粮食供往中国。阿根廷逐渐成为中国主要农业进口国。2010 年，由于中国大量需要大豆和豆油，阿根廷向中国出口额上升 58%，达到 58 亿美元。过去十年，阿根廷大幅扩大了大豆种植面积。每年，中国的大豆产量只有 1500 万吨，而阿根廷高达 5500 万吨。因此，中国成为阿根廷大豆出口的主要市场。阿根廷则大量进口中国制成品，曾一度造成紧张局势，但两国政治领导人积极缓解了这一局势。中国目前已成为阿根廷第二大贸易伙伴，仅次于巴西。

中国宣布了一项野心勃勃的计划，兴建"干运河"铁路项目，将哥伦比亚煤炭资源丰富的东北省份与西海岸港口连接起来。中国国家开发银行将提供 76 亿美元的贷款资助该工程。该工程由中国中铁股份有限公司承建，目的在于每年将 4000 万吨货物从哥伦比亚心脏地区运送至太平洋海岸港口。哥伦比亚是全球第四大煤炭出口国。目前一些主要煤矿也正在扩大开采，到 2020 年，哥伦比亚的煤炭产量将由 2011 年的 8700 万吨增加至 1.6 亿吨。五年前，中国石油化工集团公司与印度石油天然气公司从美国母公司手中购买了哥伦比亚石油公司 Omimex de Colombia 50% 的股权，由此进入哥伦比亚石油行业。Omimex de Colombia 公司的油田每天可生产原油 9000 桶，拥有一条石油管道连接油田和炼油厂，向美国出口石油。中国石油化工集团公司还与一家印度公司共同投资开发 Mansarovar 石油项目。它生产哥伦比亚 24% 的石油，并出口至亚洲。随着合作的迅速发展，哥伦比亚开始与中国就达成自由贸易协定进行谈判。由于与美国迟迟不能达成自由贸易协定，哥伦比亚开始着手与中国建立更紧密的合作关系。

智利是 20 世纪 70 年代第一个与中国建交的拉丁美洲国家。2005 年，智利与中国签订自由贸易协定。2003 年，智利向中国出口额仅占该国出口总额的 8.3%，但 2010 年，该份额已达 25%。目前，中国已成为智利最大的贸易伙伴，在智利外国直接投资达到 4.4 亿美元。

据估计，到 2016 年，中国在秘鲁投资将从目前的 12 亿美元增加到

100亿美元。目前，中国公司正在计划开发几个新项目。中国五矿集团计划投资25亿美元收购EI Galeno铜金矿。中国铝业公司也准备投资22亿美元购买特罗莫克铜矿。首钢集团经营着秘鲁唯一的一处铁矿山，也正准备投资12亿美元用于铁矿开采与加工。紫金矿业集团投资15亿美元收购Rio Brianco铜矿项目。近些年来，在秘鲁的石油工业领域，中国也一直十分活跃。中国石油天然气集团公司的第一项收购即是从阿根廷Pluspetrol石油公司购买8号和1AB两个区块，此次收购使中国石油天然气集团公司成为秘鲁第二大石油生产企业。中国石油天然气集团公司还与秘鲁政府达成了特许协议，可勘探并开发东南两个区块的原油和天然气，总面积达27500平方公里。这些区域的油田主要供应国内，但部分也出口至中国。秘鲁与中国于2010年3月签订自由贸易协定，以加强两国经济关系。秘鲁出口至中国产品的83%主要为四类：铜、铁、铅和鱼粉。

中国投资在非洲占支配地位

过去十年，中国已成为非洲一支主要的经济力量。贸易增长超过十倍，中国企业在整个非洲大陆上寻找着资源项目。中国在撒哈拉以南非洲外国直接投资已超过670亿美元。

2004年，中国向安哥拉提供20亿美元贷款，为中国在安哥拉石油业的投资奠定了基础。此外，中国还向许多项目提供了125亿美元的信贷。这些贷款由中国进出口银行、中国工商银行以及中国国家开发银行提供。安哥拉则通过出售原油偿还贷款。目前，共有50家中国国企和400家私企在安哥拉开展业务，约有中国员工7万名。中国石油化工集团公司与安哥拉国家石油公司成立合资企业，共同开发石油区块，潜在储量为32亿桶。对于中国向安哥拉提供的第一笔贷款，国际货币基金组织（IMF）十分不满，因为IMF一直在与安哥拉就贷款援助进行协商，该贷款要求安哥拉提高政府账目的透明度。中国派遣了工作团队对安哥拉经济进行监督，但并未要求安哥拉提高财政透明度。目前，中国石油进口的16%由安哥拉供应。

通过投资基础设施和采矿项目，中国成为刚果民主共和国的重要投资国。第一个重大项目投资于2008年4月达成，中国铁路工程总公司和中国水电集团达成协议，成立中刚合资公司——华刚矿业股份有限公司。中国进出口银行向刚果提供90亿美元资助基础设施建设。作为回报，该合资公司获得铜钴矿的开采权。国际货币基金组织以债务可持续性为由批评中国的投资行为，因为刚果已经负有110亿美元的债务，正努力争取获得国际减债计划的支持。迫于国际货币基金组织批评的压力，中国投资规模缩减至60亿美元，同时刚果政府撤回对采矿项目的担保。这项投资变成纯商业交易。通信技术公司中兴通讯也在刚果投资种植棕榈树，面积达280万公顷。

中国在尼日利亚投资进程颇为曲折。2006年，中国石油天然气集团公司宣布为卡杜纳炼油厂投资20亿美元，从而获得四个石油钻探区块的开采权。然而，由于尼日利亚将该炼油厂出售给了与奥卢塞贡·奥巴桑乔总统有裙带关系的买方，而中国石油天然气集团公司所购四个区块也前景不佳，该交易以失败告终。尽管如此，中国与尼日利亚两国贸易与投资仍稳定发展。2006年，尼日利亚政府与中国铁路建筑总公司签订一项83亿美元的合同，重建尼日利亚殖民地时期所建铁路。该铁路长达2733千米，连接首都拉各斯与北部城市卡诺。2010年，中尼贸易额从2006年的31亿美元增长至75亿美元。目前，中国在尼日利亚外国直接投资总量已超过60亿美元，其中约有75%投资在能源行业。中国还斥资几十亿美元收购阿达克斯石油公司，该公司在尼日利亚、加蓬和喀麦隆均有石油资产。长期以来，大型的西方石油公司在尼日利亚石油行业占据主导地位。因此，相比之下，中国公司仍是小角色。随着尼日利亚与中国政府领导人接触日益频繁，尼日利亚也希望通过吸引中国投资，使本国能源行业实现投资主体多元化。

中国向加纳提供130亿美元的贷款，资助能源、农业和交通运输项目的建设。此外，中国也投资数十亿美元开发一些小型工业和农业项目。2010年，中国与加纳贸易额达到20.5亿美元。由于加纳大量进口中国制成品，中国一直处于贸易顺差地位，但是现在，加纳不断扩大对中国的商品出口，已成为石油出口国，而中国也试图参与石油资源开发。最近，中国公司与埃克森石油公司竞争一些油田的勘探权。加纳政府倾向于选择中国海洋石油总公司，因为中国国家开发银行向国有石油公司提供20亿美元的特许贷款，资助一些基础设施项目的建设。中国国家开发银行最近又向加纳提供30亿美元的贷款，资助修建新的天然气管道。但这项计划引发了与国际货币基金组织的矛盾，因为加纳参加了国际货币基金组织的一项计划，该计划要求加纳每年商业借款不得超过8亿美元。加纳表示将绕过这项规定，第一年仅借款8亿美元。中国对于国际货币基金组织这项规定表示愤怒，认为这是西方国家对中国在加纳投资计划的干涉。

中国还在塞拉利昂投资15亿美元开发一处铁矿石项目，获取该矿25%的产出。中国铝业公司与英国里奥廷托锌公司成立合资公司，开发几内亚一处铝土矿，并与总统就新项目进行了会谈。

中国自2006年与乍得恢复外交关系以来，逐渐成为乍得的重要投资国。2003年，乍得开始生产石油，2011年中国在乍得成立了该国第一家石油精炼厂。该炼油厂共投资8.44亿美元，中国石油天然气集团公司拥有该项目60%的股权。按照计划，该炼油厂每年加工250万吨原油，其中14万吨出口至中国。此外，中国土木工程集团公司也与乍得政府签署协议，投资75亿美元修建长达1300公里的铁路，铁路连接乍得东部与南部。而乍得可能会通过出口石油来支付这笔交易。

2011年，中国同意与法国道达尔公司投资29亿美元购买爱尔兰石油公司图洛的66.6%的石油勘探权益。由此，中国成为乌干达重要投资国。图洛于2009—2010年间在阿尔伯特湖区发现大的石油矿床。这三家公司还承诺投资100亿美元在乌干达成立一家炼油厂。过去，中国与乌干达贸易量并不大，主要向乌干达出口机械和制成品，进口少量咖啡。2009 年，乌干达与中国贸易逆差达到 1820 亿美元，主要原因在于资源出口不足。

在其他东非国家，中国的经济活动也十分活跃。中国向肯尼亚提供了重要外援，共有 44 家建筑公司在肯尼亚承包各类工程项目。肯尼亚政府未招标就将 11 个勘探区块中的 6 个给了中国海洋石油总公司，但由于未在这几个区块中发现石油，中国海洋石油总公司放弃了勘探。2009 年，中国国有采矿公司金川集团决定投资 2500 万美元收购加拿大蒂明公司 75% 的股份，开发钛矿。蒂明公司由于与当地土地所有人发生冲突而未能成功开采该矿。由于目前还没有大型资源项目向中国出口资源，肯尼亚一直处于贸易逆差地位。2008 年，肯尼亚向中国出口总额仅 2900 万美元，而从中国进口制成品达 9.1 亿美元。肯尼亚主要向中国出口纺织用纤维、茶叶、皮革以及废金属。

坦桑尼亚首任总统朱利叶斯·尼雷尔是一名社会主义者，曾先后 13 次访问中国。因此，坦桑尼亚独立后不久就与中国建立了密切的外交关系。20 世纪 60 年代末，中国帮助赞比亚修建铁路，以减轻赞比亚对罗德西亚铁路的依赖。20 世纪 80 年代末，坦桑尼亚开始实行市场经济，逐渐加强与中国的商务往来。目前，坦桑尼亚共有 250 多家中国公司。同时，中国还在坦桑尼亚南部投资 6.84 亿美元兴建燃气发电站，投资 10 亿美元修建天然气管道。最近，四川宏达集团与肯尼亚签署了一项 30 亿美元的合作协议，在坦桑尼亚开采煤矿和铁矿。由于坦桑尼亚除金矿外尚未开发其他资源项目，与中国贸易一直面临巨大的逆差。

近些年来，莫桑比克发现大量煤矿、铁矿石和天然气，而这其中都有中国的参与。武汉钢铁集团投资 10 亿美元开发一处煤矿。另外，中国庆华集团表示有兴趣在采煤行业投资 50 亿美元。2010 年 6 月，莫桑比克政府在上海举办了一次投资研讨会。会后，中国企业承诺将在莫桑比克投资 130 亿美元，项目涉及采矿、基础设施建设、农业和旅游业。中国公司还投资 2 亿多美元在莫桑比克建立水泥厂。中国企业与莫桑比克政府协商，计划改造并扩建贝拉港，以适应不断增长的煤炭及其他产品出口的需要。目前，一些中国公司正在莫桑比克勘探钻石、红宝石、铁矿及其他金属。过去十年，中国积极开采该国丰富的木材资源并出口至中国。中国企业还与莫桑比克就租赁农用土地种植谷物进行协商。澳门一些投资者还试图租赁土地生产生物燃料。在莫桑比克寻找发展机遇的还不止中国。印度和巴西也一直想投资该国煤炭行业。莫桑比克希望与中国建立直航航线，吸引中国游客前来旅游。中国的旅游公司表示，如果能实现直航，未来十年内，可向莫桑比克输送100万游客。2008年，中国与莫桑比克双边贸易总额达4.427亿美元。目前，莫桑比克面临巨大的贸易赤字，原因就在于国内新的大型资源项目还没有产品出口至中国，主要出口产品只有油籽、锯材和铬矿砂。

中国与津巴布韦总统罗伯特·穆加贝关系密切，但中国在津巴布韦投资规模并不大。中钢集团为津巴布韦矿冶公司投资了2亿美元。津巴布韦矿冶公司曾属于美国联合碳化物公司，现在是一家私有铬铁生产商。中非发展基金有限公司拥有中钢集团铬加工公司的部分股权。中国晶牛集团投资1300万美元在津巴布韦兴建了一家平板玻璃厂。有传言称中国对津巴布韦提供了大规模援助，但并未得到证实。2009年，由于国内通货膨胀率高达百分之几十亿，津巴布韦被迫取消津巴布韦元，以美元取代之。如果中国向津巴布韦提供了巨额美元贷款，那么津巴布韦不可能出现这样的恶性通货膨胀。

在中国与非洲的贸易中，南非贸易额占20%。2009年底，中国成为南非最大的贸易伙伴。南非主要向中国出口金属、矿产品及其他商品，主要从中国进口服装、数据处理设备、印刷机械、推土机和机动车。2008年，中国工商银行购买了南非最大银行——南非标准银行20%的股份，价值56.4亿美元。此外，中国在南非的金属产业及电子组装行业也有投资。2011年，中国在南非共有三次收购行为。金川集团以14亿美元竞标收购麦特瑞克，该公司在刚果拥有大量铜矿。金川集团与中非发展基金有限公司投资2.27亿美元收购了南非维西兹维铂金公司45%的股份。该财团目前正准备投资6.5亿美元开发铂金矿。中国国际信托投资公司、中国国家开发银行和长征资本以 4.69 亿美元收购了南非第一黄金公司。

在南非的小邻邦，中国也十分活跃。2010 年，中国与纳米比亚双边贸易额达到 7.13 亿美元，比十年前高出 60 倍。纳米比亚主要向中国出口铜矿、炉渣灰、鱼、纸、皮革和毛皮以及植物油。中国在纳米比亚直接投资达 5230 万美元。由于钻石价格波动，中国与博茨瓦纳贸易并不稳定。2007 年，中博贸易总额为 1.158 亿美元，2008 年上升至 3.6 亿美元，2009 年由于钻石价格下跌，贸易额降至 2 亿美元。但由于中国对钻石需求量不断上升，2010—2011 年，两国贸易额有所回升。中国公司在博茨瓦纳的基础设施项目中也占据重要地位。

20 世纪 90 年代，中国率先开发苏丹石油工业。中国石油天然气集团公司投资达到 100 亿美元。目前，该集团公司控制着苏丹 60%—70% 的石油生产，拥有苏丹国有石油公司——大尼罗河石油作业公司的最大单一股权（40%）。中国之所以得到这些投资机会，是因为许多西方国家对苏丹实施制裁，强迫本国公司退出该产业。苏丹每天生产 50 万余桶原油，中国进口石油的 7% 均来自苏丹。此外，中国还资助了苏丹北部一些重大水利工程。苏丹曾出现大规模种族暴力事件，一些中国工人因此丧生。

中国在独联体国家和中亚地区日益活跃

最近几年，中国的资源公司在亚洲各地区十分活跃。通过在多伦多竞标，中国大量投资哈萨克斯坦的石油工业，并修建管道连接阿塔苏和中国新疆维吾尔自治区。最终，哈萨克斯坦可以通过该管道将里海地区的 2000 万吨原油输送至中国西部。一直以来，哈萨克斯坦 70% 的石油都通过管道运输至俄罗斯，而现在该国想开发新的市场。2010 年，哈中贸易总额达到 204 亿美元，到 2015 年有望增至 400 亿美元。目前，中国已成为哈萨克斯坦最大贸易伙伴。中国在哈萨克斯坦的外国直接投资达到 123 亿美元。

2009 年，中国国家开发银行向土库曼斯坦国有天然气公司提供 40 亿美元贷款，开发全球最大天然气田之一——南约洛坦天然气田。土库曼斯坦则承诺向中国出售天然气。由于一次爆炸事件，土库曼斯坦输往俄罗斯的天然气管道受到破坏，因此该国现在极其渴望与中国开展合作。

2009 年初，中国国家开发银行宣布向俄罗斯石油公司和俄罗斯石油运输公司提供 250 亿美元的贷款。这两家公司则承诺通过新管道每天向中国边境出口 30 万桶石油。俄罗斯石油公司是俄罗斯大型国有企业，俄罗斯石油运输公司是国有石油管道运输公司。这次交易是俄中两国有史以来最大的交易。两国还共同协商，计划修建另一条管道向中国输送天然气，但由于在天然气价格问题上存在分歧，目前尚未达成一致意见。俄罗斯方面希望按照天然气国际价格计算，而中国方面则希望拿到折扣价格。根据分析家估计，如果达成协议，俄罗斯可向中国出售价值 1 万亿美元的天然气。在新管道修建前，中国每年从俄罗斯进口 154 万吨石油。目前，中国已是俄罗斯最大贸易伙伴。2010 年，两国贸易总额超过 700 亿美元，2015 年的目标是突破 1000 亿美元。俄罗斯曾经是中国主要的武器进口国，但近些年来，武器交易急速下降，因此商品贸易现在占主要地位。中国在俄罗斯的外国直接投资达到 109 亿美元。

中国不断强大，这让俄罗斯十分紧张，因为在 19 世纪末俄罗斯侵占了大量中国领土，而远东地区的人口也在不断下降。但是，俄罗斯拥有丰富的自然资源，中国是这些资源的主要出口市场。对于这个机会，俄罗斯是不愿错过的。俄中两国把对方视为应对美国强权的伙伴。两国在联合国安理会均有表决权。

蒙古是原材料的宝库，中国积极投资开发该国的煤炭及基本金属。对于中国对原材料的大量需求，蒙古也是紧张的。因此，蒙古也向许多加拿大和澳大利亚采矿集团敞开大门，并与俄罗斯保持友好关系。

在阿富汗，中国也是走在前面的投资者。2008 年，中国冶金集团与阿富汗签署协议，开发喀布尔南部的艾纳克大型铜矿。该项目计划在2014年完成建设。中国石油天然气集团公司也与阿富汗签署协议，开发阿姆河盆地的石油区块。根据这项合同，中国石油天然气集团公司须对所开采石油缴纳15%的使用费、20%的公司税，并将净利润的70%让给阿富汗政府。据矿业部预计，这项协议在未来十年将为阿富汗政府创造50亿美元的税收。

中国与亚洲各国关系不断加强

缅甸独立后不久，就与中国建立了密切的外交关系。近些年来，中国在缅甸一直是一支重要的经济力量。1954—1965年，周恩来总理先后9次访问缅甸。缅甸军政府接管政权后，继续保持着与中国的友好关系。2007年，联合国欲对缅甸实施制裁，中国投了反对票。长期以来，中缅边境都保持着频繁的贸易往来。由于缅甸从中国大量进口制成品，中国一直保持着巨额的贸易顺差。20世纪90年代末，中国在缅甸资助了大量基础设施项目，其中中国建筑公司发挥了重要作用。其中最大的项目就是萨尔温江的塔桑水电站，装机容量为7100兆瓦。亚洲开发银行将其纳入大湄公河次区域电力网。该水电站大坝比三峡大坝更高，成为东南亚最高水坝。这些水利工程将为中国和泰国供应电力。

2011年，中国取代泰国，成为缅甸最大的外国投资国。截至目前，中国在缅投资总额达158亿美元，投资项目主要涉及石油、天然气、水电及矿业。缅甸外国直接投资总量的70%均来自中国。2010年，中缅双边贸易总额达到44亿美元，中国仍保持着巨大的贸易顺差。中国主要向缅甸出口制成品，从缅甸进口木材、柚木、海产、宝石、大理石、煤炭以及镍矿。2008年，中国共有16家石油天然气公司在缅甸开发项目，之后又有更多企业进驻缅甸。当时，中国公司与印度公司同时竞标缅甸一些价值很高的钻探权益，印度公司出价更高。但由于中国反对联合国对缅甸进行制裁，三天后，中国公司胜出。中国石油化工集团公司在缅甸中部的 Patholon 油气田发现探明储量为 9090 亿立方英尺的天然气、716 万桶石油。中国石油天然气集团公司正在修建原油和天然气管道，将开采出的石油和天然气从缅甸西海岸运至中国云南省。温家宝总理访问缅甸后，该工程正式启动。中国还提供 9 亿美元资助开发太公当镍矿。该项目被称为"中缅矿业史上最大的合作项目"。此外，两国还商议修建铁路连接昆明、仰光和泰国港口。

2011 年 9 月，由于遭到当地抗议，缅甸政府叫停价值 36 亿美元的水利项目。该工程当时已经完成审批手续。中国愤怒谴责缅甸政府未与之商量便擅自作出决定。2010 年选举获胜的缅甸政府为了表示重视民意，没有作出让步。缅甸政府作出该决定，旨在表明缅甸已经成为名副其实的民主国家。中国对缅甸此举表示震惊，因为在这之前，对于中国在缅甸的大宗投资项目，缅甸政府从未如此注重民意。缅甸这个决定，在一定程度上也显示出缅甸政府对过度依赖中国的担忧。随着西方国家与缅甸恢复外交关系，缅甸甚至可能引入更多外国公司来投资资源项目，扩大竞争。

中国与老挝关系迅速发展。老挝是至今仍被共产党统治的五个国家之一。中国公司在老挝共投资 397 处项目，主要领域涉及水利、采矿、橡胶种植、银行业、水泥、餐馆以及酒店。目前投资总额已超过 27 亿美元。2010 年，老挝从中国进口商品总额约为 3290 亿美元，出口总额约为 4.49 亿美元。主要出口产品为木材、橡胶和铜矿。在与老挝贸易额方面，中国仍次于泰国。泰国从老挝进口商品总额达 6.06 亿美元，接近老挝出口总额的 1/3。2010 年，越南从老挝进口商品总额达 2.52 亿美元。1997—1998 年，老挝经济遭到重创，对泰国依赖程度很高。为了减轻对泰国的依赖，老挝开始寻求与中国改善关系。

随着中国与东南亚国家联盟签署自由贸易协定，以及中国对原材料需求不断增加，过去十年，中国与印度尼西亚建立了紧密的外交关系。2010 年，印度尼西亚对中国出口总额达到 157 亿美元，其中 18% 来自煤炭，14% 来自棕榈油，11% 石油，9% 液化气，6% 橡胶。中国在印度尼西亚外国直接投资总额为199亿美元。目前双边贸易总额为428亿美元，中国总理温家宝表示，2015年两国贸易总额要增加到800亿美元。印度尼西亚自独立以来，与中国关系几经波动。1950年，印尼总统苏加诺承认新中国政权，两国作为第三世界联盟国家发展友好关系，与西方国家抗衡。60年代，苏哈托出任总统后，对印尼共产党进行镇压。据称，印尼共产党的政变得到了中国的支持。1967年，印尼与中国断交。1990年，两国恢复外交关系，但印尼仍对中国持怀疑态度。1998年，东亚金融危机导致苏哈托政权垮台。此后，印尼共有三任总统。

通过民主选举出的第一任总统阿卜杜勒·瓦希德，把其国事访问的第一站设在中国。出于经济发展需要，同时由于西方国家公投致使东帝汶独立，印尼十分愤恨，所以瓦希德急于与中国改善关系。对于在1998年经济危机中中国给予印尼的经济援助，他也表示感激。

印尼与中国关系之所以如此复杂，是由于在印尼有一部分华人（600万人）力量十分强大，他们控制着印尼3/4的财富。虽然印尼的华人不参与政治，在政府也只是担任象征性职位，但他们却主导着印尼的私营行业。瓦希德把访问中国当作赢取华人商界信心的途径。中国与印尼的许多交易都是与华裔商人进行的，而这些华裔商人也在中国投资。苏西洛·班邦·尤多约诺出任总统后，继续加强印尼与中国的关系，并与中国国家主席胡锦涛签署协议，建立两国"战略伙伴关系"。随着两国贸易不断扩大，人员流动日益频繁，印尼已经解除对华人及其文化的许多限制。

印尼采用民主制后，少数人群的社会地位得到提高，种族歧视现象也得到缓解。目前，印中关系发展受到的最大限制就在于，中国成为经济强国，让印尼颇为担忧。中世纪时期，印尼诸岛曾是中国的朝贡国。如果美国经济继续衰落下去，中国将再次成为亚太地区主要的经济和军事强国。那时中国会对外采取什么行动，印尼人十分担心。

1979年，中国与越南曾有过一次短暂的战争。此后直到1991年，中国才恢复与越南的外交关系。越南有着丰富的铝土矿。2009年，中国铝业公司与美国铝业公司签订协议，成立合资公司开发越南的铝土矿。该项目在当地遭到反对，但越南政府批准了该项目。预计到2025年，该项目能吸引150亿美元的投资。此外，由于出价较低，并得到中国一些银行的资助，中国公司成功与越南签订合同，兴建燃煤电站。目前，中国是越南最大的进口国，主要进口产品包括重组零配件和制成品。2011年上半年，越南与中国的贸易赤字达到54亿美元，总贸易赤字已达75亿美元。越南主要向中国出口煤炭、原油、橡胶、食品、海产品以及鞋类，进口产品主要为汽车、摩托车、机械、药品以及汽油。2010年，在越南对外贸易总额中，与中国贸易占19%，美国占13%，日本占12%。目前，约有2000家中国公司在越南开展业务。2011年，越南接待的外国游客中，中国游客占25%。越南与中国在南海问题上一直存在冲突，因此近些年来，越南不断加大国防支出，购买海军武器。但越南并不想因此影响两国贸易往来。和其他东南亚国家一样，越南对于中国经济的崛起也十分担忧，但它并不想失去中国带来的新的贸易和投资机会。

中国与中东关系进一步确立中国的强国地位

中国已宣布在伊朗能源行业的几项投资，并计划在伊朗建几家炼油厂，以缓解伊朗的汽油短缺。这几项投资的潜在价值达1200亿美元。由于担心伊朗受到经济制裁，中国企业放慢了勘探的进程。目前，中国已是伊朗最大贸易伙伴，2011年两国双边贸易总额达到400亿美元。中国进口石油的11%均由伊朗供应。由于伊朗炼油能力不足，中国也向伊朗供应汽油。中国还通过官方及非官方途径，向伊朗提供大量军事和战略援助。20世纪80—90年代，中国为伊朗的核计划提供了很大帮助。同时，中国也向伊朗供应武器，包括巡航导弹和弹道导弹。根据斯德哥尔摩国际和平研究所统计，中国向伊朗提供的军需品价值36亿美元。中国在伊朗的直接投资达到179亿美元。

波斯湾是中国主要的石油进口源。但由于沙特阿拉伯对外国投资限制严格，中国未能在沙特阿拉伯进行投资。中国在阿曼和也门均有勘探项目。中国石油天然气集团公司计划收购阿联酋一家石油公司，该公司可生产石油 1000—1500 万吨。中国石油天然气集团公司一家子公司也成为阿布扎比酋长国原油管道的设计建筑承包商。该管道连接阿布达比的哈布桑油田和富查伊拉港，建成初期每天可穿过霍尔木兹海峡向一个海港输送 1500 万桶原油。如果伊朗想要关闭海峡，这条管道将具有重要的战略地位。2012 年 1 月，温家宝总理对沙特阿拉伯、卡塔尔和阿联酋进行了为期六天的国事访问，寻求新的合作机会。此次访问也落实了中国石油化工集团公司与沙特阿美石油公司的合作计划，双方将成立合资公司，在延布红海港口建立一家炼油厂，每天可炼油 40 万桶。延布炼油厂是中国石油化工集团公司第一家海外炼油厂，此前，中国石油化工集团公司与沙特阿美石油公司曾成立合资公司，在中国福建省成立了一家炼油厂。在波斯湾地区，只有伊拉克对外国投资表示欢迎。伊拉克允许外国公司参与重建该国石油工业。萨达姆·侯赛因政权被美国推翻前，中国公司曾与其签订合同，开发石油项目。此后，中国一直试图与新伊拉克政府建立关系。两家中国公司与伊拉克签订合同，以 30 亿美元购买了 23 年的石油勘探权益。中国石油天然气集团公司也与英国石油公司成立合资公司，开发伊拉克最大油田，潜在储量达 170 亿桶。一些美国石油公司高管评论，也许中国才是伊拉克战争的真正赢家。目前，中国 58% 的石油均从波斯湾进口。随着伊拉克石油产量的增加，到 2015 年，这个比例将上升到 70%。为加强与伊拉克关系，中国减免了伊拉克 80 亿美元的债务。中国在伊拉克外国直接投资总量达 55 亿美元。

中国能与伊朗和沙特阿拉伯同时保持友好关系，展现出中国的非凡实力。伊朗和沙特阿拉伯互相极不信任，最近，伊朗还策划谋杀沙特阿拉伯驻美大使。中国能与这两个对立的国家保持友好关系，也进一步证明了中国新的强国地位。两国都注重与中国关系的发展。事实上，沙特阿拉伯目前一半以上的石油都是出口至亚洲，而只有约 14% 出口至美国。

2004 年，叙利亚总统巴沙尔·阿萨德访问中国，此后中国与叙利亚贸易投资迅速发展。阿萨德是叙利亚第一位访问中国的领导人。他一直推行"向东看"政策，致力于让叙利亚成为连接黑海、地中海、阿拉伯海和里海的交通枢纽。中国对此政策很感兴趣，因为中国恰好想要建立一条连接中亚和欧洲的欧亚铁路。中国在叙利亚石油产业进行投资，与印度成立合资公司，以 5.78 亿美元购买了加拿大石油公司的资产。中国还与一家叙利亚公司成立合资公司，开发叙利亚东北部的格贝贝（Kebibe）油田。2000 年，中叙双边贸易总额仅有 1700 万美元，目前已增长至 27 亿美元。中国已成为叙利亚第二大进口国，保持着巨大的贸易顺差。2007 年，叙利亚承认中国实行的是市场经济。

扩大自由贸易区是中国发展的重要手段

中国主要通过签署自由贸易协定与商品出口国家加强关系。中国已与智利、秘鲁、哥斯达黎加、新西兰签署自由贸易协定，并与澳大利亚、南非就自由贸易协定进行了几年的谈判，但尚未最终达成协议。由于大量从中国进口纺织品，南非十分担心国内纺织业的失业率会上升。对于中国施加的外交压力，南非也非常敏感。最近，南非阻止了达赖喇嘛前往南非参加德斯蒙德·图图大主教的生日宴会。南非政府这个决定在国内引起了广泛批评，但这也反映出中国在非洲巨大的影响力。

中国能把经济与政治分开吗？

中国对原材料需求的不断攀升，也带来了许多其他外交上的挑战。苏丹南部持续内战，使中国成为了武器供应商。对于中国在苏丹的介入，其他国家纷纷表示谴责。中国也采取了补救措施，劝说苏丹允许非洲维和部队进入苏丹。随后，中国又派出工程师援助维和部队。南苏丹最近已成为一个独立的国家。2008年，中国在朱巴设立大型领事馆，为这一剧变做好了准备。同时，中国还接待了到访北京的南苏丹高层领导人。目前，中国正力图确保苏丹南部石油供应不因苏丹南北边境冲突而中断。

中国与津巴布韦总统罗伯特·穆加贝关系密切，2008年中国还曾试图为其运送轻武器。同年，联合国决议对津巴布韦实施武器禁运，对津巴布韦领导人进行制裁。中国与俄罗斯对此投反对票。各国对中津关系持批评态度，认为穆加贝已经逐渐成为独裁主义者，他在2008年阻止了津巴布韦自由大选。对此，中国采取了补救措施，公开表示对津巴布韦日益恶化的经济状况表示担忧，并对南非关于建立津巴布韦统一政府的建议表示支持。中国对此建议表示赞成后不久，穆加贝就建立了统一政府。

中国支持缅甸军政府，也遭到了许多国家的批评。在许多国家对缅甸实施经济制裁时，中国在缅甸进行了大量投资。此后，缅甸逐渐向民主制过渡，并因此叫停了中国在缅的一项水利工程项目。但由于缅甸地理位置重要，自然资源丰富，中国仍保持着与缅甸的密切关系。

中国一再强调不会干涉他国内政，但在一些与其有经济关系的国家，中国已经成为一支重要的经济力量，不可避免会扮演政治角色。这从南非政府禁止达赖喇嘛访问就可以看出来。美国一直指控伊朗制造核武器，并设法对伊朗实施经济制裁。在这种情况下，中国仍与伊朗保持频繁的贸易往来，完全不理会他国指控，一直不支持对伊朗实施制裁。如果美国以限制美中贸易相威胁，那么中国可能就不得不要重新考虑立场了。但目前美国政府还没人建议采用如此过激的行动。

中国的新地位让许多国家惴惴不安，最明显的就是非洲国家。20世纪60年代，许多非洲国家获得独立。中国随即与各国建立外交关系。1963年底至1964年初，周恩来总理先后访问数十个非洲国家。当时，许多国家仍承认台湾的合法地位。但对于那些想与美国断交的国家，中国提供了大量援助，以赢得这些国家的支持。1971年，中国取代台湾，恢复了联合国合法席位，其中非洲国家的赞成票起了重要作用。1983年初，赵紫阳总理对非洲11个国家进行了长达四周的国事访问。在达累斯萨拉姆举办的新闻发布会上，赵紫阳总理提出了中非关系发展的四项原则：平等互利、讲求实效、形式多样、共同发展。他没有用"援助"这个词，而是强调中非合作、开发建筑项目、合作生产、成立合资公司。

过去十年，中国从非洲的合作伙伴发展成为非洲大陆上一支重要的经济力量。2000年，中非贸易总额仅有100亿美元，目前已增加到将近1500亿美元。由于非洲资源种类繁多，54个非洲国家人口规模不一，中国在非洲的贸易伙伴比较集中。2008年，非洲对中国出口总量的79%来自五个国家，93%来自十个国家。而中国对五个非洲国家的出口量合计占对非出口总量的55%，对十个非洲国家的出口量合计占对非出口总量的75%。2007年，中国国家开发银行启动50亿美元的中非发展基金，支持中国企业开拓非洲市场。基金成立第一年，共为20家企业提供了20亿美元资金。中国公司在莫桑比克、博茨瓦纳和埃塞俄比亚均有大型建设项目。中国还在赞比亚、埃及、毛里求斯和尼日利亚建立了四大工业区，作为投资的重点区域。目前，共有70万中国公民在非洲各国开展贸易和其他经济活动。在非洲的54个国家中，已有50个与中国建立了外交关系，只有四个还承认台湾合法地位。从2000年开始，非洲定期举办非洲各国首脑会议，共同商讨各国与中国关系。中国已先后减免了31个非洲国家的债务。对非援助从2001年的6.89亿美元增加至2009年的24.76亿美元。

中国企业在非洲广泛开展经济活动，带来的最消极影响就是商业贿赂问题。根据透明国际组织发布的2011年行贿指数，中国排行倒数第二，俄罗斯倒数第一。有指控称菲律宾公路项目投标中存在操纵投标等行为，世界银行对此进行了长达六年的调查，于2009年初宣布将四家中国公司列入黑名单。尽管中国建筑工程总公司被世行列入了制裁名单,八年内被禁止参与世界银行及其他合作银行的任何项目,但它仍是中国最大的国际承包商。一些非洲国家领导人对中国可能会实行新殖民主义表示担忧,但大多数领导人对于新的贸易投资机会还是持乐观态度的。由于中国本身就是一个发展中国家,一些非洲人甚至把中国当成效仿的榜样。

中国的新地位在赞比亚是最富争议的。中国在赞比亚投资达20亿美元。为加强两国关系,胡锦涛主席于2009年访问赞比亚,并参观了中国在赞比亚新建的工业园区。在前两次赞比亚总统选举中,民粹主义者、总统候选人迈克尔·萨塔曾批评中国采矿公司虐待工人。赞比亚一家中国采矿公司曾发生罢工事件,一些工人被枪打伤。

2011年,萨塔当选赞比亚总统。他的当选让中国十分担忧,因为中国在赞比亚有着较大的经济利益。选举结束后几周,中国向萨塔伸出橄榄枝。目前萨塔并没有对中国投资采取敌对行动。相反,萨塔还支持中国开发谦比希铜矿群的计划,把该地建造成金属加工和出口的重要区域。目前来看,中国与赞比亚的关系,是中国如何应对潜在政治逆境的试金石。

中国要面临的另一个重要政治挑战来自津巴布韦。穆加贝总统已有87岁高龄,掌权时间不会太长了。如果反对党民主变革运动成功接任,一直以来支持穆加比的中国将不得不为其立场采取补救措施。

委内瑞拉总统大选在即,这给中国带来了诸多挑战。中国国家开发银行向委内瑞拉提供了380亿美元的贷款,并与查韦斯政权建立了紧密的关系。反对党认为,这些贷款可能违反了宪法。如果查韦斯选举失败,或者由于罹患癌症被迫辞职,那么反对党可能会拖欠贷款。中国极力支持查韦斯继续执政,因此,反对党肯定会设法改变两国关系。

中国寻找资源的下一个目标会是海洋吗?

在中国寻找原材料的过程中,另一个潜在的冲突即是南海领土主权问题。中国声称对整个南海地区拥有主权，引起了与越南、菲律宾和日本之间的领土纠纷。中国强调希望通过和平手段解决纠纷，但菲律宾目前正购买海军舰艇，以维护本国权益。在钓鱼岛列屿，中国与日本也时有海上冲突。日本曾宣布计划，允许石油公司在该地区钻井，中国对此表示强烈抗议。中日两国目前正在就争议区域资源开发划分问题进行谈判。美国在南海纠纷上一再干预，主张进行多边而非双边对话。中国拒绝了此建议，但该地区其他国家对此表示赞同，因为它们都不愿单独与中国较量。随着越南和菲律宾继续制定计划，允许私营公司在该地区开采石油和天然气，南海问题变得更加严峻。如果它们发现重要油气资源，是绝不会将该地区所有权让给中国的。

中国已经开始对海底资源勘探技术进行实验。2011年7月，中国载人深海潜水器蛟龙号成功潜入太平洋东北部，下潜深度达到5057米。中国正在计划2012年实现下潜深度7000米，创造世界纪录。未来中国可能会试图开发海底的大量矿床。最近，巴布亚新几内亚允许澳大利亚鹦鹉螺矿业公司开采海上铜矿。到2014年，该矿有望实现投产，为其他国家的同类开采开创先河。按照国际条约规定，中国将有权在两百海里的专属经济海域内开发资源。

外交和环境方面的挑战在等待着中国

对于中国重新崛起成为一支强大的经济力量，其他国家会如何应对，目前众说纷纭。中国一再强调坚持走和平崛起的道路，不会像20世纪初期德国和日本崛起那样给世界带来冲突。中国对原材料的需求，只是中国经济腾飞所带来的显著后果之一。正如美国和英国过去那样，中国现在不得不紧密关注发展中国家的政治动态。对这些国家而言，中国既是投资者，又是贸易伙伴。中国表示不会干涉他国内政，但显然，对于威胁到中国投资的政治家们，中国还是十分警惕的。此外，中国在获取原材料方面，也面临着其他国家的竞争。全球采矿业一直被英国、加拿大、澳大利亚和美国这四个盎格鲁-撒克逊国家控制着。巴西也凭借淡水河谷公司成为采矿业一支主要力量。在非洲，印度也开始与中国竞争原材料项目。一些分析员指控中国以过高价格购买资产，还有人担心，中国公司会利用国有银行提供的低利息贷款，强势竞标原材料项目。而盎格鲁-撒克逊国家的公司都以利润最大化为目标。中国国家开发银行按照市场利率发放贷款，但能提供如此巨额贷款，也让中国公司在原材料资产竞争中具有很大的优势。在盎格鲁-撒克逊国家里，没有类似中国国家开发银行的机构。巴西虽然有国家开发银行，但该银行并不对国外市场提供贷款。

中国对原材料的需求也带来了环境方面的挑战。目前，中国碳排放量已超过美国，2010 年已超过全球碳排放总量的 1/4。虽然由于人口众多，中国人均碳排放量仍低于美国，但正在快速增长。预计在未来 25 年，中国的能源需求量将增加 2/3，占全球能源消耗增长量的 1/3。到 2020 年，中国石油进口量将超过美国，并在 2030 年前成为全球最大石油消耗国。《京都议定书》起初并未对发展中国家的减排指标作出限定，美国以此为由拒绝签署该议定书。最近，在德班召开的联合国气候变化大会上，中国表示愿意考虑征收碳排放税或碳交易税。中国财政科学研究中心向财政部提交了一份征收碳排放税的计划书，计划对企业经营所排放的二氧化碳按每吨 10 元（1.59 美元）征税。征税对象主要是矿物材料能源的生产商和供应商。中国已加大投入开发新能源产业，如太阳能和风车，并计划大力发展太阳能和风力发电。未来，中国会怎样应对气候变化问题，对于世界能否采取有效对策具有关键的决定性作用。没有中国的支持，一个行之有效的、关于限制碳排放的全球性协议就不可能达成。

在众多交易商品中，有一类是中国严格限制出口量的，即 17 元素稀土矿，该矿可应用于电子、国防、可再生能源等产业。中国是稀土矿的主要生产国，目前占全球稀土矿 95% 的市场份额，因为其他国家对此类金属开采进行了严格的控制。出于环境问题和国内开发利用的考虑，中国对稀土矿出口进行了限制，进而导致稀土矿价格大幅上升。2009年，美国、欧盟和墨西哥向世界贸易组织提出贸易争端请求，称中国限制原材料出口的行为违反了国际贸易规则。中国辩解称，限制出口只是为了保护稀有资源，但世界贸易组织否决了中国的说法。中国对原材料出口的限制导致价格大幅上升，促使各国加大开采力度。例如，美国、澳大利亚和加拿大即将开发众多新的矿源。新矿源的开发能缓解全球资源紧缺，矿产价格将在2011年底的基础上进一步下跌。

历史表明：中国地缘政治地位必将上升

过去，商品对英美两国的外交政策起到了重要的影响作用。随着石油替代煤炭成为英国皇家海军的主要燃料，英国在中东政治中变得更为活跃，并把伊拉克从奥斯曼帝国中解放出来变成自己的保护国。20世纪50年代初，英国还帮助推翻了伊朗政权，因为该政权对英国在伊朗石油利益造成了威胁。同一时期，为了保证马来西亚锡矿和橡胶的供应，英国帮助马来西亚扫除了共产党的威胁。在南非实行种族隔离制度期间，英美两国都与南非结盟，原因就在于南非拥有大量自然资源。1991年，英美帮助科威特抵御了伊拉克的入侵，也是为了当地的石油资源。2003年，英美入侵伊拉克，其中一个原因就是担心沙特阿拉伯不供应石油，并怀疑伊拉克可能拥有大规模杀伤性武器。目前，美国和欧洲对伊朗实施了制裁，以防止伊朗变成核能大国。它们十分担心，如果伊朗拥有核武器，那么中东地区的势力均衡将会被打破，有可能危及全球石油供应。

中国还没来得及担忧原材料供应方面的战略问题。但在印度洋，中国正在建立海上力量网络，由此看出，中国正在迎头赶上。美国国防部委任博思艾伦咨询公司就中国能源进口不断上升的军事影响做了一份报告。报告指出："中国正在中东、南海等地区的海洋航线之间建立战略关系网络，带有防御性和攻击性，目的在于保护中国的能源利益，同时维护国家防线安全。"中国对巴基斯坦的援助就是这项新政策的一个例子。中国帮助巴基斯坦分别在瓜达尔和孟加拉国建立港口，以提高吉大港旧港口的吞吐能力。另外，中国还与缅甸保持紧密关系，开发缅甸港口，改善连通缅甸与中国毗邻省市的基础设施。中国还向斯里兰卡政府供应武器，应对内战，与斯里兰卡建立起密切的外交关系。中国与这几个国家的关系被媒体称为"珍珠链战略"。

中国在印度洋的一系列行动，虽然表面上看来并无威胁，但事实上，这是中国成为世界海上强国、保护能源供应线的第一步。最近几年，中国唯一一次真正的海军部署，就是派遣船只，加入国际特遣部队，打击索马里海盗。过去三年，中国舰艇保护4300艘船只避免了海盗袭击。中国共派出了25艘战船、8000名人员参与这项任务。

中国会以和平的方式崛起吗？

任何一个国家都不能阻止中国在全球商品市场上扮演新的角色。这是中国重新崛起为经济大国的必然结果。自1979年以来，中国经济逐渐壮大，目前已是全球最大的商品消费国。其他国家必须要做的，就是与中国探讨这种改变所带来的后果。中国如何保障商品进口的安全，而不成为海上霸主？在工业不断发展的情况下，中国要怎样减少碳排放？作为许多国家重要的自然资源投资国，中国怎样改善在这些国家的管理和人权状况？中国将怎样通过提高能源使用效率，来减少对煤炭和石油的巨大需求？中国怎样提高自然资源公司与所投资发展中国家之间关系的透明度？中国怎样解决与邻国之间有关自然资源资产的领土纠纷？美国和其他西方国家对伊朗实施制裁，阻止伊朗制造核武器。它们要怎样说服中国支持对伊制裁？

这些问题都没有简单的答案。中国已经成为世界主要经济力量，在发展中国家改善管理符合中国的既得利益，既能保护中国利益，又能保障当地居民的权利。中国对原材料的大量需求驱动原材料价格不断攀升。提高原材料使用效率、降低需求,符合中国的自身利益。美国拥有强大的海军力量,在一定程度上保障了全球海洋航线的安全。因此,中国需要保护其石油进口的供应线,并不一定会带来冲突。

世界各国所面临的挑战,就是要了解中国的新需求,并制定政策以适应之。如果中国真正想以和谐的方式崛起为经济强国,它也会希望与各国合作,解决原材料需求不断攀升所带来的各种问题。如果西方国家不想把中国当作敌对力量,那么除此之外,别无选择。

(张学敏 译)

美中投资关系及问题

[美] 韦恩·M.莫里森

韦恩·M.莫里森（Wayne M. Morrison）

美国国会研究服务处（CRS）亚洲贸易与金融方面的专家。主要研究领域是中国的经济发展，以及美国与中国的贸易问题。他撰写了大量的CRS报告，包括中美贸易问题，中国的经济状况，中国的货币及经济问题分析，以及中国经济对美国经济的影响等。

> 中国需要提高在美投资企业的透明度，包括向私人独立审计师公开账目。中国还应采取中立的对外投资政策，让中国的私有企业在海外进行投资，而不是仅限于通过国有企业对外直接投资，这只会让美国人更怀疑中国的外国直接投资都是由政府操控的。

外国投资对于促进两国双边贸易往来常常起到重要作用。在国外投资的公司通常会进口机器、零件，以及母公司的其他投入，来制造产品以供出口，或在当地销售，为当地创造就业机会。一些外资公司会投入生产，然后运送至母公司进行最终生产，使产品更具有国际竞争力。人们普遍认为，外国投资给美国经济带来了不少好处，尽管一直以来，一些特定的投资项目主要来自某些特定的外国投资者。在 20 世纪 80 年代，美国的外商投资主要来自日本，而现在则主要来自中国。

投资在美中商务往来中发挥着重要作用，尽管很多人认为在商务领域，美中关系仍有待加强。中国在美资产投资可划分为几大类，包括所持美国证券、外国直接投资，及其他非债券投资。① 中国在美投资有很大一部分都是美国证券，而美国在华投资主要以外国直接投资为主。美国财政部对外国持有美国证券的定义是"除与美国证券发行人有直接投

---

① 美方统计的流入及流出中国的外国直接投资，与中国统计的流入及流出美国的外国直接投资，数据有很大差异。此处只采用美国统计数据。

资关系以外的外国居民（包括银行及其与机构）所持有的美国证券。"美国法律对外国直接投资的定义是"一个外国居民对美国一家股份企业10%或以上的表决权证券拥有直接或间接所有权或控制权，或在一家非股份企业享有等同利益，包括分公司"。① 美国劳工部劳工统计局（BEA）提供了流入及流出美国的外国直接投资的数据。② 中国也在美国投资了一批公司、项目以及符合美国对外国直接投资定义的合资企业。但这些合资企业的投资总额计算起来，数额相当庞大。

中国所持美国证券③

中国大量持有美国证券。④ 其中包括美国国债、政府赞助企业（如房地美和房利美）证券、合资公司证券以及权益（如股票）。美国国债旨在为联邦政府筹集资金，填补财政赤字，在中国所持美国证券中占最大比例。⑤ 如表1及图1所示，2002年至2010年底，中国所持美国国债从1180亿美元增加到近11600亿美元，占外国所持美国国债总量的比例从9.6%上升到26.1%，中国成为美国国债的第一大持有国（于2008年9月取代日本）。美国财政部于2011年5月公布，2011年3月，中国所持美国国债减少至11450亿美元。⑥ 但是，这个数字很可能低于实际持

---

① 15 CFRS 806.15（a）（1）.10%的所有权为最低限制，代表对公司管理的有效发言权和持久影响力。参见美国劳工部劳工统计局，*International Economic Accounts*，*BEA Series Definitions*，http://www.bea.gov/international。

② 美国劳工部劳工统计局还根据工业部门对外国直接投资数据进行了分类统计，包括矿业、公共事业、批发贸易、信息产业、存储机构、金融业（存储机构除外）、专业科技服务、非银行控股公司、制造业（包括食品、化学、原料金属及金属制品、机械、计算机及电子产品、电子设备、电器及零部件、运输设备以及其他制造业）、其他产业。

③ 详细信息请参见：CRS Report RL34314，*China's Holdings of U. S. Securities：Implications for the U. S. Economy*，by Wayne M. Morrison，Marc Labonte。

④ 据估计，截至2010年底，中国所持美国证券总价值高达1.9万亿美元。

⑤ 一些观察员将外国持有美国国债称为"外国对美国政府债务的所有权"。

⑥ U. S. Department of the Treasury，"Major Foreign Holders of U. S. Treasury Securities"（美国国债主要持有国），2011年5月16日。

有量。①

中国大量持有美国证券，主要原因在于中国想干预汇率市场，控制人民币升值（详见下文）。例如，中国政府要求中国出口商（他们通常以美元结算）将美元兑换成人民币。这样一来，中国政府就积累了大量美金。由于持有美金不能获取利息，中国政府就用这些美金投资购买美国国债，因为国债相对而言更为安全。

表1 中国所持美国国债（2002—2010）

	2002	2003	2004	2005	2006	2007	2008	2009	2010
中国所持国债（亿美元）	1180	1590	2229	3100	3969	4776	7274	8948	11601
占外国所持国债总量比例（%）	9.6	10.4	12.1	15.2	18.9	20.3	23.6	24.2	26.1

资料来源：美国财政部，年终数据。

对于中国大量持有美国证券，尤其是美国国债，许多美国决策者都表示担忧。他们认为，尽管中国购买美国证券有利于满足美国的投资需求，并帮助填补了美国联邦预算赤字（进而有利于在美国保持较低的实际利率），但是，这会使中国在重大双边政治和经济问题上对美国施加更大的影响力。② 在第112届国会上，S.1028项议案（参议员孔宁）提出，为了更准确地评估外国持有证券对美国的潜在风险，要提高美国债务证券的外国持有透明度，尤其是中国所持证券。③ 这项议案要求总统

---

① 财政部每月对外国所持美国国债状况进行报告。这些月度数据显示国债交易发生国信息。财政部对国债购买者所属国，而非购买行为发生国，进行部门调查确认后，每年至少要对这些月度数据进行一次修正。财政部在修正数据后，通常会发现，同年的预计中国所持国债量明显上升。例如，2011年2月15日，财政部报告称，截至2010年底，中国所持美国国债总量为8920亿美元。但2月23日，根据对国债实际持有国调查结果，财政部修正数据为11600亿美元，增加30%。

② 例如，一些美国决策者认为，中国可以抛售大部分所持美国证券相威胁，对美国经济造成严重影响。

③ 例如，该议案声明，在某些特定情况下，中国可以通过持有美国债务的手段操纵美国对内和外交政策，包括美国与台湾的关系。此外，中国若骤然抛售大量美国债务，会危及美国经济稳定。

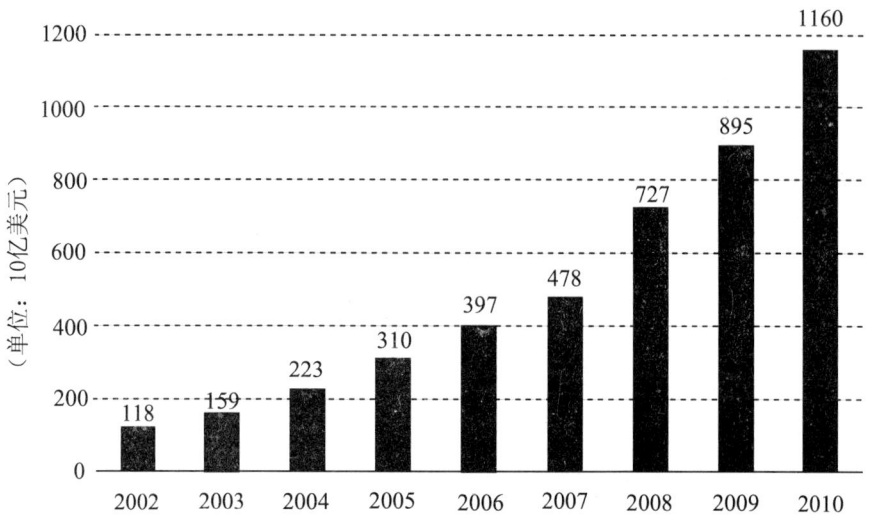

图1　中国所持美国国债（2002—2010）（年终）

资料来源：美国财政部。

就美国债务证券的外国持有人情况发布季度报告，内容包括：按证券持有人永久居住地别进行统计，按债权人进行分类统计（即：公共的、准公共的、私有的），分析各国持有美国债券的目的及长期意图，分析各国持有美国债券对美国国家安全及经济稳定已出现的和可预见的风险，并判断这些风险"可承担还是不可承担"。[1]

许多分析员却认为，中国持有美国债券实际上并不会增大中国对美国的影响力。他们表示，中国经济的发展依赖美国经济的稳定发展，并且中国持有大量美国证券，如果它想"抛售"大量证券，那中美两国的经济利益都会受到损害。[2] 这一举动还会引起美元大幅贬值，那么中国所持的美元资产也会减值。分析员们还表示，尽管中国是美国国债的最

---

[1] 如果总统确定某国持有美国债务的风险是不可承担的，那么他就必须制定一项行动方案来降低该风险。

[2] 一些分析员持反对意见，他们认为中国通过抛售美国国债来影响美国经济（虽然对中国经济也会造成损失），必将让美国处于不利地位。

大持有国，但其所持国债仅占美国公债的8.3%。① 最后他们还提到，只要中国继续保持人民币兑美元的汇率，它就不得不购买美元资产以维持利率水平，这样一来，中国对美国的影响力就是非常微小的。

过去几年，中国官员也曾经对中国大量持有美国债券的"安全"表示担忧。他们担心增持美国债券、采取扩张的货币政策最终会引起美国通货膨胀，导致美元大幅贬值，进而造成中国所持美元资产减值。② 一些中国官员公开提出用其他货币取代美元作为全球储备货币，例如国际货币基金组织的特别提款权。多数主流经济学家认为，短期来看这并不可行。

双边外国直接投资流量

与中国对美国证券的投资相比，其在美直接投资份额要小得多。③ 根据美国劳工部劳工统计局（BEA）提供的数据，截至2009年底，基于历史成本（或账面价值）计算，中国在美直接投资累计7.91亿美元，而证券投资达到约1.6万亿美元。④ 另据BEA统计，2009年，中国在美直接投资累计总量排第34位。⑤ 一些分析员表示，中国经常通过近海城市（如香港）向外国投资。BEA还公布了最终实益拥有人国家的外国直接投资累计总量数据。该数据显示，截至2009年底，中国在美直接投资实际为23亿美元。⑥

根据BEA统计的数据，相比中国在美直接投资，美国在华直接投

---

① 2010年底，美国联邦债务达到14万亿美元。其中，40.3%为公共债务，59.7%为私人债务。外国投资者持有私人美国联邦债务的53.5%，美国联邦债务总量的31.9%。

② 参见 China View，"U. S. stimulus-related debt could hurt investors, China warns"（中国警告，美国与刺激相关的债务会损害投资者利益），2009年2月18日。

③ 有关对方外国直接投资流量，美中两国数据存在很大差异。

④ 然而，根据中国统计数据，2003—2009年，中国在美直接投资累计达到33亿美元。

⑤ 登陆 http://www.bea.gov/international/index.htm#iip，查看BEA有关双边投资流量数据。

⑥ 登陆 http://www.bea.gov/international/di1fdibal.htm，查看BEA有关最终实益拥有人的统计表。

资量要大得多。截至 2009 年底，美国在华直接投资累计 494 亿美元（与美国在西班牙直接投资量基本持平）。中国成为美国第 17 大直接投资目的国。2009 年，受全球经济减速的影响，美国在华直接投资减少 70 亿美元（表 2）。据 BEA 统计，2008 年，在华美国多股权非银行分公司共有 774000 名员工。[①]

表 2　各年度美中双边外国直接投资流量（美国统计数据）
2003—2009 年以及截至 2009 年底累计总量

（百万美元）

	2003	2004	2005	2006	2007	2008	2009	2009 年底累计外国直接投资量
中国在美直接投资*	-62	150	146	315	137	368	-271	791
美国在华直接投资	1273	4499	1955	4226	5331	15726	-6997	49403

资料来源：美国劳工部劳工统计局。

注：累计数据基于历史成本计算。

* 中国通过其他国家或地区在美直接投资除外。

中国在美企业

尽管中国在美直接投资数量相对较小，但很多中国公司还是把美国看作提高国际竞争力、扩大国际市场以及规避贸易及投资壁垒（例如购买美国货法案）的重要地区。以下列举出中国在美直接投资的一些公司：

尚德电力控股有限公司，全球最大的太阳能板生产商，于 2010 年 10 月在亚利桑那州古德伊尔建立太阳能发电厂，计划在 2011 年底前招

---

① 登陆 http://www.bea.gov/international/di1usdop.htm，查看 BEA, *U. S. Direct Investment Abroad: Financial and Operating Data for U. S. Multinational Companies*（美国在外直接投资：美国跨国企业财务及运营数据）。

聘150名员工。

太平洋世纪汽车系统有限公司，由天宝集团和北京市政府附属公司组建，于2010年11月以4.2亿美元收购通用汽车公司旗下汽车配件供应商耐世特。根据协议，耐世特全球总部仍设在密歇根州的萨基诺，据报道，总部共有3000名员工。①

三一集团，国际建筑设备生产商，于2006年成立三一美国有限公司，总部位于亚特兰大桃树城。2007年，三一集团宣布将投资1亿美元购置生产设备，用于制造和设计三一的产品。预计在工程完工前将招聘300名员工。②

万兴集团，汽车零部件制造商，于1994年成立万兴美国公司，总部设在伊利诺伊州。据报道，过去十年，万兴美国公司先后共收购或投资20多家美国公司，共有5000名美国员工，是美国员工最多的中国公司。③

其他投资指标

除中国在美直接投资及持有美国国债以外，中国还持有1270亿美元（2010年6月数据）的美国权益（如股票），比2005年6月增加30亿美元。中国还持有3600亿美元的美国政府机关证券，其中一大部分为资产支持证券（如房利美和房地美证券）。④ 中国投资公司（CIC）是中国政府于2007年成立的主权财富基金，注册资金为2000亿美元。该公司旨在更好地管理中国的外汇储备，是美国权益和其他资产的最大购

---

① 登陆 http://www.nytimes.com/2010/11/30/business/30gm.html，查看 "G. M. Sells Parts Maker to a Chinese Company"（通用出售旗下汽车配件生产商给一家中国公司），《纽约时报》2010年11月29日。

② 三一美国有限公司网址：http://www.sanyamerica.com/about-sany-america.php#ribbon。

③ 登陆 http://www.washingtonpost.com/wp-dyn/content/article/2011/01/18/AR2011011806676.html，查看《华盛顿邮报》，"Job creation seen as key to China's investment in U. S"（能创造就业机会为中国在美投资打开大门）。

④ 美国财政部，《2010年6月30日关于外国持有美国证券投资组合的报告》，2011年4月。

买者。该公司在摩根士丹利、黑石集团、J.C 弗劳尔斯投资公司等公司都有股份。① 显然，为了避免在美国卷入政治纷争，CIC 及中国其他一些实体的许多投资都力图把股份控制在 10% 以下。

投资问题

许多美国分析师表示，中国增加在美直接投资，尤其是在能提供新就业机会、作为制造商和服务供应商的"新建"项目（新公司）中增加投资②，将有利于推进双边经济关系的发展，改变一些美国评论家的观念。因为这些评论家认为，美中贸易的发展会降低美国就业率，危害美国经济利益。③ 很多分析师表示，中国对外直接投资自 2004 年来迅速增长，在未来几年仍可能继续保持这个势头。④ 他们认为，美国决策者应该采取措施，鼓励中国企业在美国投资，而不是为了政治目的而加以限制。

一些评论家表示，纵观中国的外国直接投资政策和现状，都是以并购为主，目的在于提升中国企业的竞争实力。这些企业大都是政府重点发展对象（有的可能还接受政府补贴）。他们列举了一些企业，证明这种投资主要目的在于将技术和技能转让给中国公司，而对美国经济并未起到促进作用。中国在美直接投资的另一个问题在于，这些中国企业不够透明，尤其是不了解它们与中国政府之间的关系。只要中国的国有企业试图购买美国公司资产，许多美国分析员就会质问这个决定是否与中央政府有关。许多美国决策者都担心，中国国有企业收购美国公司资产

---

① 了解中国投资公司详情，参见 CRS Report R41441, *China's Sovereign Wealth Fund: Developments and Policy Implications*（中国主权财富基金：发展与政策的影响），by Michael F. Martin。

② 据 BEA 统计，截至 2006 年（目前最新数据），中国在美多股权非银行分公司共有 1700 名美国员工。

③ 20 世纪 80 年代，日本企业大量在美进行直接投资，例如在汽车制造业。其中一个目的就是为了缓解双边贸易压力。

④ 中国宣布，2009 年对外直接投资 563 亿美元，累计投资 2458 亿美元。

是中国政府的一个手段，借以发展跨国企业，最终危及美国公司的经济生存能力。中国官员表示，中国企业的投资决策，包括国有企业和上市公司（政府为最大股东），都是出于商业目的。他们批评美国投资政策是"保护主义"。

根据 2007 年出台的《外国投资与国家安全法》（P. L. 110 - 149），外国投资委员会必须就每一项交易对美国国家安全的影响进行调查，确认所调查交易（是否会威胁国家安全，或会导致美国某一基础设施被外国人控制）是否受外国政府控制。① 白宫在有关这项法案（H. Rept. 110 - 24, H. R. 556）的报告中提到："外国投资委员会认为，某些国有企业进行的收购确实对国家安全造成隐患，尤其是一些国有企业所作的决定都是出于政治目的，而不是商业目的。"

有些中国公司试图收购美国企业（或这些企业的主要业务），这加深了美国人的担忧，并在美国引发了讨论。例如：

● 联想集团有限公司是中国政府持相当股份的一家电脑公司，2004 年，联想集团以 17.5 亿美元收购 IBM 个人电脑事业部。这项协议令一些美国官员担忧国家安全，他们怀疑联想员工可能会在美国的 IBM 研究所从事间谍活动。美国外国投资委员会对此项协议进行了审核，消除了 IBM 及联想危害国家安全的疑虑。该收购最终于 2005 年 4 月完成。②

● 2005 年，国有企业中国海洋石油总公司（CNOOC）以 185 亿美元投标收购美国石油公司优尼科。此举遭到国会的强烈反对，导致中国海洋石油总公司撤回投标。当时，一些国会议员反对的理由是，这项收购计划显然是对美国能源和国家安全的威胁，最终会让这家中国国有企

---

① 美国外国投资委员会是一家跨部门机构，协助美国政府就外国在美投资对国家安全的影响进行监管。参见 CRS Report RL33388, *The Committee on Foreign Investment in the United States* (*CFI-US*), by James K. Jackson.

② 据报道，IBM 与联想同意配合外国投资委员会消除其对国家安全的疑虑。例如，他们同意，将 1900 名员工从 IBM 与其他科技公司共用的研究所转移至另一办公楼中。参见 "US State Department limits use of Chinese PCs"（美国国家部门限制使用中国电脑），《金融时报》，2006 年 5 月 18 日。

业控制墨西哥湾和阿拉斯加的重要石油资源，并将大量先进技术转让给中国。他们认为，"中海油"这项投标受到了中国政府的大力资助。一些议员主张，"重要"的美国能源绝不能出售给中国政府。"中海油"负责人表示，美国政界对这项收购的反对是"令人遗憾且不公平的"。①

- 2007年9月，全球领先的电信设备供应商华为技术有限公司，宣布了与贝恩资本共同斥资22亿美元联手收购美国数据网络设备制造商3Com公司的计划。然而，美国外国投资委员会对华为及贝恩的收购计划进行了审核，审核结果未能消除委员会成员对国家安全方面的疑虑，导致这项并购计划于2008年2月取消。

- 2009年7月，中国国有企业西色国际投资有限公司以2600万美元竞购美国优金公司（Firstgold Corp.）51%的股份。然而，由于优金公司部分金矿靠近一个美国海军基地，这项收购引起了美国外国投资委员会对国家安全的担忧。因此，中国西色国际投资有限公司于2009年12月放弃了竞购。②

- 2010年2月，合成半导体组件、子系统、光纤及太阳能电池系统供应商美国安科公司，宣布同意将其光纤业务的60%股权以2780万美元的价格出售给中国唐山曹妃甸投资公司。但是，2010年6月，安科公司宣布由于美国外国投资委员会担心国家安全问题，该收购以失败告终。③

- 2010年5月，中国国有钢铁公司鞍山钢铁集团公司（鞍钢）宣布与美国钢铁发展公司在密西西比州成立合资公司，建造并运营四座轧钢厂，生产钢筋及其他基础设施用钢铁产品。其中一座轧钢厂可生产能

---

① 关于《外国投资与国家安全法》（S. Rept. 110-80, S. 1610）的参议员报告中提到，"中海油"试图收购优尼科"让很多国会议员质疑是否将美国经济部分行业的所有权或控制权转交给了外国公司，尤其是受某些国家政府控制的外国公司，而这些国家可能并不希望美国地区安全利益受到维护"。

② "Chinese Withdraw Offer for Nevada Gold Concern"（中国撤回收购内华达金矿），《纽约时报》，2009年12月21日。

③ 安科新闻，2010年6月28日。http://www.emcore.com/news_events/release?y=2010&news=249。

源设备所用电工硅钢。① 2010年7月，美国国会钢铁联线向美国财政部长盖特纳递交了一封由50名议员联名的信件，称这项投资将会对"美国就业和国家安全"构成威胁。②

- 2010年5月，华为公司申请以200万美元收购三叶系统（3Leaf）特定专利技术资产。2011年2月，参议员Jim Webb和Jon Kyl向美国商务部长骆家辉、财政部长盖特纳递交信件表示："我们确信，对于华为公司在美扩展业务或收购美国公司的所有行为，都有必要进行彻底审查。此外，华为收购三叶系统显然会将美国先进的计算机技术转让给中国。允许华为公司，进一步说，允许共产主义的中国掌握这些核心技术，将对美国造成严重威胁，因为美国的电脑网络日益依赖着这些技术。"③ 2011年2月，华为公司宣布，美国外国投资委员会已经正式通知华为撤回对三叶系统特定资产的收购计划。不久后，华为放弃收购④，在其"公开信"中，华为邀请美国政府对华为公司进行国家安全方面的正式调查。⑤

美国对中国投资体制的担忧

为了扩大对华出口，美国贸易官员督促中国推进投资体制自由化。尽管中国是全球几大外国直接投资接受国之一，但是中国政府仍严格控制着流入的外国直接投资的规模及种类。在很大程度上，中国的投资政策与其促进基础工业发展的政策是息息相关的。中国政府把吸收外国直

---

① 鞍钢集团发布消息，声明其目的在于"利用此机会与一家公司成立合资公司，专注于利用先进技术，追求环保与高利润"。参见 http://www.steeldevelopment.com/documents/ansteel2010.pdf.
② 点击查看该信件，http://visclosky.house.gov/7.29.10%20sc_letter_to_white_house.pdf.
③ 该信件还对华为公司受到的一些指控表示担心。华为被指控与伊朗政府有关，获取中国政府巨额补贴，并在保护知识产权方面有不良记录。
④ 起初，华为公司表示会拒绝美国外国投资委员会的建议，接受外国投资委员会全程审查（其中包括美国总统的决定），以"揭开华为真面目"。
⑤ 2011年2月25日，华为发布公开信，参见 http://www.huawei.com/huawei_open_letter.doc.

接投资看作一种途径，用以帮助国内企业获得资金、技术以及技能，加快企业发展进程。很多情况下，中国对外国直接投资的规模及种类都进行了限制，以避免外国企业在任何一个领域占据主导地位。例如，中国政府重点发展国内汽车工业。为此，政府鼓励外国汽车公司在华投资，但却将外国直接投资的股份控制在50%以内。许多评论家认为，中国政府经常要求外国公司将技术转让给其中国合作伙伴，有时还要求它们在中国建立研究发展中心，才能进入中国市场。

目前，美中两国正在就双边投资协定（BIT）进行谈判，该协定旨在为双边投资创造更多的机会。美国谈判代表希望，通过加强法律保护，完善争端解决程序，并使中国政府作出承诺，给予美国投资商与中国投资商相同的待遇，这个协定能为美国企业在华投资创造一个更好的环境。但是，美国仍有一部分人对中美双边投资协定持保守态度，他们认为，这会鼓励更多的美国企业转移至中国。[①]

结论意见

中国逐渐发展为世界主要的经济强国，这给美国带来了大量挑战和机遇，而其中一个方面就是促进和管理双边投资流量的有关政策。奥巴马政府试图向中国保证，他们欢迎并鼓励中国企业在美投资。但是，对于在美投资的中国企业屡次遭到歧视，中国官员表示不满。在2011年5月召开的美中战略经济对话上，双方表示，他们都"认识到开放贸易和投资对促进创新、创造就业机会、提高收入、推进经济发展的重要性。美中两国将致力于进一步扩大双边贸易和投资，开放全球贸易和投资，共同抵制贸易和投资的保护主义"，他们都将"致力于创建一个公平开放的投资环境，继续为两国投资者提高投资的透明度和可预测性"。

显然，美国决策者更倾向于支持能创造就业机会的中国直接投资项

---

① "Inside U.S.–China Trade"（美中贸易内幕），2010年4月28日。

目。这也许还能消除部分美国人的担心,因为他们认为,中美经济关系的发展降低了美国的就业率,尤其是在制造业。然而,许多美国决策者更担心中国政府的全球投资战略。大多数在国外投资的中国企业都是国有企业,而非私企。中国则声明,国有企业都是盈利性企业,并不受中央政府的控制、影响和资助。但许多美国人仍对此表示怀疑。他们认为,中国的主要动机在于以低廉的价格购买美国的先进技术,以提升中国企业的竞争力。而这都是以美国企业的利益为代价的。要想改变这种状况,中国需要提高在美投资企业的透明度,包括向私人独立审计师公开账目。中国还应采取中立的对外投资政策,让中国的私有企业在海外进行投资,而不是仅限于通过国有企业对外直接投资,这只会让美国人更怀疑中国的外国直接投资都是由政府操控的。

美国决策者,尤其是在国会,越来越频繁地使用"互惠"这个词来描述与外国之间的公平公正的经济关系,例如在贸易领域。其中许多决策者认为,中国的投资政策限制过于严格(例如只允许通过中外合资公司的方式进行投资),并且大多不公平(例如强制外国企业将技术转让给其中国合作伙伴,才能在中国开展业务)。许多决策者还表示,美国也应对中国投资进行设阻限制,除非中国为在华投资的美国企业提供一个更开放、公平的投资环境。

(张学敏 译)

中国与发达国家跨国公司关系变迁[①]

[美] 加里·海瑞格尔

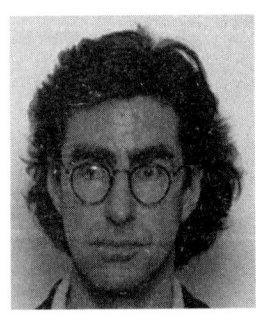

加里·海瑞格尔（Gary Herrigel）

美国芝加哥大学政治学系教授。主要研究方向是比较政治经济学、世界发达国家及发展中国家的经济监管治理形式。

---

① 文章基于由德国克勒基金会和美国斯隆基金会资助的领域研究。感谢乔纳森·蔡广泛参与讨论及其在早期相关项目上的合作。我们也对安德鲁·艾伯特、安德烈·亚斯格莱泽、丹斯莱特、杨大力、艾德菲尔德、西奥·马斯、恩斯特、玛雅·拉特兹、格里·波克，以及丹尼斯·加尔文针对本文早些版本提出的建议表示感谢。

> 中国在全球制造业分工中的地位正在迅速转变。
>
> 本土生产商和发达国家跨国公司之间的战略互动、学习交流以及互惠交往形成了一个连续的过程。

中国在全球制造业分工中的地位正在迅速转变。这些变化与2008年全球金融危机之后的变化没有直接联系——2008年后变化的根源更深一些——虽然金融危机带来的全球经济的不确定性对这些制造行业的趋势轨迹有着至关重要的影响。本文勾勒出了一个潜在的发展方向，即中国和发达国家经济体（北美、欧洲和亚洲）之间的互惠升级。目前这些地区的跨国公司（MNs）正在积极投资于中国。我们的观点是，虽然没有那么绝对，但它们之间的互惠互利是极为可能的。在我们的案例中，我们采用了一个实际方式，该方式强调创造性的社会行为、学习以及通过重组带来的变化，这与本文中所提到的创造力非常一致。

简言之，互惠的具体表现如下：1989年后，工业化快速推进的头20年的大部分时间里，中国的制造业是作为一个高产量低成本的生产平台而独秀于世界市场，主要是面向出口市场。然而，在过去的十来年间（差不多是在中国加入WTO以来），这种快速又广泛的工业化的成果为一系列迥异的制造业策略创造着市场条件。由于成功的出口工业化战略，中国国内对于大量制造商品的需求也扩大并升级了。对中国本土的制造商来说，这导致新的生产策略的出现。与之前的出口加工关系相比，新策略关注于开发更加复杂的生产，包括工程和设计投入。中国的企业正在尝试利用其批量生产的专业知识（它们拥有非凡的制造弹性）来帮助自身完成向位于价值链上游的自主产品设计研发的转型。

在亚洲、欧洲和美洲发达国家的跨国公司方面，它们拥有与中国本土生产商相同的新兴机遇，并能够对此作出反应。但是跨国公司发现，要在新的市场上有竞争力，需要加强和深化与中国的联系[①]。最重要的是，为了使它们的产品与中国市场特定的技术管理和文化特点相适应，跨国公司需要在生产、产品工程和设计、知识和能力方面作出转变。它们还需要训练并依靠中国的生产工人、工程师、管理人员以及中国本土的供应商，以此来驱动本土化过程。至关重要的是，这一学习和知识的转变关系并不是单向流动的：在这个使得产品在中国市场获得竞争力的过程中，跨国公司与其中国本土的对话者是需要彼此学习的。

简言之，在下文中我们将展现出口平台的成功，是它使得中国的生产商（和消费者）更加成熟。来自下游产业的本土生产商正尝试在融合自身生产知识的基础上对自己的设计能力进行升级。而来自上游产业的跨国公司们正在尝试深化其在中国的生产和设计行为，并通过与中国合作来调整研发适合中国市场的产品。这一结果就是国外企业和国内生产商、客户以及政府机构之间的一个复杂的合作与竞争的博弈。在诸多可能的因素中，这一博弈就包括了互相学习以及整体的升级。

这对于中国来说是件好事。它表明，对中国制造能否走出制造业价值链中低价值、低盈利的市场利基，这一长期以来的怀疑是站不住脚的。然而，更重要的在于，我们还认为中国制造业的强劲发展，反过来也会使得跨国公司在世界其他市场的生产地点获益，这其中也包括这些跨国公司的本国市场。要弄明白这一情形是如何发生的，就要更为深入地审视上升中的中国本土公司进行管理的特殊方式。跨国公司单纯依靠

[①] 《金融时报》的皮特·玛施已经对这种制造业的跨国公司在华战略的转型记录了一些时日。

把标准化的技术以及类似有局限性的知识输入到中国，这一行为无法在中国新的需求市场中获利。相反，它们必须向中国人学习如何把在自己国家市场上研发的技术适用于特定的中国市场，如何让这些技术适应于中国的管理和资源条件。因此，跨国公司在中国要用一种突破其自身知识限度的、非常不同的方式来开发特殊的产品。打破限制也就创造出了普遍的学习和创新的可能性。正如我们将在下文中所展示的，跨国公司非常在意将它们在中国学到的内容回馈到它们的全球业务中，包括回到它们本国业务上。事实上，在将本地知识和能力应用到世界范围的过程中，对跨国公司们来说，中国的例子适用于一个更加广阔的世界范围。①除此之外，这一尝试也给本国的生产基地提供了新的基准和新的组织和设计的思路。还能给本国的工厂创造新的市场机会，最终会使得在发达环境下的生产更加强劲，更具有竞争力。正如我们所要看到的，顶级跨国公司已经开发出规范化的系统来优化在本地与全球生产点之间的流动循环，这一流动包括了当地的自制与总部的（或全球性的）监控间的系统互动。②

所有上述观点都应被合理解读而不能过度理解。也就是说，我们说中国正在经历着一个显著的升级过程，这个过程里中国本土的生产点与跨国公司内部都有更加综合与复杂的角色与行为出现。我们并不是想用这样的表述来证明中国与发达国家的对话者和竞争者之间不再存在技术精密度以及组织管理能力上的差异。发展中的中国和发达世界之间的技术鸿沟虽然在迅速缩小，但是仍旧存在：在很多市场上，中国国内需求的成熟度远小于在发达世界可比市场的成熟度。确切地说，这一观点是要证明，市场之间在技术精密度上的差异构成了中国与其跨国公司竞争

---

① 我们对于德国和美国的跨国公司在中东部欧洲的业务操作也显示了同样的动态变化。我们计划在另外一篇论文中单独来描述这些发展的细节特点。
② 要注意，这并不是一个关于其他市场再循环的产品的必要的观点——虽然它能够包含这些。相反，跨国公司热衷于再循环各种类型的最优操作——生产的，设计的，组织的。正如我们所要看到的，公司生产系统的规范化自我分析流程鼓励公司把它们的业务和设计分解为谨慎的业务操作，这些操作能与全公司上下其他的业务和设计相比。

者需要共同面对的一个挑战。本土的生产商必须开发新的产品设计和提高工程精密度从而向上进入新生的国内市场，这一市场是因为中国在国际制造价值链条中的成功而出现的。另一方面，跨国公司们则需要向下进入这些要求有不同的产品功能的新兴市场，而这些功能在发达国家市场里并不需要。他们必须向中国人学习如何完成这一转变。然而，即便上下殊途，整个策略制定还是在迅速地向着加速缩减中国和发达国家政治经济体间技术鸿沟的方向发生转变。本土生产商和发达国家跨国公司之间的战略互动、学习交流以及互惠交往形成了一个连续的过程，这一过程正在使中国获得消除残余差距的能力。

相似的，我们说中国的升级过程反过来给跨国公司的本国业务带来利益。我们这样说并不是认为在发达国家经济体的制造业价值创造和就业的相对权重中，所有的主要趋势都在经由这一过程发生着变化。发达国家市场上很多形式的制造业产品已经高度饱和，生产能力和生产率都很高。多年以来，关于中国增长的常见恐惧（尤其是在美洲）源自如下观点：中国作为出口平台（外包地点）是以牺牲发达国家的生产能力和就业为代价的。甚至在当下，这一流行观点的准确性也从未被弄清楚过。但本文则认为，随着中国市场上出现的致力于提高中国制造能力的这一趋势的显现，造成之前那种恐惧（中国作为出口平台）的机制正在弱化。[1] 发达国家跨国公司没有把生产能力（可以带动就业）从它们的本地市场转向中国，然后把产品再从中国出口回本国市场。相反，它们把产品设计和生产能力都移到（升级到）中国，因为这里才是增长存在的地方。在它们的本国市场上，它们是无法为中国消费者的特有需求提供足够服务的。

然而，这一转变并不简单地意味着跨国公司的全球账户上不会再有更多的营业额。相反，一个新的跨国公司内部的创新动态正在生成。关于跨国公司技术上的可能性和局限性，跨国公司本国的研发工程师以及

---

[1] 同样，《金融时报》的皮特·玛施和艾德·克鲁克斯也在密切跟踪着这一趋势。

制造可比商品的工厂与中国的工程师和工厂在进行着一场建设性对话。不同市场上客户的差异在哪里？他们对产品的使用方式相同吗？成本缩减或者客户调解能否给产品设计或者生产过程在从一个市场转向另外一个市场操作的过程中带来变化？跨国公司并不是简单地把技术的学习看作是这种互动的潜在副产品。相反，它们已经研发了根植于"企业生产系统"的清晰可见的规范化步骤，专门推进这样的学习过程并推广由这一过程所带来的创新。从这方面说，当今跨国公司全球范围重组的历史性讽刺在于，公司在中国的经验在战略上对本国产品开发和生产过程大有裨益，总的来说，这一获益可能对于公司更大了，此外，部分来说，随着中国和发达国家市场复杂性之间的差异越来越小，这一获益正是源自这个过程本身。

　　本文强调的是社会行为和随之而来的相互间的相关动态变化，而不是各种"预先定好"的制度约束和启用规则。后者在以下内容上是与前者存在差异的：国际市场知识和杠杆是对未来可能的静态约束，而不能成为学习各方通过互相交流过程而进行改组的资源，相比互相依赖的市场各方在解决他们要共同面对的问题时所面临的互动和改组变动，对决定着市场位置的规则和结构所带来的约束和机遇，我们要关心的更少一些。至关重要的是，实用主义者视角也有悖于标准的主流经济战略的个体行为者和市场互换所关注的比较优势论。我们关注的重点在于市场和公司的社会关系间动态共享的知识流，而不在于单个个体或者公司杠杆率和价格的计算。决定中国和发达国家跨国公司的职位互动的并不是杠杆优势或者某方放弃其竞争优势所带来的不足。相反，它们的互相学习和创新生产互动正在改变着能够创造杠杆和禀赋的范围。

　　现实主义者把关于当前中国现代化的互相依赖、流程化、重组化特征的观点分为四个部分进行论述。首先，我们将概述在过去 20 年里中国制造的经验，从而来展现低工资的出口加工平台策略是如何创造了其转型条件的。全球制造跨国公司已注意到这一点并对其加以利用。其次，本文会概述由跨国公司 FDI（外商直接投资）驱动的制造业的升级过程。一个核心的观点是，升级是通过规范化的易读/透明的创造技术系统的开发来实现的，这一系统通常是属于公司生产系统。公司的生产系统是为了在跨国公司不同生产点之间或者跨国公司和中国本土供应商的业务间系统地诱导整体的自我剖析和内部优化。这样的系统便于技术和组织知识的全方位转移。通过对基准测试、纠错和优化的系统关注，它们也在所有的参与者之间激发出了积极的学习动力。第三部分将着眼于中国的升级对于跨国公司全球业务的积极作用，也包括对其本国业务的好处。在中国本地的升级案例中，这一观点表现为：中国升级的递归效应是通过部署规范化自我剖析和优化系统而系统地被激发的，自我剖析和优化系统可以引发持续的学习动力。第四部分则对完全实现所有这些可能性所存在的难点进行了阐述。

一、出口加工的成果不是更多的出口加工

过去 20 年间中国快速工业化的很大一部分原因要归于其特有的与世界经济融和的方式。同其他亚洲工业国和地区（日本，韩国，台湾）以及金砖四国成员（巴西、印度和俄罗斯）不同，中国工业化高度依赖外商直接投资。通过利用其劳动力成本优势，中国在大范围的低端高产量的制造产业内吸引到了外国直接投资。外国的生产商要么在中国建造全部生产设施，要么帮助中国本土的企业来这样做。那些新建造的设施被用于生产产品零部件或者把零部件组装为成品，所有这些产品最终都从中国出口到其他市场（美国、欧洲、日本）。尤其是在 1989 年之后，这一出口加工策略逐渐导致在诸多行业里极具竞争优势的低成本制造商的出现：汽车和机械部件、电子产品、纺织和服装、鞋类和无数其他商品制成品。这种业务就是所谓的低利润率，很少有研发或者产品设计的知识含量。但是它给制造业带来了投资，也把知识带入了中国。

这一战略受到诸多学习现代化发展的学生的质疑。尤其是很多争论认为，出口平台战略天生就存在自我局限。虽然它带来了显著的工业增

长和就业，但它只是专注于全球价值链末端和技术底层非常有限的知识转移。质疑观点表示，这一战略并未给中国生产商带来能够使他们成为全球经济真正的主宰所需要的工具。具体来说，技术最先进、价值最高的职能（工程和设计能力、分销能力、品牌等）都不在中国，在中国的职能并不能使中国企业引导自己向上发展进入那些更复杂的更有价值的价值和技术领域。用怀疑眼光来看，似乎中国所奉行的战略使得它自己陷于 U 型技术发展曲线的底部。[①]

这一观点大大低估了与中国战略相关的动态学习获益。诚然，一开始这一战略并没有包含能够使中国生产商开发自有产品的工程和设计知识转移。然而，这一战略确实传输并拓展了有关如何拥有使自己具有竞争力并且高产量地制造产品的知识。事实上，这已成为中国生产商越来越娴熟的一项技术。当中国的生产商把自己在全球制造业价值链中的位置固定下之后，他们开始提高制造的复杂程度。随着时间迁移，中国大量学习了现代有效制造原则——尤其是精益生产和规范企业生产系统的新逻辑原则方面——以及实现这一生产有效性的人力资本技术持续发展。[②] 对熟练技工的需求和岗位设置越来越多，尤其是在建造和维护岗，甚至是在生产线上。中国的工厂里需要更多的制造工程师来实现更复杂的产品设计。优秀的中国制造商则因为其生产大量高质量和多样性的产品而得到赞赏。到 21 世纪初，快速转化和高产量的优化实践已经成为中国的比较优势。

这种形式的升级在外国客户/投资者和中国生产商三种不同的关系间有所不同。一种明显的关系是在电子工业的诸多领域所广泛应用的合同制造模式。这一模式预设了模块化的产品架构，明确划分了价值负载产品设计、研发功能和成本集约生产的职能。美国和欧洲的电脑和手机

[①] 这一框架下的乐观主义者建议中国可以利用这一落后状况，来尝试主导中级以及低级的技术市场。

[②] 这种学习在我们的研究中尤为明显：汽车以及机械。但也有证据表明此类升级在其他部门也有出现。质疑的声音集中在电子行业里，在该行业内，升级的迹象更加的矛盾。

公司是这种模式的主要推动者。它们在本国设计出笔记本电脑、移动电话，pda，gps，ipads，iphone，ipod，平板电视以及无数的其他设备，然后在中国进行硬件生产和（半）组装（如，Dedrick et al）。实际上，在这一领域的中国制造业在很大程度上是由外国分包商组织的，尤其是由非常复杂的合同制跨国制造商（比如伟创力、富士康、Selectron、捷普等公司），它们拥有丰富的关于如何组织生产的知识，能够在利润率极低的产品生产中获利。至关重要的是，即便是在这种公司，低人力成本都不是——最起码不是唯一的——决定性因素。生产流程的精简，用以确保质量的自动化专业形式的研发，以及在最短时间内重组生产的能力都发挥了重要的作用。在此，电子行业合同制造商教给中国的经理们和他们雇佣的工人现代精益生产的时间原理。

获取并提高现代生产技术的两个其他的途径在复杂的工程领域（汽车、机械）。在这里产品结构更加一体化，价值负载业务和成本密集业务之间的明确区分不像在电子产品行业那样明显。第二个升级途径出自离岸外包关系。在20世纪90年代和21世纪前几年，汽车和机械行业的外国客户/投资者——主要是来自北美——将中国的生产商定位为低成本的标准化或简单配件的合格供应商和生产商。这些外国公司通常是在大洋彼岸为其国内市场高额的制造成本（尤其是高额的人力成本）寻求缓解。与电子行业的合同制造不同，这些复杂工程行业的外国公司一开始并没有直接控制中国的生产制造。相反，诸如约翰迪尔等公司，卡特彼勒和生产农业设备的CNH等公司，还有一些工程机械企业与中国本土的制造商签订协议，通过公司的供应商质量监督部门来时时更新制造商的理念。其他的跨国公司，通常是规模小些的作为那些大型OEM（Original Equipment Manufacturer，贴牌生产或原始设备制造商）的供应商的公司，招募工程制造质量咨询公司。在中国涌现的咨询公司帮助本土的制造商来生产符合国外消费质量标准的产品。中国本土的生产商会聘用中国人做管理者，这些管理者曾经为外国合约生产商工作过，拥有现代制造理念和经验并且很期待能有机会将自己拥有的这些知识不受干涉地应用于自己国家的企业。这些管理者帮助中国本土的生产商吸引到外国的业务。他们中很多人也会创办自己的公司，拿自己对国外制造标准的熟悉作为卖点来赢得更多的国外业务。一开始，那种签订合约做离岸外包的方式会因为工人经验不足而遭遇不一致性和质量问题。但随着时间的推移，国外企业开始投资对中国员工进行培训，也增加了对中国的了解。本土的生产商自身能力有所增强，生产的专业度和产品质量也不断提高。

外国客户/投资者和中国供应商互相学习的第三个领域就是早期在汽车和机械行业的那些合资企业、国外的集成方以及他们国内最重要的供应商跟中国企业之间的合资企业。中国政府欢迎外国跨国企业跟他们的合资企业一起在中国的土地上开设集成业务，跨国企业也会负责发展中国本土的供应基地来对他们的配件进行组装。再一次的，这些大型跨国公司们非常主动地把它们的资源——购买和制造工程师以及供应商质量保证专家投注于有效地开辟本土产品的供应基地。它们还和地方政府密切合作，为它们自己以及供应商升级培训设施。与跨国公司在富裕的发达市场所贩卖的现代产品相比，在最早的汽车或机械合资企业里制造的产品都是老的版本（比如大众桑塔纳），结合了较少的比较优势技术和配件。但在供应基地发生的学习过程是真实存在而且越来越成熟的：中国的供应商必须有能力满足日趋严格的跨国公司的要求，要能够在更加没有商讨余地的时间框架内生产出他们的产品并完成运输，要持续不断地进行成本削减，还要培养应对客户的能力，对特殊需求作出回应，在供应链出现问题时对零件的制造给出合理建议。最初的跨国公司合资时期，在很多方面被中国供应基地当作是自己的学徒时期。正如我们现在所看到的，这一学习时期（由当地政策引发，由跨国公司的培训部门直接培训）最终使得中国的供应商们一路前行，开始为其跨国公司/合资公司的客户提供成熟的生产产品，并且能够把他们的技术提供给中国新的客户群体。

以这几种客户供应商的关系类型为背景——合约制造，离岸外包，合资办厂——来理解这些供应商竞争力提高，关键之处在于这一成功蕴含了动态关系的创造，在这种关系中互动各方由于技能的提高而提高了运营目标。在某种程度上，这种关系由具体的中国国家政策扶植产生，也由外国跨国公司系统带来，中外双方都认为自己能从中国市场的发展中获益。但是积极的持续学习、协作和升级形式也尤为适应现代工业生产自身内在的模糊和不确定性。在电子产业，模块化产品结构被认为在很大程度上限制了客户和供应商本应有的协作，这种限制甚至远超过集成结构工业中的限制。但即使在电子产业，全球范围都存在的产品生命周期缩短问题、技术的高速发展，以及不断降低成本的需求也使得劳动力市场上的竞争力差异日益模糊。在各行各业，供应商要有应对客户的能力，有在这种劳动力成本差异不大的情况下仍能保证生产质量的能力，这些能力的提高对供应商的成功和存活至关重要。并且，新功能带来的成功鼓励供应商去投标更为复杂的工作。这些工作需要更高的工程能力，也要求他们的协作能力有所拓展。客户对于供应商学习能力的认可让他们肯去支持供应商的野心。不能有效协作、不能与客户共同前进的后果就是被客户从稳定的供应商名单中除名。

最常见的情况是，中国的生产商——像在发达国家市场里与他们竞争的那些零件供应商一样——能帮助客户降低成本，通过对配件提出设计修改建议，他们可以更有效地制造出这些零件来。一旦一家公司具有了这种专业的合作水平，那么诸如参与到客户新产品集成设计中来这种真正意义上的合作就离他不远了。随着时间的推移，这样的交流导致了客户和供应商之间的积极互动学习关系，客户对供应商提出要求，双方共同致力于寻求改善双方能力的解决方式。这种类型的关系遍及发达国家经济体的制造业供应链。因此，最终毫无意外的，发达国家的生产商也开始和中国建立这种关系。

然而中国企业升级的所有这些途径都在逐渐面临限制。有趣的是，这些限制并不像那些质疑的声音所说的那样。有观点认为，中国的发展战略受到限制是因为出口加工和合资企业升级把价值链上最有利可图的、知识最密集的元素交付给了外商。全球价值链构架是分层次的，层级制阻碍了中国制造商提升最重要的生产、工程以及设计知识，而开发自有产品则需要这些。不可否认，在一些产品领域存在这种层级，或者许多其他的领域都在寻求这种层级，但本文要说的是，中国升级战略实际上面临很多其他的限制，而这些限制被证明是可以超越的。在上述以持续学习为基础的升级过程中，最为关键的限制来自于：中国虽然能够不断学习和参与合作研发项目，但是他们的外国客户受各种原因影响，都没能利用上这些发展，或者没能跟上中国供应商们成长的步伐。这一情形在两种出口加工案例（合同制造和离岸外包）中尤为明显。在这两种情境下，当客户和/或终端产品位于工资水平较高的发达国家市场中时，供应商的逐渐成熟就会面临收益的逐渐降低，但是，当他们作为供应商的能力超过了合资公司一开始提出的对所生产的老式产品的复杂程度时，国内的供应商促成合资企业的本地化这一情况也就会出现。

先来对这两个出口加工战略进行阐述。这种类型的战略中基本限制在于，客户和供应商合作关系越密切，二者之间的距离就越会产生高额的成本费用。制造业的合作需要不断试验，实际部件则需要经过加工才能从设计变为成品。文件在太平洋两岸传来递去对于这种密切而又时间紧迫的实践来说耗费了太多时间。即使是能够进行有效的合作，公司也不愿意把成本高昂的部件交付给一个遥远的供应链进行生产，因为这样随时会出现中途停工或者延迟交货的风险（事故、港口罢工、海上天气、自然灾害等等），这种情况一旦出现，代价是昂贵的。之前鼓励中国企业尽力走向成熟的那些发达国家客户们，开始不愿意接受更有竞争力的中国供应商参与敏感度高以及价值含量高的合作开发项目。因此，中国供应商（和外国公司在中国的子公司们）逐渐发现，在与国外生产商合作的供应链中，他们并没有能够最大限度地开发他们自身的能力。①

---

① 这种挫折与这些中方工厂人工成本的增长线性相关。考虑到高工资环境下供应商能成功保持在供应链中的关系，高工资这一类的条件，并不能造成自限性动态。他们做的是使得递减的策略——比如，回归到较低的工资水平以及较低的生产价值上的策略——不那么有吸引力。换句话说，中国的公司不但没有被产业链上涌现的合作局限吓到，而且急于参与到高价值的工作中来，不断提高的人力成本。

在合资企业供应模式中也有类似的限制。在这种模式中，国外跨国公司最初是想要转移相对简单的、通常是过时的产品和技术给中国的合资方。例如，大众从德国（以及美国）运来生产设备，在上海建厂生产过时的桑塔纳轿车。① 然而，合资协议的条款规定，大众不仅要有本地因素，还要使用和发展本地的供应商。因此，大众鼓励其最信赖的欧洲供应商来中国投资，来支持中国的合资企业并且帮助这里的供应基地发展生产。和这些供应商一起（连同中国当地政府的合作），大众培养出了中国本土的供应商，他们有能力生产出所需配件。这些配件要么无法由德国提供，要么就是合资协议里规定由中方生产。

在某一程度上，对各方来说，这都是一个成功的战略：大众和本国的供应商，中国国有企业，以及支持这一项目的地方政府。一方面，其本国的供应商的确得到了发展。另一方面，他们急于进行升级，扩大他们的客户基础，生产更精密的产品。跟着自己的客户跑来中国的欧洲供应商那里也是同样的情况。在他们的大客户大众公司那里，他们愿意积攒商誉。但是随着时间推移，他们开始希望增加生产的复杂性，扩张他们在中国的业务并且致力于在华业务的多样性拓展。然而，出于诸多原因，在无法摆脱中国地方政府采购框架中中国供应商的政治介入的情况下，像上海大众这样的大的合资企业在技术更新和升级时会面临很多困难。在这一案例中，不论本土供应商还是外商直接投资的供应商都在着手打破中国市场上原始的外商直接投资的客户战略所造成的限制。生厂商希望自己比市场要求他们能做的更有能力一些。

当把所有这些发展算在一起，很明显，在新世纪初期，中国的制造能力就像一个长得过大的孩子，撑破了家长给他穿的衣服。然而，离岸客户和本国合资企业关系的自我局限性很快就带来了机遇。中国的工业化产生了越来越成熟的制造商，他们需要越发精密的资本商品和越来越

---

① 在大众（奥迪）/一汽大众在长春的合资公司里，我们看到沃尔夫斯堡54厅来的老旧的汽车装配线，被认为是20世纪80年代先进的生产线，还看到更老的20世纪70年代的威斯特摩兰，宾夕法尼亚的大众工厂。这些过时的技术如下文提到的那般尤为时髦又纷繁地被布置起来。

复杂的基础设备。这一变化还带来了更高水平的收入和基本覆盖中国社会的教育——至少覆盖了最发达的地区。到新世纪初,(如果不是在之前的话),私人消费者、工业生产商和中国政府(通过雄心勃勃地进行基础设施建设)都在推动着中国国内市场的需求。由于饱和,发达国家制造业市场的增长率正在放缓,与此同时,中国的增长则正在爆发。汽车、零部件和许多复杂机械的国际生产商注意到,增加在中国的直接投资、升级他们已有的在中国的制造业务有助于他们抓住新一轮的增长。而且,这些外国公司这样做不仅为了抓住机遇。在很多行业部门——汽车、公共汽车、发动机、涡轮机、施工机械、精密工业机械以及工具(还有很多其他行业),他们还面临着本土中国终端产品制造商的挑战,这些本土制造商看到了进入日趋成熟的国内市场的契机。

壁垒不再存在,原来自我限制的变动格局变更成了本地市场上新的竞争和创新的发展变化。当前的情形造成了这样的对立,即踌躇满志的中国生产商寻求上进,采取更先进的技术业务来对抗上游的外国跨国公司,而跨国公司则试图把他们的技术知识和技能应用于中国当地。双方都各有优势,而又都面临着困难,需要彼此合作。接下来的两部分会描述这些发展的更多细节。

二、跨国公司、外商直接投资和中国国内制造业的升级

外国跨国公司与中国市场的联姻并不只是由中国市场的需求增长决定的,也由中国需求的特性或者具体质量决定。具体地说,随着中国经济在前20年发生的深刻变革,中国的消费者在后工业市场上,开始对产品的特点提出要求。他们要么要求外国跨国公司提供给他们的产品与发达国家市场上贩卖的产品在技术精密度上不相上下,要么要求自己购买的产品跟在发达国家市场上的同样高端,同时这些产品还要根据中国的偏好、规制、标准以及资源和材料投入上的差异进行特定的调整。在前一种情况下,即使产品没那么精密或者用了在本国版本里没有的材料

或者配件,外国跨国公司也无法和本土的中国生产商竞争,他们只要修改他们当前产品的旧版本然后进行销售即可。中国本国的生产商很容易也很快速地就能抄袭这些技术,然后拉低这些产品在中国市场的销售价格。

为了赢得快速成熟的中国消费者,在汽车、汽车配件和复杂机械行业的外国跨国公司被迫大幅修改或者重新设计他们当前的技术形式,甚至研发出全新的产品来满足中国客户的新需求。这两种做法的目的都是去降低复杂性和产品功能。通常,尤其是对德国的生产商来说,这也意味着学习如何使他们的产品使用期更短,能承受的维修次数更少。这些变动不仅直接满足中国消费者的需要和实际使用,而且使得生产出的产品跟跨国公司在他们自己国家买的版本比起来价格更容易被中国消费者接受。外国跨国公司的理想目标是一个中等市场,比产量最高质量最差的市场好一些,而又比质量最好、技术最尖端且只限于发达国家的市场差一些。中国消费者对产品的要求高于中国本土生产者能够提供的产品规格,因此有外国公司存在的空间。

我们可以找到无数的这种中等市场。拿电脑数控技术来说,生产机械工具的日本和德国电脑数控生产商在中国无法大范围地贩卖他们那些高度复杂的高端控制机械工具,也无法销售出其他资本生产设备。中国国内的机械生产和使用者对这类产品的需求非常少。然而,这些外国公司在中国贩卖特制的"简化"版连续数字控制仪则大获成功。正如德国一家公司的管理人员告诉我们的,"在中国,如果提供给他们合适型号的控制器的话,有数百万的传统机械工具能够轻易地被转为简便的连续数字控制仪器"。有趣的是,不论日本或者德国的企业都不可能——或者在商业上不可行——只是把他们初级控制器的旧版本卖给中国消费者。老旧设计的替换产品在市场上早已存在,而且价格是外国生产商无法接受的。相反,外国生产商都采用了本土生产商不会用的方式,把新的电子产品零件集成为相对简单的产品。因此,全新的简单但精密的产品就适应中国消费者的特殊需求而设计出来。至关重要的是,为了更快更有效地满足需求,并且是在一个有竞争力的成本水平上满足消费者需求,新的控制仪也是在跨国公司的中国本地生产企业里制造出的,用的是中国本土的设计师,依赖的是中国的供应商。①

在很多情况下,这些公司不会为中国市场设计全新的机械或者配件,而是会重新设计现有产品来使其特点更加符合中国需求,价格也更适合中国消费者。《金融时报》的皮特·玛施一直在追踪这一现象,他引用了迈瑞公司一个经理的话,迈瑞是一家医疗设备和病患监控系统的生产商:

> "我们会查看哪些零件是可以标准化的,哪些地方在不降低质量的情况下可以适度降低技术含量,在哪些情况下我们可以用电子元件代替软件。"约茜·苏说,她是迈瑞的首席财务官。她说,结果通常是产品成本降低,虽然与在西欧或者美国市场上的产品不完全相同,但也能满足中国或者其他任何地方医院缩减成本的需求。(玛施,《金融时报》,2008年3月28日)

一个参与我们全球 Komponenten 研究项目的德国汽车供应商在给其全球用户设计和运输内部组件(前端、发动机、交叉车梁等)时在中国也采用了类似的策略。例如,若公司中标要分别为欧洲、北美和中国的客户生产复杂的前端,那该公司对配件设计和制造的材料和方式的选择会因市场而异。面对中国市场,这家公司不会用和其他市场同样的优质钢,也不会像为欧洲客户提供的前端配件那样使用同样创新技术和高质量的科技来焊接。给中国市场的产品要更简单,更不耐用,也不能和同级别的欧洲产品性能相比。我们发现很多机械和汽车配件行业的生产商都采用这种实际意义上的产品修改(重新概念化),这其中有制造电力

---

① 你可能会问:为什么日本或者德国的公司要费力在这种边缘业务上投资呢? 在采访公司代表时得到的答案是,公司需要在中国市场上打出品牌,这样才能够在这个市场变得更加成熟、开始需要更多技术性产品的时候在这里有所作为。

驱动、涡轮机、发动机、驱动列车和土木机械的公司。至关重要的是，这样的修改在中国做起来最方便。在这里，当地的工程师了解客户的需求，熟悉当地的法规和标准，了解当地材料的质量和特征。

这种"中等"范围的市场在中国是非常大的，这里存在显著提升的可能，不论是外国跨国公司子公司业务上的提升，还是在中国本土供应基地的业务提升。一方面，跨国公司需要升级他们自己在中国的生产设备来有效地抓住这个市场上新涌现的机遇。很多跨国公司一开始进入中国市场时是生产过时的产品，用的是过时的设备。或者，他们是用简单的组装设备在这里把成套的外国产品零件组装起来，提供给少数的特殊客户。这些过时的设备无法满足新的需求变化。公司们被迫要深化、拓展并且升级他们在中国的生产设备，雇佣工程师和熟练技工，提高工厂里生产技术的质量。比如说，在我们在长春参观一汽大众这一合资企业时看到，仍在使用的旧的桑塔纳组装线旁有几条崭新的生产线，那里有新型弹性化的自动设备，还有为中国集成生产的需求而特别设计制造的材料处理工作站。这些设备是高度自动化的，但处理不同工序的能力则各有不同：不同型号的奥迪 A6 在这里组装，在这里组装的还有大众捷达的改良版本车型"宝来"。这些修改大部分是在中国完成的。当地的中国工程师、维修和设计专家们要对设备进行搭建维护和操作。在对上海和天津地区的土木机械和驱动列车以及制动系统生产商的访问中，我们也看到了类似的变化。

另一方面，跨国公司的这种变化——连同跟着他们一起来到中国的本国供应商的变化——为中国供应商提供了融入到新的生产策略中的机会。为中国市场而特别设计的产品配件，比起在跨国公司本国生产，在中国进行制造才是最高效的选择。在中国制造的铸件或者控制器的冲压金属框架、汽车的前端、或施工机械的驾驶室等，仅从数量上就能够给跨国公司的本国供应商带来压力。先不说那些距离遥远的供应商们要忙于满足本国客户需求，单是运输成本也能使得异地生产这一问题变得困难重重。因此，汽车生产商们越来越希望配件供应商是"全球覆盖"

的。他们不太愿意跟一些本国供应商签订合约,因为这些本国供应商无法在所有他有产品投放的市场中悉数作出供给。在很多情况下,正如上文所述,很多有能力的中国供应商已经出现,他们完全适合这类业务。在无法确认哪些供应商是有能力的情况下,跨国公司的客户会通过和供应商合作的形式来提高他们的生产质量。

大众在中国的经历诠释了这种升级的一种类型。数十年来,中国的大众公司只生产普通的过时的桑塔纳汽车,是组织技术上都很简单的生产基地。但是在 20 世纪末期,当公司意识到随着中国富有阶级的增长,市场上对公司旗下奢侈品牌奥迪的需求在不断出现,而且这一需求的增长已经强劲到无法由德国进口来满足。公司被迫按照德国的操作流程在中国建立生产和集成设备。他们致力于生产出和德国版奥迪 A6 相同的中国版奥迪 A6。在努力实现这一目标的同时,奥迪公司发现中国消费者们实际上希望中国版的奥迪 A6 具有一些特殊的特征,而这些则是德国(以及其他欧洲和北美)客户们不感兴趣的。比如,中国的奥迪买家希望能够比德国版本的奥迪车在前后座之间的空间更宽一些。(德国是 30cm。)像奥迪 A6 这样的在整体产品结构中作出整合设计变化相应地带来了供应商和中国生产集成工厂关系的变化。当地的奥迪工程和生产能力得到了发展和维持,以便能够实现这类变化。

奥迪在德国的传统供应商——博世、ZF、赫拉等——也都被迫去适应这些变化。并且,因为这些改变具有中国特色,这些供应商的业务操作在中国作出改变也就解释得通了。这些变化促使所有这些生产商改变他们的外包策略来与更多的中国供应商实现合作。反过来,这个过程也使奥迪的供应商们在上述德国前端供应商的案例中所描述的材料使用、制造功能和技术方面作出改变。典型地,一旦奥迪中国的扩张生产转型被证实是成功的,它就能进一步地创新。大众使用一款中国当地的新配件把捷达转型为宝来——一款简单但又精密的混合车型,混合了大众捷达(golf 平台)以及大众更为简洁的 Polo 车型的特征。

关键在于,这种类型的升级有雪球效应,这种能力的转移促进了本土竞争力的提升，而竞争力的提升反过来又带来了更多的可能性，又需要更多的能力的转移和本土竞争力的提升。我们观察到，这种过程并不是随机或者是所谓的某种"自然发生"的发展路径。相反，这是依靠跨国公司非常有意识的自我引导乃至优化来实现的，他们大量推广规范的相关培训流程，不断尝试把总部（或全球）产品、标准和指标与地方条例相结合。许多制造业跨国公司都开发出一套详尽规范的"企业生产系统"，然后在全球业务中推行。可循的案例有，联合技术的 ACE 系统、ZF 的 Formel ZF 系统、西门子生产系统、大众汽车的生产系统以及卡特彼勒生产系统，还有无数其他案例。一些公司，多是我们在全球 Komponenten 研究项目中的土木机械生产商那样的小型跨国公司，会暂停对公司系统进行品牌营销，但不会停止这些模仿大型跨国公司企业的生产系统。这样系统的最初建立——很多是在模仿和进一步细化丰田生产系统——是通过创建正式的标准化的自我观测组织流程来不断优化生产，降低成本，减少浪费，也通过设立通用的集团公司技术标准、模型特点和性能指标，并持续对这些指标进行优化，实现简便易行的（改善的）企业实践。

核心思想在于，这种系统在跨国公司产品设计、质量标准和成本设定等方面达成了一致。但是也在很大程度上允许具体市场的参与者自行决定，使标准和目标适应于当地条件。然而当地市场的参与者并没有获得全权委托去背离共同目标。相反，他们要去证实自己的决定是合理的，还要提供定量的、条理清楚的证据来证明他们在当地的优势。自由裁量给了当地的企业创新的动力，也通过合理性要求（以及持续监测）对当地的尝试进行约束。当地创新若获得成功，回报将是巨大的：当地参与者获得更多的能力、更多的资源和更多的技术等。但跨国公司也会获得更高标准的配件。比如，通过建立要遵守的规范流程和目标，然后持续对结果进行检查，把本地产品和总部标准件进行对比，全球生产和产品研发小组可以很快地确认发生错误的地方，同样也能找到成功的地方和潜在的可普及的创新点。

这种互相监督、地方自制的规范系统的目的是达到本地适应，全球提升，产品优化创新的螺旋上升。产品规范和标准的正式确立连同本地目标的明确量化，在生产利益相关者身上引发了持续规范的自我分析。

在与其他相关职能领域（规划、销售、采收、财务等）的同事协商过产出目标之后，生产团队必须把不断对比他们的实际工作流程和协商好的项目流程。这种持续的自我检测使得错误和瓶颈在出现时能够快速被识别，本地自制允许工厂里的团队能够对设计、材料、生产组织等进行试验，从而找出解决问题的方案。当然，解决措施必须合理。方案被认可后，他们必须自我规范所采取的措施，并将其转变为标准化的实践。反过来，新的地方"标准"由组织内部高阶测试团队对比其他领域类似的操作作出检测，适合或者可行的话，就在其他地方进行调整，从而创建新的高阶标准和目标。经历了共同的总部标准——地方自我判断——对总部标准重新调整这一过程的公司就这样把学习和优化做法在跨国公司内进行了推广。①

规范系统包括组织和治理上的创新。技术只扮演次要作用（比如说，协助数据采集和监控）。实际上，在实践中，这种系统的指定需要的技术性极低。比如，在我们全球 Komponenten 项目中所监测的木工机械生产商那里，公司用一个名为"食谱"指导手册的项目，完成了机械生产向中国（和中欧）生产基地的转型。德国工厂的生产团队拍下每台要被转移到国外的机器在生产过程中的每一步：机器的结构（工具和固定装置），具体的设置，工具定位，转移步骤，工作构架。然后每张照片都标注好在生产和装配过程里每一步需要的装配流程、加工的速度、使用次数和最大承受输出量。接下来这些"食谱"的全部或者部分在国外的生产基地传阅。这一过程中，当地可以进行程序上的修改：产品功能的减少或者加强、生产过程中步骤的删减或者增加以及材料的更换都

---

① 企业生产系统的组成部分——基础测试，错误检测，同步工程（重复协作设计）称为"新"，因为以反馈、审议和实验的形式、面对行为的实用主义的习惯被中断，这种实践迫使公司们经常性地质疑他们现有工作日程的适宜程度，并根据这种质疑来不断地调整他们的目的和手段。

是允许的。但是任何改动都必须经过出口多功能团队和制作"食谱"指导手册的管理人员的认证。在标注出变化、拍摄新的照片之后,当地的指导手册被制作出来。如果当地进行的更改在机器制造时有实际的改进,那么当地的创新则会被母国的团队所接纳,新的流程则会被拍摄下来整理进母国的指导手册。通过这种方式,各利益相关者之间的互动与指导手册的监测的规范流程允许本地化创新以及产品调整有序进行,同时也为全球化的创新带来了可能。

至关重要的是,这些跨越跨国公司各生产点的内部学习流程的规范化实践同样也以修正的形式,可以用于部署客户和供应商的关系管理上。这时,做指导的不再是一本印有如何使用和调整机器和业务的照片和说明的指导手册,对于客户与供应商共同设计的部分或者组件,客户会提供给供应商明确的成本目标、质量以及运输期限。双方都会对供应商完成目标的进程进行监测,在无法完成任务时,双方都会立刻尝试找出原因,寻求解决问题的方案。在这种合作下能够很好地完成任务的供应商非常受欢迎,而那些拖后腿或者不能有效完成任务的则慢慢会被抛弃。在成功的时候,这种规范的自我分析的关系会带来学习和持续升级效果,这一效果对客户和供应商都是一样的,惠及跨国公司整个全球生产网络。

最后有必要指出的是,虽然在这种关系中,尤其是在长期来看,知识产权可以得到保证,但是对在华外国制造业跨国公司来说,参与到这种升级、合作和学习关系中是很不值的。在外国跨国公司在华工厂里工作的管理人员和熟练技工能够了解产品的知识、技术和生产步骤,这些都是跨国公司资产的一部分。最后,部分工作人员带着他们所学的知识离开,然后把这些知识用于自己创办的企业。供应商亦然,即便是成功获得与国外跨国公司合作机会的供应商,也会寻求与其他潜在客户建立关系的机会。在新的合作过程中他们会用到跟前者学到的内容。在我们进行的大多数采访中,这种情况的发生是不可避免的,在特定时间点之后便是不可阻止的。而且,所有参与者都知道,虽然中国政府对于专利权的保护力度在不断加强,但上述现象却依旧是真实存在的。

那么,为什么外国跨国公司要转向这类合作关系呢?他们这样做一方面是因为他们现在与中国建立生产关系的条件跟他们在本国所经历过的那些条件相同。竞争、持续创新以及成本缩减的压力以及其他变化促成了全球市场的大多数关系。抛开专利权的质量不提,跨国公司们很难保证已有产品或者技术能够在任意市场中保持长久的优势地位。因此,对这些公司来说,与其在保护技术和产品设计方向努力,不如持续向前推动产品的设计,使公司产品不断转型来迎合现有客户不断变化的需求,以及确立新的潜在客户。从这个意义上说,内部生产安排和与供应商的关系不是为了建立特定技术而出现的,他们是为了持续学习、创新以及自我转型这一种合作模式而建立的。

另一方面,在中国的外国跨国公司认为——正如上文中提到的日本和德国电脑数控设备制造商一样——他们在市场的长期战略并不是生产简易而又精密的控制器,而是给消费者留下可靠、值得信赖的电脑自动设备制造商的印象。这类公司认为,如果他们在中国开创积极发展的学习关系,他们就能够利用自身拥有的全球技术知识,使其与中国的合作工厂在持续扩张的中国市场上具有持久稳定的竞争力。跨国公司们期待在自己中国制造的业务中培养出积极的学习能力,而不是保持某一代或者某一款产品的长期占有率。

三、跨国公司的本国生产业务与其中国递归的正式机构

在衡量中国方面升级变化的同时,我们也来关注某一特定国家的跨国公司业务操作,当今诸多领域的跨国公司在本国市场上采取的生产策略跟在很多其他更大的市场上采取的类似,包括在中国。20 世纪是跨国公司按照产品生命周期行动的鼎盛时期,这段时期里,他们把生产和设计能力专注在本国市场,在这里研发销售新的产品,而在海外只生产过时的或者成熟的产品。在 20 世纪 70 年代和 80 年代,则是在不同生产地

点用不同的方式，有的是中心管理薄弱的"多中心"管理。与上述两个时期的做法都不同，在中国的跨国公司致力于在当地的自制和全球性的互相学习之间达成一种动态的平衡，这种学习是在母国监测并提供服务和协助的基础上完成的。

在世界上所有的主要市场领域，跨国公司都在致力于研发新的产品或者将他们现有的产品根据当地市场需求作出调整，在离岸市场或者本国市场都是这样。即使在那些把核心研发依旧集中于本国的公司，在他们为了能在更多市场进行生产而开发"全球平台"时，总部也必须和海外市场上存在的劲头十足的设计和工程师们合作，调整订制符合当地市场需求和生产条件的产品。把本地自我调整/创新反馈与总部监测相结合，母国开发人员系统可以系统地定位好，用增强跨国公司能力的方式，来捕捉当地市场信号，开发出相应产品，从而整体上增加了获得市场和研发产品的能力。跨国化并不是以牺牲总部为代价，也不是说各基地要按级别地依赖于中心的设计和技术。而是说，要有动态积极的相互依赖。

在此，我们来回顾各类合作并对其进行拓展。在很多制造业部门，尤其是有整体产品架构的行业，比如汽车和机械，一项重要策略就是"在销售地就地生产"。但这些部门根据当地条件作出的调整，这些部门也会根据当地条件对产品，比如奥迪 A6，进行调整，包括再设计、重新采购、替换原材料，以及重组生产架构。调整工作迫使跨国公司生产者们保持（或提高）重要工程和生产能力，他们的供应链关系也要与生产地点联系紧密。这对他们本国市场业务与离岸生产基地同样重要。因此，跨国公司业务在外国市场的扩张并不是以牺牲本国业务为代价的。相反，本国业务（工厂和产能）以及离岸生产基地（工厂和产能）使用的是相似的设计、工程、制造和供应链。在全球性的知识和产能体系中，所有生产商都拥有特殊的生产知识和经验。所有的生产点（通常）都围绕着母国高级研发中心"旋转"。但是这一关系是互动的，每一点上的知识输入都是流动的。知识"中心"从"外围"的调整中吸取经验，外围也利用中心研发的专业知识来为自身持续的调整服务。

  显然，理解这一系统的关键在于那些特定机制。这些机制管理并促进地缘相隔的跨国公司各部分之间知识、设计和技术的持续转换。我们观察了不同的机制，这些机制控制着各生产基地之间和这些生产基地与总部研发基地之间的全球性交流。至关重要的是，这些互动管理模式都遵循一个规范的自我监测的过程，在上文提到的新规章和企业生产系统下学习和优化业务。首先，全球不同地方的工厂生产不同的改版产品（比如奥迪 A6 或者中等功率的驱动器）。在这种情况下，当地公司被严格要求跟其他地方的同行们沟通同种产品的"加工指南"，还有当地产品的特定特征。生产中遇到的问题，在某一产地找到的解决方案可以通过这些会议快速传播给所有人——全球"加工指南"平台持续进行更新，传递着最优的运作方式。实际操作出现问题时，不论是因为当地条件的特殊，还是因为产品在当地的调整出了问题，全球产品团队就要仔细研究，关注差异，寻找其他潜在的通过调整变化就能获利的产地。

  第二，在工厂为特定市场制造专有产品的情况下（比如，简单而又精密的电子数控仪、病患监护设备、全球汽车平台前端等等），当地生产团队会定期跟其他地方的生产团队进行对话。互动各方按照一系列标准化指标和基准来彼此对比，试图从彼此的业务和市场环境中研习技术和程序、客户特征和产品应用，这些很有可能跟他们自己相关或者可以拿来应用。这样做的目的是通过系统地互助促进互惠互利。总的来说，规范化的工厂和产品平台上各团队间互动的目的是在跨国公司业务体系内推广最优的实践形式，提高所有生产点的竞争力。① 这种规范化的互动通常从企业生产系统所摒弃的程序中提炼得来。正如我们所见到的，这种互动试图（通过建立指标和标准以及改善操作）使操作更加明晰，

---

  ① 注意，这里所说的"最优的实践"不是在产品或者工厂产能水平上标准化或者一致化。全球各团队通过把生产和设计的各部分分开，然后来衡量各自的比较优势。最优的实践在这种分解/解构的情况下对比得出，并运用到合适的地方—— 根据不同生产地点的能力在当地条件下吸纳或者采用。

带动了生产点的自我分析，因此也就促进了不同生产点内部或生产点间相互学习的工作流程。

跨国公司内部工厂之间的竞争也同样出现，以保证所有生产点都在持续升级。随着全球生产地点的整体升级，他们的产能出现趋同，在一系列评估中的表现上不相上下。跨国公司不断对全球业务点在这些评估中的表现进行排名（不只是工厂，也有在制造过程中从事功能性业务的子公司，比如铸造、齿轮加工、组装等等）。表现优异的，公司总部会给予嘉奖，奖励其担任领头工厂或者新平台的"能力中心"。在这种情况下，各工厂的团队通力合作，制作推行全球"加工指南"——比如，在工厂和车间里实施的"最优实践"。这些通常都是特别具体和专业的技能。一家德国大型驱动机供应商利用内部竞争在很多领域创造了许多"技能中心"（COC），诸如重型卡车和公共汽车驾驶室的生产和集成、重型卡车传输驱动的加工和处理、客车传输驱动的加工和处理等等。来自这些积极生产点的熟练技工和工程师们被派驻到公司的其他地点，那些地方在推广被"技能中心"评为最优的业务操作。COC专家们与当地人员的沟通地点不仅限于在德国的工厂，还有其他国家的生产点，比如法国、俄罗斯和中国。他们要把最好的实践形式带到当地，但是还要意识到当地的差异性，协调好当地差异性和自主性的需求。COC的专家们随后会带着他们学到的内容回到自己的工厂。国外发生的改变在国内被描述出来并进行调整，如果这些改变可以广泛推广，那这些就会被国内的生产点采用。

德国前端生产商在同一原则下采用了不同的方式。表现最好的工厂被任命为客户的第一联系工厂，协同客户设计产品，负责全球范围的生产分配以及所有工厂的本地化调整。因此，在与具体客户——欧宝、大众、宝马、福特等——签订全球订单时，会有来自各地（波兰、德国、中国、墨西哥）的工厂扮演第一客户联系人的身份。签约工厂与客户协调产品设计，并且负责全球范围内的产能分配，监控特定生产地点对设计作出的调整。跨国公司内部竞争中的"胜者"得到的奖励就是产出有了保证，也拓展强化了研发能力，丰富了调整生产的经验。但是同时也要协调不同工厂间的变动，确保所作出的生产分工是最优的。

还有另外一种机制，在机械和汽车配件生产商那里都看到过，即发展专业全球"改善"或者"持续改进团队"（CIT）。他们负责不断与所有工厂沟通，按照最优操作的标准来对其进行比对，推动并帮助工厂达到业务最优化。德国一家动力设备制造商（在全球有大约 2000 名员工）的一个广受赞誉和嘉奖的 CIT 团队有 67 名团队成员活跃在全球 47 个生产点上（在我们进行采访时，有 3 个点是在中国）。这些团队的成员要推广优化生产方式，鼓励自下而上的自我分析。他们把最优的操作方式带到国外工厂，帮助当地团队作出调试。他们要推动团队建设和指标建设，还要设立规范化自我分析流程。然后 CIT 成员又会把他们所学到的内容带回母国工厂（或者跨国公司内部生产网上的其他工厂），用这些知识/经验帮助当地团队来最优化他们的业务操作。这些 CIT 团队持续与跨国公司不同层次的生产合作团队互动，因此他们可以持续了解到公司内部有改进潜力的新领域。而且，这种系统互动也要求互动团队对 CIT 团队成员的表现进行评价。最后，作为一种强制性的改善循环，CIT 自身也有规范化的自我监控程序，来最优化其自身的全球活动。

所有的这些例子都表明，在我们所研究的跨国公司内部，知识传递机制有着一个系统的循环。中国生产设备的升级（或者其他地方的）对维持母国工厂持续竞争力是不可或缺的。制造业的跨国公司们，按照基于企业生产系统的原则建立了规范的产品团队商议架构，为竞争和交流、地方自主和总部监控及服务创造了互惠系统，促进了公司内部网络的持续创新。通过为各有所长的工厂搭建全球性的联系网络，跨国公司能够生产出所需的新产品，也能够根据特定地区市场的独特要求快速地对已有产品作出调整。

这种全球化流程带来的循环收益是显著的，也是崭新的。但是，他们经常会被忽略掉，因为所带来的"获益"（技术上或者组织上的创新）一般都不会被看作提高本国就业这样的传统"收益"。实际上，像这种 CIT 机制下产生的获益在很多方面都会带来合理增加产量的措施，从而在不需要增加就业的条件下带来更多的产出。实际上，全球所有的正向收益，与本国和国外市场（中国、印度、拉美、俄罗斯）增长潜力的差异结合在一起，出现了讽刺性的一面，即（比如说，德国）跨国公司的外国分部在产量和就业上都有扩张，而德国国内的业务却只是在产量上有所增长，增长速度还很慢。说起来有些矛盾，全球优化对于母国生产基地的影响是生产基地变得越来越具有竞争力，但是传统的蓝领工人能获得的稳定工作越来越少。这一变化还伴随着技术分配的向上转变——直接的生产工人数量在缩减，但是有更多高技能的人员出现，工程师、技工以及全球 CIT 专家的数量都在不断增长。

四、互惠上升路上的潜在阻碍

在当今，前文描述的地方自治和全球监测的动态互动带来的互利升级推动着中国工业化发展的重要方面。虽然这些过程是普遍而强有力的，但它们从任何意义上来说都不是"自然"发生的，也没有必然性的特点。相反，上文所述的积极的动态过程取决于宏观和微观环境的诸多高度政治性（多变）特点。很明显，当前在宏观层面上，自由贸易、货币稳定性、中国对于知识产权的表态、市场竞争，以及改革开放都使得我们所描述的学习过程得以出现。环境可以进一步优化（部分在于如何推广所采取的操作）。但是一直存在的一个担忧是，任何或者所有这些环境因素的根本改变都可以破坏所描述的这一积极的动态过程。在微观层面，跨国公司内部及跨国公司之间存在各种因素（透明障碍，功能性自我，顽固的利己主义，高层管理构架的不完整性），这些都阻碍着联系起自下而上的自我分析和自上而下的监测的规范机制的推广，也阻碍着跨国公司内部以及跨国公司和供应商之间的自我优化。公司要发展其他机制来破除这些微观层面的阻碍。最后，在发达国家和中国都存在区域性的阻碍（糟糕的教育和培训设施，对全球化的恐惧），这会给推广这一机制造成阻碍。文章最后部分将要简要逐一勾勒这些问题。

1. 宏观经济/国际性的/政治阻碍

这一点可能很明显，但很有必要再强调一下。在全球生产基地之间这种强劲的、动态的互动带来了知识向多个方向的流动，也带来了实践操作的交流，这一互动要求人和商品能够在不同国家之间自由流动。中国的发展正是依赖于它向全球经济的开放。与其他的亚洲邻居不同。中国接受贸易和外商直接投资，并把这些都用来促进自己发展。中国面向全世界开放，学习如何让自己摆脱经济萧条，成为发展排名领先的发达国家。在很多方面，它的成功正是它持续扩张的最大阻碍。大量的贸易和对美货币盈余，与其他出口大国在新的市场领域和新兴市场上对原材料的激烈竞争，都对上文所描述的稳定发展造成威胁。

2. 微观层面：在不同组织内部或者不同组织之间推广规范化自我分析学习动态的组织壁垒

在微观层面的信息流动和人员交流的障碍在不同组织之间或者不同组织内部有着相似性。本地自制/全球监测能带来学习和创新，这依赖于真正意义上的组织间的透明。实现这种透明只有在以下条件下才有可能：（1）存在一个广泛的规范化过程，规定了所有可见行为，并把这些规范为可观测可测量的过程。（2）全部利益相关者都要加入。规范化过程使得可观测的、能成功推广的、有序的自我管理成为可能。如果不同职能领域的管理者（或者劳工代表）抵制规范化，并且，比如说，反过来强调非规范化的价值和技能，那结果要么是自制更加困难（地方公司会被强制按部就班地按照公司总部的设计来进行操作），要么是自制带来的地方创新或者调整的收益都无法得到普及（那些持有未规范化知识的部门会在组织内部维持对这一知识的垄断）。

利益相关者的加入至关重要，因为这有助于自我展示，并且强迫参与者彼此共享他们所知道的内容。参与者需要忠实记录他们业务操作的结果，以便他们能够与组织内其他人共享，从而创造发现最优的操作

（或者错误或缺陷）的可能。在所有方面，自我展示都被看作是不利的——生产线上的工人不愿意暴露他们所做的事情，因为他们害怕成为"最优化"的受害者，主管们害怕自我暴露，因为他们把对信息的控制看成是他们权力的主要来源。在这种情况下管理团队、客户公司、CIT团队就成为"加入"的推动者。如果这些参与者不遵守规则或者不能一致行动，想依靠地方自制和全球监测来维持积极的学习和创新的动态就变得极为困难。强有力的CIT团队——这是我们所观察的大多数成功的企业生产系统的特点——传递的信息包括：规范化、有约束的自我分析以及利益相关者的参与必须遍及全球，在跨国公司的各个层面都必须存在。不完整执行、职能领域的保守、做决定的目标管理层中出现的上限以及权力管理一体化，这些都在破坏或者扭曲整个合作过程。新的规范化生产系统得到广泛推行的很多案例中都设立了能打破既有地区利益保护又有知识垄断的机制。在某种程度上，这要通过高层管理者（以及/或者所有者）根据组织上下相关功能联合创建某些指标，并持续使用这些指标才能达成。各组织必须设法达到一致认可的目标，然后再跟同行解释为什么他们会偏离目标。横向监督是一种打破既定利益的机制，这种机制使集体表现受到监督并且对可信度有要求。当这种要求可信度的压力来自于组织的最高层时，就很容易把这种系统分解渗透到组织内部。

打破既定利益也包含三个附属机制。首先要有传播者，比如CIT团队，他们在全公司范围内活动并且独立于任何职能管理部门。上文所述动力传动制造商公司的CIT团队直接向公司所有者和代理董事报告。该团队也要接受评估，当他们在公司上下成功建立动态的自我检测程序时会得到奖励。从本质上说，这样的团队围绕着各个组织工作，这些组织都在寻求利益相关者的加入以及被其他部门垄断的知识。第二，要有为了在组织内部各职能领域内找出最优操作实践而进行的竞争。上文中描述的"技能中心"模式就包括在跨国公司特定职能领域内系统地建立传播地点。被选中的公司会将自己的操作实践形式带去总公司其他的生产点，并与这些生产点就如何对最优操作进行调整进行商谈。新的竞争避免了不同生产点之间出现层级分化。作为基准的生产点必须保持最优状态来保住"技能中心"的地位。

第三个机制为对上述集体自我检查过程的自主施行。典型范例就是美国的跨国公司 ITW 每年都会在所有业务点内实施的 80/20 法则。每一年，公司总部都要求所有 600 多个业务点对各自业务使用帕累托最优原则，这些业务点声称他们 20% 的业务可以赚得 80% 的收入。公司要求决策中心清除 80% 的业务，这些业务只创造了 20% 的收益。这种规则就是业务点自我检测的实施机制。各个业务点不仅要在内部各组织部门间讨论决定留下的 20% 业务是哪些，还必须作为一个业务单元整体出具有理有力的证据，提供给总公司的财务和战略部门来证明自己的决定。每年考核一次的目的是要通过杜绝无法进行操作的垄断保护，来给各业务点施加持续自我推动和优化的动力。①

3. 区域性阻碍

我们将强调三种区域性的或者公司外部的阻碍，这些都影响了我们所列出的互惠升级流程的推广。第一种潜在的阻碍是中国和德国政府无法提供足够的人力资本。对致力于学习和创新型企业来说，技术和教育是公司平稳运行的前提。想要互惠升级，各方参与者必须拥有获得了基本入门技能的工作人员。而且，因为这类系统专注于需要变化和升级的产品，所以不可避免地需要当地建立对员工进行培训和再培训的基础设施，弹性学习系统需要可用的支持架构来应对他们不断变化的需求。如果不在培训上投资，或者如果已有的培训系统不能对接受过培训但需要深造来跟上系统升级的员工进行再培训，那公司内部的这一系统就会逐渐走向自我衰亡。培训需求会远超过已有的支持这一系统的公共基础设施的能力。

阻碍互惠升级过程的进一步因素是对全球化的恐惧——也就是，认

---

① 可查阅 ITW 公司二八法则的系统描述。

为在离岸市场进行生产升级是以母国生产为代价进行的。诚然,一方面,中国生产商成熟度的加深无助于发达国家制造业市场上的就业上升。另一方面,也不能说,对这些经济体的就业增长有负面影响。发达国家制造业就业的下滑是因为其市场生产力的提升,而对终端产品需求的扩张则相对缓慢(对应于已有的能力)。跨国公司在其母国的生产不能满足中国市场对其产品的需求,然而在它们母国,却由于生产能力高而且市场饱和,市场上对其产品的需求扩张远低于市场规模的扩张。

第三个区域性障碍在于利益相关者对于当地公共物品的监测。公共物品的不持久性,单个公司或者区域无法独立解决的新问题持续涌现。

(王红月 译)

中国反腐路在何方[①]

何增科

何增科

中央编译局世界战略发展研究部主任、研究员，北京大学中国政府创新中心副主任、清华大学廉政研究室兼职研究员、中国政治学会理事、中央马克思主义基本理论研究与建设工程子课题首席专家。主要研究领域为当代中国政治，重点研究方向为腐败与反腐败、公民社会和第三部门、地方治理与政府创新、社会建设与社会管理等。

---

① 本文原载《中国改革》，2011年第4期。

> 完善纵向的公民选举问责和横向的分权制衡机制，应当成为中国下一步反腐败和权力监督的努力方向。

改革开放以来，中国在反腐败方面作出了不懈努力，提出建立教育、监督、制度并重的惩治和预防腐败体系，即中国特色的国家廉政制度体系。这种努力取得了一定成效，但总体来看效果有限，这同目前的廉政制度体系带有传统集权政治体制色彩，以及政治体制改革的滞后又进一步限制其功效的发挥，有着密切关系。

深化政治体制改革，实现国家廉政制度体系的现代转型，完善横向的公民选举问责和纵向的分权制衡机制，应成为中国下一阶段反腐败和权力监督的努力方向。

腐败形势严峻

1949年以来，中国的反腐败从群众运动到依靠制度建设再到建设惩防体系，已经初步建立起了惩治和预防腐败体系，即具有中国特色的国家廉政制度体系。这一体系具体包括：

确立了执政党和国家廉政建设的目标体系，即科学发展、社会和谐与全面小康；

建立了国家廉政制度体系的各项机构性支柱：党委统一领导、党政齐抓共管、纪委组织协调、部门各负其责、依靠群众支持和参与的反腐败领导体制和工作机制；

健全了一些机构性支柱正常运转所需的部分核心规则，如健全了党内民主和党内监督方面的规则等；

通过廉政文化建设和廉洁教育，使廉洁从政的价值体系逐渐为公众和公职人员所接受。

但是，目前廉政制度体系的各个机构性支柱的发展很不平衡。党委、政府、专门监督机关等少数机构性支柱作用发挥得较好，其他机构性支柱的作用有限，明显处于"短板"状态。与这些机构性支柱相适应的核心规则存在着严重的缺失，纵向的选举问责和横向的分权制衡的问责机制不健全，妨碍了权力监督制约的闭合性。所有这些都严重影响着整个国家廉政制度体系效用的发挥，后者有效性的不足导致反腐败成效的有限性。

现阶段中国依然存在着一些突出的腐败问题：一是各级党政主要领导即俗称的党政一把手腐败成为前赴后继、难以防治的顽症；二是用人腐败、司法腐败等恶性腐败有愈演愈烈之势；三是不正之风和挥霍浪费之风屡禁不止；四是公职人员群体特别是领导干部群体在住房、医疗、用车、福利等方面享受的特殊待遇存在着合法化的倾向；五是腐败的惩治存在着畸轻畸重、时紧时松、发现和查处概率低等问题；六是重党纪、政纪处分，轻法律制裁，存在着以党纪、政纪处分和罚款代替刑罚制裁的倾向。

现行廉政体系有效性堪忧

现代国家廉政制度体系，是体现纵向的公民选举问责和横向的分权制衡原则的一系列机构和规则的总称。在监督和制约权力、预防和惩治腐败方面，其有效性标准，包括综合有效性标准和分机构类别有效性标准。

国家廉政制度体系总体有效性标准包括三个方面：各个机构性支柱得到均衡发展，既相互依存又相互制约；机构性支柱所需要的核心规则得到普遍的确立，机构性支柱得以充分履行其职责；权力监督和制约呈现闭合性，以选举制度和分权制衡原则为核心的纵向和横向问责机制贯穿于机构与规则体系之中，不存在不受监督和制约的公共权力和公职人员。对各个廉政支柱所包含的机构和规则的有效性也可以进行分门别类的评估（见表1）。

表1 国家廉政制度体系有效性评价标准

总体有效性标准	机构有效性	规则有效性
机构性支柱均衡发展	独立性	完备性
	协调性	权威性
核心规则普遍确立	专业性	操作性
	匹配性	合意性
权力监督制约闭合性	适宜性	持续性
	透明度	多赢性
	问责度	兼容性

资料来源：作者在借鉴透明国际有关理论的基础上制作而成。

参照表1有关国家廉政制度体系有效性标准，可以看到，在中国，保障国家廉政制度体系的机构性支柱充分发挥作用的核心规则，仍然存在严重缺失或不健全，从而影响廉政制度支柱作用的发挥（见表2）。

表2 目前中国国家廉政制度体系总体状况评估

机构性支柱	机构有无	核心的规则	规则有无
作为领导核心的中国共产党的各级委员会	有	选举问责	无
作为立法机关的各级人民代表大会及其常务委员会	有	保障否决权行使的规则	
作为政治监督机构的民主党派和政治协商会议	有	保障参与重大决策和言论免责的规则	
政府行政机关	有	处理公私利益冲突的规则	部分有
审计机关	有	独立性	无
作为行政权监察机关的纪检监察机构	有	保障其独立于监督对象的规则	无
作为专职反腐败机关的检察院和腐败预防局	有	可执行且被严格执行的反腐败法律	部分有
作为司法系统的法院	有	独立性	部分有
公职人员系统	有	触及干部人事体制的公共服务的道德准则	部分有
条块关系中的地方政府	有	体现辅助性原则的规则	无
公共部门	有	透明、参与、问责的治理结构	部分有
民营经济部门	有	鼓励竞争的政策	部分有
媒体包括网络媒体	有	表达自由	部分有
公民社会	有	保障发言权的规则	部分有
国际社会	有	有效的相互的法律或司法协助	部分有

资料来源：作者据相关资料制作。

从表2中可以看出，中国国家廉政制度体系的15根机构性支柱，都已普遍建立，但保证这些机构性支柱发挥作用的核心规则，有的处于缺失状态，有的仅部分具备。15根机构性支柱发展很不均衡。

另外，根据前面所确定的七条评估标准，结合各个机构性支柱能力建设实际状况，可对各个机构性支柱作出有效性评估。我们采取三等分法，用3、2、1分别表示对各个评价标准满足程度的高、中、低（见表3）。

表3 目前中国国家廉政制度体系机构性支柱有效性评估

机构名称/有效性评价标准	独立性	协调性	专业性	匹配度	适宜性	透明度	问责度	总计
作为领导核心的中国共产党的各级委员会	3	3	1	3	3	1	1	15
作为立法机关和监督机关的各级人民代表大会及其常务委员会	1	2	2	1	2	2	1	11
作为政治监督机构的民主党派和政治协商会议	1	1	3	1	1	1	1	9
政府行政机关	1	3	2	3	3	2	2	14
审计机关	1	2	3	1	1	2	2	12
作为监察机构的纪监察机构	1	3	3	3	2	1	1	13
作为专职反腐败机关的检察院和腐败预防局	1	2	3	2	2	2	2	12
作为司法机关的法院	1	2	3	2	1	2	1	12
公职人员系统	1	1	2	2	1	2	2	11
条块关系中的地方政府	1	1	2	1	1	2	1	9
公共部门	2	1	2	2	1	2	1	11
民营经济部门	3	1	2	2	2	1	1	12
媒体包括网络媒体	1	1	2	1	1	2	1	9
公民社会	1	2	1	1	1	1	1	8
国际社会	3	1	3	1	3	1	2	14

资料来源：作者据相关资料制作。

从表3可以看出，在15根机构性支柱构成的监督问责体系中，除了通过条约关系连接起来的来自国际社会的力量，各级党委自上而下的监督问责最为有效；其次是各级政府自上而下的行政问责；随后是纪检监察机构的党纪政纪监督；紧随其后的是审计机关、检察院、法院等专门监督机关的监督；人大监督的有效性强于民主党派和政协；政权以外的社会监督问责的有效性依次为企业家监督、网民监督、媒体监督、公民监督等。

需要指出的是，纪检监察机构、审计机关、检察院、法院等专门监督机关由于独立性较差，从而影响到它们反腐败职能的有效履行。

此外，再对目前廉政规则体系建设的总体有效性作初步评估（见表4）。

表4　中国目前廉政规则体系有效性评估

有效性标准	完备性	权威性	操作性	合意性	持续性	多赢性	兼容性
规则体系	中	低	低	低	低	中	

资料来源：作者据相关资料制作。

表4说明，中国目前廉政规则体系的完备程度处于中等水平，但廉政规则体系的权威性、可操作性、合意性、持续性、多赢性、兼容性程度较差，廉政规则体系的总体质量不高。

反腐败的体制障碍

中国目前国家廉政制度体系，既包含了一些现代国家廉政制度体系的内容，又带有传统集权政治体制中廉政制度体系的色彩，具有过渡性和混合型的特征。由于政治体制改革中一些核心的、难度较高的内容长期严重滞后，现行国家廉政制度体系在监督和制约权力、预防和惩治腐败方面，遇到一些难以克服的体制、机制性障碍，降低了其有效性。

第一，权力过分集中的党政领导体制，使得对各级党政主要领导难以实施有效的监督和制约。

邓小平早在1957年就曾对这种权力过分集中的领导体制作过鞭辟入里的分析。1980年，邓小平吹响了党和国家领导制度改革的号角，1987年，党的十三大提出了党政分开的具体方案。但党政分开在实践中遇到了巨大的阻力和不小的问题，相关改革被搁置。地方各级党政一把手分别掌握着人事权和财权，副职领导难以监督他们。人大、政协既要接受同级党委领导，又在编制和经费等问题上受制于同级政府，难以实施有效监督。强调一把手负总责的问责体制，促使各级各部门一把手将各种权力都集中到自己手中。这样，对一把手的监督成为一个老大难问题，由此导致一把手腐败愈演愈烈。

第二，将专门监督机关置于监督对象领导之下的管理体制，限制了监督机关的监督效能。

中国地方各级纪检监察、审计、检察等专门监督机关，目前都不约而同地实行双重领导的管理体制。作为党内监督专门机关的各级纪委由同级党代表大会选举产生，却受同样由党代会选举产生并理应受纪委监督的同级党委领导，在人事上缺乏相对于同级党委的独立性，上级纪委的领导只是业务上的领导，同级纪委就难以对同级党委特别是主要领导实行监督。

行政监察机关和审计机关是负责对行政机关和行政首长开展监察和审计的专门机关，它们本应隶属各级人大，但却隶属于行政权序列并向同级行政首长负责。上级监察机关的业务指导关系并没有改变行政机关自己监督自己的弊端。

作为法律监督机关的检察机关，既要接受同级人大的领导，又要接受同级党委的领导，还要在编制、经费上受制于同级地方政府。上级检察机关的业务指导和人事认可权并没有改变检察机关独立性不足的问题。

专门监督机关的现行管理体制，使得监督者从属于被监督者，缺乏应有的独立性和权威性，因而出现对同级党政领导不敢监督、不能监督、不便监督的问题。

第三，"议行合一"的权力配置方式，使得决策、执行、监督权缺乏既相对分离又相互制约的制衡机制。

中国各级党委和人大实行的都是"议行合一"的领导体制，决策权、执行权和监督权集中于同一个机构，缺乏权力的合理分解和相互制约。

各级党委常委会通常由来自党务系统、人大、政协、政府的主要领导组成，党委常委会作为领导核心，担负着集体决策的功能；集体决策后各位常委分头负责执行，对执行结果的监督也由党委常委会负责，党内监督、人大监督、政协监督都是在党委领导下进行的。

人大实行的也是"议行合一"的领导体制。人大作为法理上的最高权力机关，拥有立法权、人事任免权、重大事项决定权、监督权，既是立法者又是监督者，还拥有自己的执行机关。

三权合一的权力配置结构，使得对决策失误的外部监督无从进行，对执行权的监督也难以有效开展。将所有的权力都集中于同一个机构和集中于同一个人一样，都是一种缺乏制衡的专断的权力，都会出现权力滥用的可能性。

第四，新闻舆论监督缺乏有效的法律保障。

中国目前的新闻管理体制，更多的是强调事前审查而非事后追惩，更多的是强调媒体的正面宣传和舆论导向功能而非批评监督的功能，更多的是依靠政策性文件、行政性干预和人事任免权而非法治化的管理手段，针对新闻媒体的禁止性规范多而保护性规范少。由于缺乏《新闻法》和《新闻侵权责任法》等媒体生存和发展所需的基本法律，新闻自由得不到法律的保障，舆论监督的正当权利得不到法律的保护。舆论监督发挥的效力主要取决于各级领导人是否支持舆论监督和支持的力度有多大，网络监督的效力也主要取决于各级领导干部和专门监督机关是否给予关注和回应。

第五，民主法治建设的低水平，限制了选举问责和分权制衡机制的成长空间。

虽然改革开放后，中国在民主和法治建设方面进行了长达30余年的努力，但民主和法治的实现程度仍然处于较低水平。

自由的、竞争性的直接选举制是民主政治的基石。但迄今为止，除了人大代表的直选上升到县（市、区）一级，各级党政领导的直选仍然停留在村一级。差额选举目前仍然局限于党政副职领导，而且带有"陪选"的性质，缺乏必要的竞争性和自由选择的余地。自上而下的任命制仍然是权力授予的主渠道，自上而下的监督问责仍然是最强有力的问责手段。各级人大的监督权由于代表人数过多、非专职化、会期过短等众多因素而难以行使。立法权、司法权和行政权之间缺乏相互制约的关系。司法地方化、行政化妨碍着公正司法。法律法规的司法审查或违宪审查制度尚不存在。对执政党的外部监督严重不足。

目前阶段民主和法治建设上存在的这些严重不足，限制了选举问责和分权制衡机制的成长空间。

廉政体制的现代转型

深化政治体制改革，实现中国目前的国家廉政制度体系的现代转型，成为反腐败和权力监督走出困境的当务之急。

通过深化政治体制改革，完善纵向和横向的权力问责机制，解决权力监督制约的闭合性问题，是建构现代国家廉政制度体系的核心内容，是有效预防和惩治腐败的关键环节。

培育发展公民社会，加强公民社会对国家政权的制衡，是防止政治国家凌驾于公民社会之上享有不受监督和制约的权力的基本途径。公民社会制衡政治国家最有效的手段是公民所拥有的选举权。通过定期举行的自由的、竞争性的选举，公民可以用和平的、理性的手段将腐败的或滥用权力的领导人赶下台，从而建立起社会对国家强有力的纵向问责机制，促使国家及其领导人真正向公民负责。这种选举问责是其他任何问责手段都无法替代的。为此需要积极推进选举民主，实现从选拔政治向选举政治、从间接选举向直接选举的过渡。

政权机关内部实行分权制衡，实现各种权力的彼此分离和相互制约，是防止一权独大不受制约从而被滥用的有效途径。中共十七大报告提出"要建立健全决策权、执行权、监督权既相互制约又相互协调的权力结构和运行机制"，从而为建立中国特色的分权制衡机制指明了方向。

各级党委、政府、人大、民主党派和政协可以在人事和政策的提议权、参议权、审议权、执行权、评议权、审查权、调整权等方面，加以合理的划分并明确各自职责，使各种权力之间既相互依赖又相互牵制。

各级党委作为决策者享有人事和政策提议权，以及政策和人事调整权。这保证了各级党委作为决策者和协调者的领导地位。

作为对决策权的一种制衡，民主党派和政协应享有对党委决策的参与权和发言权即参议权，人大应享有对党委通过政府提交人大的政策和法案的审议否决权。这对于保证决策的正确性和防止决策权的滥用必不可少。

政府享有政策执行权，是行使公共权力的重要主体。作为对执行权的一种制衡，民主党派和政协应享有对政策执行情况的评议权，评议结果应当作为党委进行政策修正和人事调整的重要参考。

人大则应享有对政策和预算的审查监督权，与此同时，为了提高审查监督权的专业性和效力，有必要将行政监察机关和审计机关划归人大，使行政监察机关在人大领导下受理民众信访投诉并调查处理不良行政行为，使审计机关代表人大对行政机关和其他公共权力机关进行独立的审计并直接向人大报告审计结果。

上述分权制衡机制的运行流程见下图。

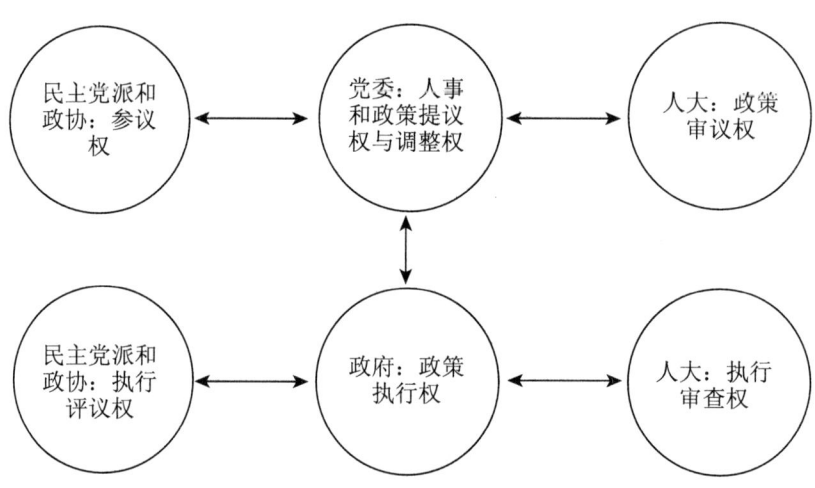

决策权、执行权、监督权分权制衡机制流程图

资料来源：作者据相关资料制作。

制图：陈磊

保障人大在审议审查过程中否决权的行使，是人大有效行使监督权的核心规则。保障政协委员在参议和评议过程中的言论免责权，是政协有效行使监督权的核心规则。这种分权制衡的制度设计既保证了党委的领导地位，又强化了人大和政协对决策权和执行权的监督权能，同时也没有削弱政府的执行权，应该是一种三方共赢、阻力较小、各方都有意愿接受的制度安排。

分权制衡机制有效运转和发挥作用后，在权力监督制约方面对专门监督机关的依赖将会大大减少，同时，在反腐败方面不断强化专门监督机关权能的必要性也将会大大减少。

总之，由于集权政治体制的影响，中国目前的国家廉政制度体系作用的发挥受到很大限制，反腐败的功效还较为有限。深化政治体制改革，克服这些体制机制性障碍，完善纵向的公民选举问责和横向的分权制衡机制，应当成为中国下一步反腐败和权力监督的努力方向。

中国未来 30 年：从人与自然的关系上继续深化经济改革

王松霈

王松霈

中国社会科学院荣誉学部委员、研究员、教授、编审。中国著名的生态经济学家，生态经济学的开拓者、创建者、理论共同奠基者，学科带头人。从事我国社会主义农村经济学建立发展研究 60 年、生态经济学新学科研究 30 年。长期担任中国生态经济学会副理事长兼秘书长、中国社会科学院生态环境经济研究室主任，主持全国生态经济学研究和推动工作。现任中国生态经济研究院院长、全球生态经济研究所首席专家。

> 未来 30 年从人与自然的关系上进行的深化改革，同样也必然是一个包括经济、社会、文化、政治等所有领域的全面改革。

中国自 1979 年，把工作的着重点转移到经济建设上来，并开始进行经济改革，至今已整整 30 年。这 30 年在邓小平理论的指导下，从人与人的关系上进行经济改革，已经取得了举世瞩目的巨大成就。当前中国经济社会的发展已经进入新的生态时代。新时代的新实践对中国经济发展和改革提出了新的要求，即从人与自然的关系上继续深化经济改革。这是新时代赋予中国的新的历史任务，具有重大的历史和现实意义。继续改革的核心是要求人们从当代经济社会发展的理论和实践结合上，正确认识和处理以下三种根本关系。

一、从人与自然的关系上深化经济改革是新时代的要求

其核心是要求人们从新时代的高度，正确认识和处理发展经济与保护生态的关系。

人类社会的发展进入 20 世纪 60 年代末，世界范围的人口、粮食、资源、能源和环境等五大爆炸性生态与经济不协调问题已经明显地显

现。由此引发了世界范围内至今已经持续40多年的世界环境与发展运动。联合国1992年在瑞典首都斯德哥尔摩召开的"人类环境会议",引导世界各国行动起来保护已被破坏的生态环境。但是会后20年的实践证明,脱离了经济社会发展,单纯"为保护环境而保护环境"的做法是保护不住生态环境的。据此,1992年联合国又在巴西的里约热内卢召开了"环境与发展会议",制定了"环境保护必须与发展相结合"的指导思想,并明确提出"可持续发展"的重要指导方针,把人类社会引向全面正确发展的道路。

从"单纯保护环境"到"环境保护必须与发展相结合",实现"可持续发展",是人们对经济社会发展规律性认识上的一个飞跃。人类社会随着社会生产力的不断发展,已经经过了两个时代:一是以"铁犁牛耕"为标志的社会生产力推动了农业革命,建立了农业社会和长期的农业文明,出现了农业时代。二是以"蒸汽机的发明"为标志的社会生产力推动了工业革命,建立了工业社会和近200年的工业文明,出现了工业时代。工业时代比之农业时代具有高度发展的社会生产力,但没有生态与经济协调的思想作指导。其基本特征是生态与经济不协调,从而导致了经济社会的不可持续发展。在此基础上又促进了"绿色技术"新的社会生产力出现,推动了新的生态革命,建立了新的生态社会,并正在建设新的生态文明。这就推动社会的发展进入新的生态时代。

中国经济社会的发展是世界经济社会发展的一个组成部分,当前也已经进入生态时代。新的生态时代是为了解决工业时代"生态与经济不协调"的基本矛盾而产生的,其基本特征是实现"生态与经济协调",并在此基础上实现经济社会的可持续发展。中国过去30年,进行经济改革的核心是针对长期以来,特别是十年动乱期间,在经济发展中忽视以至于否定了客观经济规律的作用,从而不能取得应有经济效益的问题进行的。其基本内容是改革不适合社会生产力发展要求的生产关系和上层建筑,促进解放社会生产力,从而推动了中国经济的迅速发展。这是中国在邓小平改革理论指导下所取得的巨大成就。当前中国经济社会的发展已经进入新的时期。生态时代的新实践对中国经济发展提出了新的要求，同时也赋予中国经济改革以新的任务：这就是一方面，要继续遵循客观经济规律的要求，从人与人的关系上，继续改革一切不适合社会生产力要求的生产关系和上层建筑，进一步解放被束缚的社会生产力，促进经济的迅速发展。另一方面，也要遵循客观自然规律的要求，从人与自然的关系上，改革一切不适合自然生产力要求的生产关系和上层建筑，解放被长期束缚的自然生产力，促进经济的可持续发展。即把中国经济的进一步迅速发展，放在既符合经济规律的要求，同时也符合自然规律的要求，从而能够最大限度地挖掘经济和生态两方面巨大潜力的基础上。这是中国新的历史时期，运用邓小平改革理论的新拓展，同时也体现了科学发展观提出的要求。

二、从人与自然的关系上深化经济改革是根本的改革

其实质是要求人们从客观存在的深度上正确认识和处理人与自然的关系。

在现实的经济社会发展中，人是在与自然的密切联系中生存和发展的。生态经济学的理论认为，"生态经济系统"是人们经济活动的实际载体。它由"生态系统"和"经济系统"两个子系统交叉结合形成，因此同时要受自然规律和经济规律两种客观规律的制约。过去长期以来，人们发展经济忽视以至于否定了"生态系统"的客观存在，从而遭到自然规律的惩罚，是造成生态环境破坏，导致经济社会不能可持续发展的根本原因。进入新的生态时代，以新兴生态经济学的理论为指导，首先要树立"生态与经济双重存在"的思维，它将为中国未来30年从人与自然的关系上继续深化经济改革提供思想和认识论的基础。

进一步认识从人与自然的关系上继续深化经济改革的重要性，还应该深刻地看到，人与自然的关系是经济社会中的根本关系。人在发展经济中形成了两种关系：一种是人与人之间的关系。对此人们已经明显地

看到。过去30年，中国就是针对其中积累的问题进行经济改革，因此取得了巨大的成效。另一种是人与自然的关系。对此则尚未引起人们的足够重视。其中对发展经济所起的制约甚至破坏作用，正有待人们通过深化经济改革来解决；其中蕴藏的对发展经济的巨大促进作用也正等待着人们去挖掘和有力地去发挥。这里需要看到的重要一点是，人与自然的关系是人们发展经济中的根本关系，这一点是由于人的生存和发展对自然生态系统的不可替代的依赖作用所决定的。

恩格斯曾经指出：人的需要包括生存的需要、享受的需要和发展的需要。这一论点对人与自然的根本关系，以及对国民经济三次产业的发展序列都作出了规律性的表述。首先，人的生存需要是最根本的需要。人从开始存在的那一天起，为了生存，就要向自然界索取生活资料，并向自然界返还废弃物，也就形成了人与自然的关系。这也就是国民经济第一次产业的起源。其次，人们为了享受和发展，就需要进行生产，发展分工协作，依次也就出现了第二次和第三次产业。很明显，第一次产业是人与自然之间关系的产业。第二次产业是对自然物进行加工，也是以人与自然的关系为基础的产业。第三次产业，不但是在前两次产业已有一定基础上才能产生和发展的产业，而且其本身许多也仍是直接利用自然，例如旅游业。因而也明显是以人与自然的关系为基础，并存在各种人与自然的关系问题需要研究解决的产业。

但是长期以来在发展经济中，人们对人与自然的关系作为根本关系的这一点是没有认识的。很明显的例如，过去几十年一直都被作为发展经济定论的"农业是国民经济的基础"的理论，在当前新的生态时代条件下，也还需要与时俱进，对其本质有进一步更深刻的认识。过去长期以来，人们对之的普遍提法是：农业为工业和国民经济的发展提供粮食、工业原料、劳动力和市场。现在看来这实际上是一种不深刻、片面甚至是错误的提法。其主要不足之处表现在：第一，它是过去城市和乡村对立、工业剥夺农业错误指导思想下的产物。在其束缚下，中国的广大农村和农民的贫困落后面貌无法改变，长期制约中国经济的"三农"

问题无法解决。第二，它是过去忽视以至于否定自然的发展经济片面指导思想下的产物。在其束缚下，中国的农业本身就是一个与自然不能协调的农业，其向工业和第三产业所提供的基础作用也必然是一个不健全的基础。中国过去几十年的实际经验已经充分证明，中国今后30年，在从人与人的关系上进行经济改革已经取得巨大成效的基础上，进一步从人与自然的关系上继续深化经济改革是完全必要的。

三、从人与自然的关系上深化经济改革是全面建设生态文明

其实质是要求人们从经济社会发展的相互关联上明确认识和处理经济改革与全面改革的关系。对此，生态经济学的理论也认为，在经济社会的发展中，各种经济，以及经济、社会、文化、政治等的发展是一个密切联系和相互促进的统一整体。人们进行的经济活动实际上必然引申成为经济社会活动。作为体现社会发展基本关系（生态与经济关系）载体的"生态经济系统"必然也就扩展成为更复杂的"生态经济社会系统"。由此中国未来30年的深化经济改革，也就必然推动同时进行经济领域、社会领域、文化领域和政治等领域的从人与自然关系上的深化改革。

先看经济领域的深化改革。它在未来30年从人与自然的关系上的深化改革就是一个从思维方式和指导思想到生产和具体管理的全面改革。例如包含着：（1）建立生态时代的新思维。即经济与生态双重存在的思维、经济与生态协调的思维、经济社会可持续发展的思维。（2）建立新的战略指导思想。即"经济与生态协调"的战略指导思想。（3）建立发展经济新的方针政策。如经济与生态协调的生产政策、分配政策、流通政策和消费政策。（4）建立新的生态与经济协调的科学技术体系，即绿色技术体系。（5）建立新的生态与经济协调的管理体系，即绿色管理体系等等。其中需要重点研究的突出重大改革问题包含：

第一,从人与自然的关系上深化经济体制改革。需要研究建立"生态经济型社会主义市场经济体制"。

第二,从人与自然的关系上深化经济增长方式改革。需要研究建立"生态经济集约型经济增长方式"。

第三,从人与自然的关系上深化经济发展模式改革。需要研究从过去的"数量速度型"经济模式向当前的"经济效益型"经济模式,再向建立"生态经济效益型"经济模式的转变。

第四,从人与自然的关系上深化经济行为的改革。需要研究目前利益和长远利益的内在协调,克服各种短期经济行为,包括生产目标上的短期经济行为、自然资源利用上的短期经济行为、干部政绩管理上的短期经济行为等等。

再看整个经济社会全领域的深化改革。未来30年从人与自然的关系上进行的深化改革,同样也必然是一个包括经济、社会、文化、政治等所有领域的全面改革。在整个人类社会的发展中,经济关系是基本的关系。这是因为经济活动是人的基本活动。但在人们进行经济活动、形成一定的经济关系时,同样也就进行着一定的社会活动、文化活动和政治活动,因此必然也就形成一定社会关系、文化关系和政治关系。这些关系是和经济关系同时产生和进行的,因此它们的实质也同样既包含着一定的人与人的关系,也包含着一定的人与自然的关系。由此它们在从人与人的关系上进行改革的同时,也需要从人与自然的关系上继续深化改革,从而把中国经济社会的继续发展放在既实现人与人之间协调,又实现人与自然之间协调,即实现经济社会全面协调的基础上。

从进一步的深度看,中国进行生态经济改革的过程,实际上也就是建设生态文明的过程。文明是人类经济、社会、文化、政治等发展的总成果,是人类适应世界(包括人类世界和自然世界)和改造世界的物质和精神成果的总和,是人类社会进步的总标志。其中生态文明是指人类认识生态时代的新要求,遵循"生态与经济协调"的经济社会发展客观规律,所取得的物质与精神成果的总和。生态时代是崭新的时代,生态文明是人类历史上最高的文明。中国过去 30 年，从人与人的关系上遵循客观经济规律进行的经济改革大大推进了中国经济社会的迅速发展，所取得的成就是巨大的。中国未来 30 年，从人与自然的关系上，遵循客观生态经济规律进行的生态经济改革也必将取得巨大的成就，从而推动中国经济社会在可持续发展的道路上继续前进。

我们应该向中国学习什么?

[美] 约瑟夫·格雷戈里·马奥尼

约瑟夫·格雷戈里·马奥尼(Josef Gregory Mahoney)

复旦大学当代中国研究中心特聘研究员,华东师范大学政治学系副教授,中央编译局资深研究员,美国期刊《中国政治科学》助理编辑,《复旦人文社会科学学刊》编辑。

> 西方的认识论传统长期以来享有近乎霸权的全球性支配地位，但是有迹象表明这个传统已经处于衰落状态；与此同时，一些可以替代西方传统认识论的事物似乎即将产生。在这些替代物中最重要的，是那些正在中国培育发展的替代项。

引言

今天的话题是"我们应该向中国学习什么"。这个话题对在座的各位都很重要，对全世界的人们也越来越重要。众所周知，很多发展中国家正在寻求可以替代西方发展策略和哲学的方法。西方发展策略和哲学建立在新自由主义、"华盛顿共识"和美元霸权等基础上。因此，世人对于中国及其新思想敞开胸怀开始接受，这种趋势的出现不足为奇。多年来，人们习惯于对美国和欧洲洗耳恭听；但是今天，他们开始寻求"替代"，认为西方国家已经进入了一个相对衰落的时期。他们看到了很多西方思想已经导致环境、经济、政治等多方面的危机。历史已经相当清楚地证明了这一切。例如，苏联解体后，俄罗斯采纳了很多西方政治经济思想，最终导致俄罗斯灾难性地走向混乱和精英寡头统治。不幸的是，俄罗斯的例子并非独一无二。在过去的二三十年中，其他很多国家也都遭受了西方模式的危害。然而，中国却对此采取了抵制的态度。诚然，中国进行了相对激进的改革，实行了确立和发展社会主义市场经济等多项变革。而且，众所周知，中国的改革和发展仍然任重道远。尽管如此，其他国家正在走向衰败，中国却在不断崛起。这就促使人们提出了这样的问题：我们是否有需要向中国学习的地方？

然而，不论人们受教育程度如何，个性好坏，是否善意，很多人都还没有从思想和心理上真正做好提出这个问题的准备，更不用说去试图解答这个问题。乔治·华盛顿大学的著名政治学家布鲁斯·迪克森，去年在中共中央编译局作过一场报告。迪克森是我的一位私人朋友，也是我昔日的教授。他是我至今遇到过的最优秀和最勤奋的学者之一。我非常喜欢他，并且还在继续跟他学习。他几乎研究了中国整个改革时期的历史，但是像很多西方研究人员一样，他对中国的政治体系有着强烈的偏见，与西方自由主义相比，他对中国的政治体系评价很低。在北京的那场报告中，他最夺人耳目的评论是："当代所有西方政治学和经济学模式都预测到中国，确切地说是中国政府一定会失败。只不过，它尚未失败。"他承认，尽管他弄不清楚为什么中国政府还没有失败，但是在他看来，中国政府肯定会失败。因此，今天我们在这儿必须提出这样的疑问：一名杰出的西方学者来中国作研究，表面上是要来"学习中国"的，然而也许是他终究没能把自己的西方偏见放在一边，以至于与其说他是来"学习中国"的，不如说他是在困惑为什么中国没有去学习西方，没有去照搬西方模式。这件事难道不是很有意思吗？换言之，他们在困惑，为什么中国的政治体系没有变得更西化，或者没有像西方预测的那样失败。尽管他们身边有那么多证据，尽管他们被多种危机所缠绕，这些聪明人仍然这么想这么问，这难道不足为奇吗？不幸的是，布鲁斯·迪克森先生的看法在西方学者中并非独一无二，更为糟糕的是，一些中国学者对迪克森以及其他西方知识分子的说法也恭听不二，赞许不已，却忽视了自己作为中国人的切身经历和本土知识。尽管如此，迪克森的想法再次回避了这个问题：我们应该向中国学习什么？

认识和认识论的断裂及转移

任何对中国历史有基本了解的人都明白国家兴衰交替的道理。如果一个国家有着足够漫长的历史，比如中国，它还可能历经多次兴衰。国家、地区和文化的兴衰原因很多，但是很显然，"兴衰"的过程一般都伴随着人们思考内容和方式的变化，不管这种变化是导致兴衰的直接原因还是仅存相关性。

多年来有关这种兴衰交替的现象已经被人们多次著书立说，著名的科学哲学家托马斯·库恩在其著作《科学革命的结构》（1962）中将这种变化描述为"范式转移"。我在此提及库恩的这个概念是因为你们大部分人可能都对其有所了解。但我对另一个类似但又有所不同的概念更感兴趣，这个概念来自另一位同样有名甚至名气更大的法国思想家米歇尔·福柯。他在其著作《词与物》（1966）和《知识考古学》（1969）中详细论述了他所定义的"认识"，即一个相对明确的时期内人们思考的内容和方式，和"认识论断裂"，即和先前思考和认知方式的割裂，随之而来的是新的认识的涌现，也就是一个以新的思维方式和新知识为特征的新时期的出现。

首先，让我们回顾一下认识论的基本含义，以便我们能够牢固抓住福柯的思想。认识论是对知识的学习，学习的对象是"知识"本身。换句话说，认识论所思考的问题是，"我们知道什么"，"我们是怎样知道我们所知道的"，以及"我们为什么如此思考"，等等。当然，认识论不是只关注当代知识。认识论领域的学者们对穿行在历史和各种文化中的不同的思考和认知方式及其变化方式尤其感兴趣，更进一步说，不同的思考和认知方式在跨文化中怎样发生改变以及它们怎样改变了人，或者人怎样改变了它们。认识论也许是一个相当抽象甚至理论性很强的领域，但是我们能够也将会用历史和当代的具体案例来说明这些变化。在这里，一些简短的例子将有助于我们的理解。

正如你们所知,在并不遥远的过去,在中国,甚至在全世界,很多人对女性怀有错误的和有害的观念。庆幸的是,虽然一些愚昧的人仍然持有这些观念,但是很多人已经改变了他们对女性的看法。其结果是,在世界范围内,一些国家和文化中女性的成就已经达到了新的水平。还有一个例子,就在一百年前的中国,很多中国人相信皇帝是"天子"。这种思维方式影响了他们对很多事情的看法,不只是对政府的认识。认识随时间而变化,今天中国没有了皇帝,实际上也只有极少数人相信过去的皇帝是真龙"天子"。记住这两个例子,我们就可以理解下面的内容。首先,对思考和认知方式的研究称为认识论。其次,当人们的思考方式和内容产生巨大变化时,我们恰当地称之为"认识论断裂",最终导致认识论的转移。福柯的概念在这儿会对我们很有帮助,另一位法国思想家路易·阿尔都塞的概念也会对我们有用。请注意,尽管福柯的很多思想都来源于弗里德里希·尼采,在我们今天讨论的中心里实际上会发现他的一些思想和概念与马克思、列宁以及毛泽东的极为相似。

让我们深入观察一些福柯与"知识"有关的思想。据福柯所说,人类历史是由不同时间段组成。在每个时间段内,人们相信不同的事物。福柯把这些不同时间段称之为"认识"。因此,从词源上看,福柯对认识论的定义显然是不同的时间段有不同的知识形式和思维方式。我们刚刚举了皇帝是"天子"的例子,事实上福柯在其研究法国大革命的著作中也指出了相似的例子。在大革命前,很多人相信君主享有我们所说的"君权神授"的权力,他们对这种权力来自上帝的说法确信无疑。然而,法国大革命预示着这种思维方式的巨大断裂。法国民众在1793年推翻并处死了路易十六。也就是说,在法国大革命之前,大多数人认为国王之所以是国王是因为上帝要他们成为国王;但是在大革命之后,人们便不再这么认为。因此,便产生了认识的断裂和转移,人们也开始相信不同的事物。这种变化当然不仅仅是有关政治方面的,还有人们对上帝和其他领域的认识的变化。

就福柯而言,从一种认识到下面一种认识的变化一般不是一个缓慢的进化过程,而更像是一场革命,这种革命普遍伴随着认识之间的剧烈断裂。但是他认为每一场革命都有其独特的阶段,即使一个相对迅速的革命性的断裂发生了,这些阶段和阶段之间的过渡仍需要时间。的确,并不是每场革命都会成功,无论起初造成断裂的革命事件是什么。在此请记住,福柯所讲的是认识上的革命,并且记住他的重点是新话语体系的出现及其曲折发展。因而,当福柯从理论上阐明认识的变化若要到达最完善的境界一般需要经过四道门槛时,他的意思是一种话语体系要以某种方式通过四个阶段的发展。他是如此描述这四道门槛的:跨过第一道门槛"肯定性",意思是一种新的思维方式(我们可以把它理解为是一种话语体系)兴起,并作为一种新的、非传统的知识被一些人肯定地接受。跨过第二道门槛"认识论化",意思是这种新的话语体系已经在思想和价值观的世界中作为一种话语占据系统性的地位,并且与其他思想相比已开始占据主导地位。第三阶段"科学性",新的话语体系已经开始创造出其自身的规则和制度,并且某种程度上创造出自身的语法和词汇,因此成为一种完整的话语体系。第四个阶段"形态固定化",新的话语体系完成其形式的发展并形成了一整套原理和研究方法。

我们刚才已经提到托马斯·库恩在他的著作中考察了西方历史中科学性思维的革命性变化。例如,西方很多人曾长期信奉亚里士多德的物理学。然而,随着牛顿物理的发展,便产生了从亚里士多德物理到牛顿物理的范式转移。而随着爱因斯坦理论的发展,这种范式又背离牛顿的许多观点再次转移。我认为我们很容易看到并理解这些变化在科学研究和知识方面的重大意义,容易的部分原因是,我们今天能够看到古代有关物质世界的某些思维方式明显是错误的。我们把古代对物质世界的了解与我们今天所知道的进行比较,就能认识其中的错误。另外,我们也容易看到这些变化并不局限于科学领域,还包括对人类生活和自然界方方面面的影响,包括宗教、政治、经济、教育、环境发展等等。因此,尽量去认识这些变化对我们理性思考过去、现在和将来至关重要。

作为教育工作者,这些变化的产生让我们既兴奋又害怕。一方面,新的认识方式的产生必然让我们有新的东西去学习和教授，必然有助于我们进步，也有助于我们帮助他人进步，这难道不令人兴奋吗？另一方面，当想到我们现在非常自信地教授着的一些甚至许多东西已成为、应当成为或即将成为明日黄花，想到一些被我们现在肯定地接受为新知识的东西事实上并不正确，甚至对我们的进步还会产生危害，这难道不令人害怕吗？我特别提出这些问题，是因为，正如我的这个报告所要表明的，我相信我们正在进入或者可能已经进入了一个重大的转型时期，或者也许是一个革命时期。从认识论的角度上，不管我们是否知道，我们已经面临着这样的挑战。这些变化和挑战的定期发生已经是一个确凿的历史事实。回顾几千年来的历史，我们就能够看到这些变化的史料佐证。我们所强调的是，如今有标志显示出我们再一次进入了一个这样的时期。我稍后会更多地阐述这一点，因为这是我们整个报告的中心问题：西方的认识论传统长期以来享有近乎霸权的全球性支配地位，但是有迹象表明这个传统已经处于衰落状态；与此同时，一些可以替代西方传统认识论的事物似乎即将产生。在这些替代物中最重要的，是我主张的那些正在中国培育发展的替代项。

但是我们在这里首先还要讨论另一个理论概念，才能够真正理解历史的趋势和与之相关的论点。现在让我们转向路易·阿尔都塞著名的论文《矛盾与多因一果论》。这篇文章从列宁主义和毛泽东主义的角度评价了布尔什维克革命。从毛泽东那里，阿尔都塞认识到一个成功的革命需要很多有利于革命的因素或矛盾。这些矛盾相对于革命运动所面临的具体的物质条件，其本身就是"特殊的"和"不平衡的"。然后，阿尔都塞转向了列宁的评价，即布尔什维克革命成功的原因是俄国是近代资本主义国家链条中"最薄弱的环节"。考虑到俄国的多重矛盾和历史条件，列宁认识到俄国同时是"最落后和最先进的国家"。列宁认识到一系列的矛盾批判性地融入了一个不可抵抗的"断裂统一体"，从毛泽东那里也可以部分地得出这种结论。鉴于这些条件和机遇，一个像列宁和毛泽东领导的党的组织，通过批判性的实践，变得更加先进和势不可挡。

现在，让我们记住上述那些理论性概念，然后去看一看西方历史经验中一系列认识论的转移，再去考察这些理论会如何帮助我们思考中国和西方国家正在发生的变革。我们必须从批判性地看待西方传统认识论着手，实际上一百多年来中国早已跨过国界去探索新知识和新实践。尽管在整个人类历史上，当然也包括过去的一百年里，中国为世界知识作出了贡献，但是从辛亥革命以来，至少从五四运动以来，中国的经验一直被包括苏联在内的处于传统认识论霸权地位的西方国家所严重边际化了。

西方知道什么以及是如何知道的？

当然，当代西方认识受许多因素影响，这些因素有过去的也有现在的。让我们迅速提出一个问题，这个问题也许你们中有一些人已经提出过：当我在这儿提到"西方认识"时，我们能够说它是一种单一的思维方式或思维类型吗？为了阐明这个问题，比方说在西方国家，我们可以找到很多不同的思想和传统，所以在某种程度上很难界定西方就其认识而言具体指的是什么。但是，我们可以这么说，西方认识是处于霸权地位的某些思想和价值观，那些比其他思想更有权力和特权的思想，这些思想在很多现行西方思想和行为中起支配作用。这些思想和传统包括个人主义哲学，用于肯定资本主义和资产阶级民主的基本理念和实证主义，像犹太基督教尤其是新教道德，以及"历史终结论"等等。

我们首先从古希腊讲起，具体地说，从苏格拉底的例子讲起，然后过渡到西方哲学中一个著名的典故，即柏拉图的"洞穴之喻"。现在有一个很简单的问题：苏格拉底到底是好人还是坏人？在西方苏格拉底被看作是最伟大的英雄之一。但是让我们暂且把他当作一个坏人，毕竟他被自己的同胞告上了法庭并因反社会罪被逮捕、定罪和处死，所以，谨慎一点，我们也许可以认为他不是最好的人。我们必须考察苏格拉底为什么会被处死,以及是谁处死了他?

首先,当苏格拉底活着的时候,雅典在很大程度上是一个民主国家。当然,它不是某些理想主义者所说的民主,并且选举权以及其他政治权利都是有限的。然而,很多雅典人对他们的政治体系相当满意,并且认为与其他希腊城邦和希腊以外地区的政治体系有着明确的区别。尽管如此,需要指出的是,在民主政体重新确立之前,一个被称作"三十僭主"的组织推翻了雅典政府的统治,并且相当残暴地统治了一段时间。其中"三十僭主"里面就有一些人曾是苏格拉底的学生。在暴君统治被推翻后,且不管对与错,一些雅典人推断苏格拉底在某种形式上要对暴君们的信仰负责。

其次,三十僭主在"三十僭主"统治时期,雅典很多显赫的居民离开了城市并且直到民主政权重建之后才返回。但苏格拉底并没有离开雅典,并且,当时一些留在雅典的人遭到了暴力,但暴君们却没有迫害苏格拉底。因此一些人认为苏格拉底支持"三十僭主"的统治。

第三,在民主政权重新确立之后,苏格拉底继续像以前一样教授他的知识。有人认为他应该在教学方法和哲学内容上作些改变,有人认为苏格拉底已经腐蚀了雅典年轻人的思想并且情况还在继续,于是苏格拉底被告上了法庭。

第四,雅典是一个民主国家,苏格拉底因而得到民主审判。在面临指控时,苏格拉底并没有顾及更大范围的社会后果,却仰仗自己的批判性思维智慧和能力以及出于在学生身上培养相同的智慧和能力的道德需求进行自我辩护。毫不奇怪,当陪审团听到苏格拉底的辩护后,便投票判其有罪。当被问到他建议接受什么样的惩罚时,苏格拉底认为既然被判了那样的罪名就应当被授予极高的荣誉。他又因此被认为是在嘲弄整个城邦、城邦的居民以及城邦的制度体系。再一次,没有出人意料,雅典陪审团投票判其死刑。

现在我们回到苏格拉底是好人还是坏人的问题上。如果你反对民主的话,那么你也许会认为苏格拉底是个好人。同样,如果你赞同个体批判性思维的发展，你也许会认为苏格拉底也很好。另一方面，如果你认为民主对多数人来说是有价值的，并且，知识应该服务于多数人，那么你对苏格拉底看法也许不会太好。

在这里我们为什么要讨论苏格拉底呢？答案很简单，很多西方人崇拜他是因为他站起来反抗政府，因为他是激进的个人，因为他教育自己的学生去批判性地思考。西方很多人崇拜苏格拉底在受审时的名言，"未经反省的人生，是不值得过的人生"。这句名言记录在柏拉图的著作《苏格拉底的申辩》一书中。这句名言在整个西方历史中曾以多种方式产生共鸣。例如，美国大革命时期帕特里克·亨利在1765年发出著名的呼声："不自由，毋宁死。"美国革命战士内森·黑尔在1776年被处死前对逮捕他的英国人说："我唯一的遗憾是我只有一次生命可以献给我的祖国。"苏格拉底以及亨利和黑尔的例子揭示了一些处于西方思想中心的矛盾和彼此冲突的价值观，即个人主义、精英主义、民主政体、公平公正、批判性思维及社会责任感等等。

这些似是而非的说法也能在柏拉图的名著《理想国》的"洞穴之喻"中找到。今天西方国家中大多数学生都被教育说"洞穴之喻"和苏格拉底的例子一样是一个高尚而又积极向上的故事，表现了一个人是怎样变得有知识有教养以及怎样通过接受教育和自身努力获得成功的。尽管大家也许对"洞穴之喻"相当熟悉，但是简单地回顾一下这个故事无疑还是有帮助的。柏拉图描绘了一个深洞，在洞的最深处人们像囚徒一样被带上锁链固定在那里。他们只能看到面前的墙，无法动身，无法回头，所以看不到自己背后发生了什么。他们只能直直地向前看。然而，在他们身后有一堆火。在火堆和囚徒之间是一些"游行"的东西、人与物，还有一些说不清的东西走来走去。火光把影子照射在囚徒面前的墙壁上，于是他们努力依据影子去猜测自己看到的是什么。这个猜谜游戏由于火光不停的跳动、物体的移动以及囚徒被束缚着不能动弹而变得更加困难。同样，我们还可以推测，洞穴里的烟雾和囚徒们的无知导致他们作出各种错误的猜测。尽管如此，还是有些囚徒由于他们的猜测受到其他囚徒的尊敬而成为"领袖",或者更好的表述是成为"先知"。

有一天,某个囚徒挣脱了束缚并且能够开始走动。起初,也许他的肌肉萎缩了,也许失去束缚的状态让他惊恐。但是,随着对洞穴不停的探索,他的自信逐渐建立,并弄清楚了那些在其身后模糊难辨的事物的真相。他的力气和意志逐渐增加,于是他想知道得更多。他发现了离开洞穴的通道,在通道的尽头他看到了一线阳光。虽然他仍然虚弱,而且高低不平的岩石路使他伤痕累累,但是他仍挣扎着向前并抵达洞穴的出口。他走到外面,被阳光照得什么都看不见。等眼睛适应光线后,他开始观察周围的世界,体验着之前仅仅靠影子猜测的各种想象的事物。他享受着阳光、清新的空气,坦白地说,享受着"真相"。

接下来发生了什么?在洞外当然感觉很棒,但是一段时间后,他便产生一种信念,这种信念驱使他必须回到洞里解救其他囚徒。他当然不想回去,因为洞穴是一个既可怕又危险的地方。洞里有的人并不想要自由,也有人不希望他去帮助其他囚徒。如果他真的回去的话,他们没准会要他的命。但是尽管如此,他还是回到了洞穴,去教导其他人,去解救其他人,他的命运却变得吉凶难料。

这样一个故事,柏拉图在《理想国》中是用一个类似苏格拉底的角色来叙述的。通过这种方式,柏拉图表达了他的信念:即苏格拉底是教师,雅典是洞穴,柏拉图把自己看作是被苏格拉底解救的囚徒。众所周知,苏格拉底确实是柏拉图的老师。

还有一点值得我们注意的是,在柏拉图的哲学里,一旦一个人知道了真理,那么这种知晓就驱使他要依靠真理而生存。换句话说,一旦你知道了真理,你就必须教给其他人,不计后果地努力帮助他人获得"光明"。虽然这个故事是柏拉图写的,但在西方国家中也只是一个很普通的故事。

柏拉图写"洞穴之喻"要远远早于耶稣和基督教的出现,并且我们发现基督徒们挪用了柏拉图式传统。实际上,耶稣的故事与"洞穴之喻"极其相似。像"洞穴之喻"以及苏格拉底一样,耶稣是一名教授思想和理念的老师，他所教授的东西被认为是与地方法规甚至国家法律和价值观相悖。耶稣认为自己是从无知和黑暗的洞穴中努力拯救没有信仰的人的老师。像苏格拉底一样，耶稣被逮捕、定罪和处死，最后埋在洞穴中。三天以后，根据基督教的传说，耶稣复活继续传道，最后他穿越阳光升到了天堂。

上述两个故事与其他很多故事都具有相似性。接下来我们还要看看西方传统中的另一个关于保罗的故事。有人认为保罗是圣人和耶稣的门徒。保罗本身是犹太人，原来是个叫索尔的罗马公民。他的工作就是迫害基督徒。有一天，在去大马士革的路上，索尔看到了耶稣复活的情景，致使他暂时失明。三天里，索尔看不见东西，与此同时在那三天里耶稣呆在他被钉死在十字架之后埋在的那个洞穴里。经历耶稣复活的情景之后，索尔把他的宗教信仰从犹太教改成了基督教，成为了一名基督徒；他把自己的名字改成了保罗。

保罗是如此描述自己的：论出身，他是犹太人，论信仰，他是基督徒，论公民身份，他是罗马人，论所受教育，他是希腊人。罗马征服了希腊之后，吸收了希腊的哲学、艺术和教学，甚至把希腊诸神的名字改成罗马名字后接受了他们。这种类型的同化吸收在历史上相对普遍。例如，在中国，西周继承发展了商朝取得的很多进步，元代少数民族的统治是建立在宋朝的基础上并且变得更加"汉化"，等等。罗马在某种意义上，尤其是在教育和知识领域变成了另一个希腊。因此，当保罗描述自己在教育上是一个希腊人的时候，事实上他指的是他熟悉柏拉图的哲学，确切地说，他熟悉"洞穴之喻"。那么可以恰如其分地说，保罗信仰的转变在柏拉图和耶稣所描述的例子里都有根源，并且像苏格拉底和耶稣一样，根据传统，保罗也因反国家行为被控告、逮捕、定罪和处死。

现在我们接着说奥古斯丁的故事，他是北非荷马的主教，也是罗马天主教会的早期领导人。有些人把他称作"圣人"，教会称他为第一个神学家。奥古斯丁生活在罗马帝国的衰落时期。在保罗的时代，基督教在宗教里仍处于边缘的位置，遭受着罗马人的迫害。然而，到了奥古斯丁时期，基督教已经正式成为罗马的官方宗教。我们在这里没有时间讨论这个戏剧性的变化是怎样产生的。关键一点是随着时间的流逝，教会变得越来越强大，与此同时，政府却变得越来越弱小。有人认为这些变化是相互关联的，即教会的不断强大不断地弱化了政府。尽管这种想法存在一些真实性，但是导致罗马衰亡的因素是非常多的。

当我们说奥古斯丁是教会第一个主要的神学家的时候，我们想要表达的是基督教的信仰、信条和规范在教会的早期是一个粗糙拼凑的大杂烩。奥古斯丁改变信仰之后成为一名基督徒，像保罗一样，他所受的教育是罗马的希腊式教育和哲学价值观。他观察了两个重要事实。第一，他观察到保罗受到希腊哲学尤其是柏拉图的重大影响。第二，圣经（大部分都是由保罗所著）同样地也受到柏拉图思想的影响。这些发现使得奥古斯丁意识到柏拉图的思想和逻辑学可以并且能够用于构建和解释教会的思想。

我们现在到了西方历史中一个非常重要而又很少被人注意到的方面，这个方面充分说明了西方的认识论传统。当奥古斯丁开始使柏拉图的思想基督教化的时候，他那么做部分地是作为一种巩固基督教思想的手段。从某种意义上，我们能够依据基督教是怎样穿过福柯的不同的"门槛"的方式来追溯基督教的发展。奥古斯丁在某种意义上代表了第四个阶段，也就是基督教形态的固定化。但是当一种思维方式到达一个像基督教达到的位置的时候，那么我们通常所观察到的是一种变成支配和统治地位的思维方式，一种无法忍受的和压迫人的思维方式。因此，奥古斯丁的柏拉图式宗教体系早期的"受害者"之一是亚里士多德思想，其地位的下降，并且最终被禁止，这不足为奇。

如果我们说罗马在知识和教育方面是"希腊化"的话，我们的意思是罗马迎接了柏拉图和亚里士多德以及其他一些人的思想和学说。众所周知，柏拉图是苏格拉底的学生，而亚里士多德又是柏拉图的学生。然而，尽管亚里士多德思想的很多方面补充了柏拉图的哲学，但是事实上，亚里士多德对柏拉图的偏离却相当明显。柏拉图反对民主政治，支持"哲学王"统治的理念。"哲学王"的权力来自于无法超越的形而上学的真理，而亚里士多德却认为基于天才人物实证经验的贵族统治应该得以繁荣。完全可以说，相对于亚里士多德的思想，保罗更喜欢柏拉图的思想。同样，奥古斯丁也是如此。柏拉图的哲学王的概念符合了教皇权威和统治，而亚里士多德的思想却没有。

可以说，罗马帝国取得成功的部分原因是其综合了不同的思维方式，因此得以调整并适应各种不断变化的情况。当罗马处于衰落时期的时候，考虑到亚里士多德的思想在那个时期为科学思想和知识奠定了基础，可以预见走向柏拉图式传统会使罗马更加脆弱。但是这些都不涉及教会，因为依据教会的说法，真理可以从圣经中找到，也能从教会领袖那里学到。并且教会还暗含这么一种说法，即生活的真正目标是升入天堂，因此，人类物质方面的进步被认为是次要的，甚至与来世的命运背道而驰。西方人的肉体命运在当时的历史中实际上很惨。随着罗马帝国的崩溃，取而代之的是很多小王国的出现。但是教会仍保留原样。法兰西成为了法国，但法国仍保留天主教，英国也是相同的情况。

这段时期在历史中就是我们现在所说的欧洲"黑暗时代"的开始。教会掌管教育和教学，但很少有人有学习的特权，并且"真正的"知识和学问只有教会上层人士才能获得。这种情况持续了几百年，大多数欧洲人最终都付出了惨痛的代价。与此同时，在阿拉伯半岛上伊斯兰教作为新的宗教产生了。奇怪的是，希腊人、基督徒们和犹太人都影响了早期的穆斯林。穆斯林对柏拉图和亚里士多德评价很高，并在某种程度上认为他们的宗教任务是校正基督教的错误。穆斯林把耶稣作为一个先知来接受，他们并不像基督徒那样接受耶稣是"神的儿子"，因为在摩西的著作《摩西十诫》中，第一条就写到世上"只有一个神"。然而，这里令我们感兴趣的是，起初穆斯林像罗马人一样，成功地综合了亚里士多德和柏拉图式的传统，并且进一步以一种符合阿拉伯情况和需要的方式进行综合。因此在很短的一段时间内，阿拉伯人在统一的宗教下以新的方式组织和活动，在迅速扩张帝国的同时，科学和技术也取得了巨大的发展。当然，这些都发生在欧洲的黑暗时期，因此权力的真空和技术的进步为阿拉伯的发展和扩张打开了大门。在阿拉伯人为数学和科学的发展作出贡献的时候，欧洲人却连自己以前知道的东西也都忘记了。有个很有名的例子，当时意大利的梅第奇家族重金寻找能够在其宅院修建圆顶式建筑的工匠，但是在整个欧洲都找不到具备做这种工作所要有的数学和艺术知识的人。与此同时，阿拉伯人却为他们的拱桥、圆顶建筑和独立式尖塔而欢呼。

我们通过提出"西方国家知道什么以及是怎样知道的"问题，作为这部分讨论的开始。我们回顾了西方历史中一些不同的思维方式，并且进一步在我们的叙述中得出这么一个观点，即穆斯林要比信仰基督教的欧洲人更加进步。下面从我们接着叙述的内容中就会看到阿拉伯在其历史的进程中必然会到达这么一点，即阿拉伯的扩张逐渐与欧洲的基督教的领土产生冲突。事实上，奥古斯丁曾是北非的大主教，但是几乎整个北非地区都落在了阿拉伯人的手中。阿拉伯人然后穿过地中海的河口地区占领了西班牙大部分地区，今天仍然可以看到阿拉伯人在那儿建造的很多漂亮的建筑。阿拉伯人也从东南部侵入欧洲，占领了犹太教和基督教的"圣地"，并且通过土耳其进入欧洲的心脏。穆斯林扩张到了整个巴尔干山脉，其结果是，基督徒和穆斯林的战斗至今仍然是前南斯拉夫那样的一些地区发生冲突的根源。在欧洲的西部，穆斯林穿过西班牙继续向北挺进，有人说就是因为比利牛斯山易守难攻的狭窄通道才阻止了穆斯林进入伊比利亚半岛和法国。然而，人们很清楚基督教的地位是无法支撑的。奥古斯丁的柏拉图式教条主义僵化欧洲人思维和发展的时间已经太久，欧洲文化和文明的命运危在旦夕。

巴黎大学当时离穆斯林的前线并不远，是第一个而且是通过教授亚里士多德哲学的方式与教皇权威断裂关系的。由于亚里士多德的文本在当时的欧洲所剩无几，并且研究亚里士多德最先进的学问是穆斯林做的，所以巴黎大学的学者们从穆斯林控制的西班牙走私了很多亚里士多德的文本和相关的评注。事实上，靠近穆斯林占领的地区具有两个有利的地理优势。第一，很明显，法国的学者们直接感受了入侵的威胁。第二，当时研究亚里士多德最先进的学问是由在西班牙的穆斯林人伊本·鲁士德所做的，欧洲人称其为"阿威罗伊"。所以，这些距离上的临近使得巴黎大学学者们具备了改变认识论的灵感和素材。

亚里士多德的思想威胁了教会和教皇至高无上的权力，再加上阿威罗伊把伊斯兰教融入了当地的背景，我们可以想象这种威胁变得更加可怕。因此，必须决定是制止巴黎大学，还是找到一些方法去适应这种发展。事实上，教会选择了一个可以两全其美的道路。首先，教皇委派托马斯·阿奎那找到一种把教会的柏拉图式宗教体系和亚里士多德的经验主义价值观相结合的方法。其次，当这项工作完成后，阿奎那的名著《神学大全》就被用来重塑和裁定教会的宗教体系。这就是为什么阿奎那被称为是继奥古斯丁之后教会的第二个"医生"。

上述的各种发展都发生在 13 世纪，但是给后来被我们所称的"启蒙运动"的出现打下了思想上和法律上的基础。具有讽刺意味的是，阿威罗伊在活着的时候就遭受了迫害和审查。后来，穆斯林领导者放弃了亚里士多德，并像欧洲人之前那样完全转向柏拉图的哲学，将其作为巩固政治权力的手段。有人会说甚至直到今天，伊斯兰国家还没有从原教旨主义的形而上学中恢复过来。事实上，有一个穆斯林学者，也是我的一个好朋友，很多次跟我重复说一个人可以从柏拉图那里学到全部想要知道的哲学内容。然而，从更广阔的历史意义上说，我们可以把这些认识论上的变化看成是两艘船在黑夜里互相超越，没有意识到彼此相互靠近以及向相反方向移动。回归亚里士多德的思想促进了欧洲的发展，而放弃亚里士多德的思想则导致穆斯林的衰落。

我们已经表明有效地综合亚里士多德和柏拉图的传统是一种辩证的发展，这样做能够促进认识论传统在整体上更好地发展。奥古斯丁破坏了这种辩证的综合，阿奎那在这方面也毫无建树。虽然阿奎那的著作没有导致柏拉图的思想在欧洲遭到实际上的禁止，但是阿奎那把亚里士多德思想的很多内容（尤其是亚里士多德逻辑学）提升到一个过高的基座上，以至于辩证法出现的可能性完全被破坏了。尽管亚里士多德的思想除了他的形式逻辑之外还有很多内容，尽管阿奎那完全意识到这一点，但他对亚里士多德逻辑学的过度重视却从两个方面阻止了辩证法的发展：第一，亚里士多德逻辑学建立在三个基本规律上，即同一律、不矛盾律和排中律。这三大规律否认了出现真正变化的可能性和根本上矛盾状态的可能性。的确，这种思想坚持了一种绝对的、形而上学的"真理"，这对教会神学体系极为重要。第二，虽然对亚里士多德思想中的逻辑形式的恢复在已有的柏拉图式环境中起过一段时间辩证法的作用，在《神学大全》出版后这种柏拉图式环境坚持了一段时间，但是随着时间的推移，这种逻辑形式最终贬低并取代了柏拉图的传统，或者至少在后来出现的实证主义知识内重新解读了柏拉图的传统。的确，正是这后来的发展为"现代哲学"和欧洲传统中现代性本身的出现奠定了基础。

现代思想和欧洲现代性的特点是什么？亚里士多德哲学的通俗形式最终以多种形式改变了欧洲人的思维，这也许会令阿奎那沮丧。亚里士多德思想中的经验主义给形而上学的漫游留下了很少的机会，因此对于压制科学的冲动几乎起不了作用。正如现代历史所表明的，科学家有时候会采取一些极具破坏性的途径，尤其当他们丧失了辩证思维中从全面的角度分析问题的能力的时候，以及他们没有坚定的公共道德和社会义务的时候。不仅如此，阿奎那之后出现的现代哲学越来越多地强调个人主义，所以从此推论，现代哲学会支持资本主义、资产阶级民主和新教的崛起。

线性的、非辩证的思维对某些形式的科学发展可以非常有效，但是，在各种目标之间划分界线，以及在当代民族国家中划出清楚的边界和规章制度，这种思维同样对人类和环境产生破坏性作用。这些都不能是像勒内·笛卡儿以及伊曼努尔·康德这样的哲学家们所思考的现代性的发展。笛卡儿有一句名言，"我思故我在"。但是我们可以问，为什么是"我"而不是"我们"呢？为什么不是"我们思考故我们在"呢？

为什么笛卡儿假设他是一个个体，思考在某种方式上是完全的个体行为？后来，康德在其著作《纯粹理性批判》中对辩证思维的归类，远远低于他所认为的那种更高的分析形式。与此同时，新教、资本主义和资产阶级民主在不停地传播。新教和天主教在神学原理上的区别在于神人关系，前者主张人和神可以直接交流，而后者主张人与神的交流必须通过教会这么一个中介。随着资本主义的兴起，我们看到随之相应发展的个人主义的经济体制、劳动力的出售、对资本主义竞争的颂扬、对个人探索的回报等等。随着资产阶级民主的出现，与这种新知识相适应的政治经济体制也发展起来。在这种经济政治体制中那些较高的经济阶层要求并维持了对政治和经济实力过多的分配权，这种做法从根本上与社会主义的群体价值观相对立。

在现代史上第一个感觉到这个问题的西方思想家是黑格尔。他意识到辩证法的重要性并努力把它重新融入欧洲认识论传统中去。在黑格尔之后是马克思。马克思对欧洲在思想上的缺陷更为清楚，因为他是一名唯物主义者，所以他觉得不必被迫像黑格尔那样认同现状。尽管如此，在很大程度上黑格尔和马克思都没能够把辩证法的传统带回到西方国家中去。甚至到了今天，他们思想中辩证的方面仍被大部分西方人所拒绝。

希望我们的讨论已经说明了认识论的转变对人类历史和发展有着非同一般的意义。我们还希望我们能够有效地论证现代的反辩证法的西方传统认识论已经或者开始到达终点，虽然这种传统随着欧洲帝国主义和殖民主义的发展建立起了全球霸权地位，并且继续在很大程度上控制着地球上大部分角落的思想。我们现在可以肯定的是，随着各种危机的出现，西方思想中的很多方面已经被西方人自己摈弃和消灭了。例如，关于纳粹主义是启蒙思想的必然结果的观察，使得很多思想家重新审视战后时期的欧洲传统。在某种程度上，大萧条也迫使政策制定者像20世纪七八十年代经济衰退时所做的那样，重新思考经济政策和哲学。今天，我们面临着越来越多的可怕的经济和环境状况，它们主要是西方思维的产物,或者至少是处于支配地位的西方人是范式内部竞争的结果。人类的生存在整体上需要一些根本的变化,包括我们思考的方式、我们所知道的内容,以及我们行为的方式。我们不能仅仅是柏拉图主义者或者亚里士多德主义者。我们不能把苏格拉底和"洞穴之喻"理想化,也不能在政治、经济、宗教方面把某个个人奉为圣贤。我们必须探索新的道路。

我们应该向中国学习什么?

我认为,现在我们有一个很好的语境再次提出我们的问题了,就是"我们应该向中国学习什么?"首先请允许我说明我所指的"我们"的意思。"我们",特指那些被非辩证法的现代西方认识论立场所左右了思想的人,这些人包括非西方人,当然也包括许多中国人。我们已经提到那些早已众所周知的事情,即一个多世纪以来,中国通过各种努力对世界各国开放,这大大促进了西方思想在中国的培植,在某种程度上,使中国紧紧跟随在西方认识论的霸权之下。其实,这并不完全是往坏的方面发展,尽管在座的一些传统主义者很可能不同意我的观点。虽然如此,当西方思想的反辩证法形式传入中国时,其辩证法形式也跟着传入进来。读懂马克思的早期中国学者,他们早已具备深刻的辩证法传统而能够理解他,这个传统贯穿中国历史,至少可以回溯到商朝,我们可以在早期被创造和书写在商朝甲骨上的文字看到辩证思维的证据,我们同样可以在正式出现在西周时期的《易经》里发现辩证法思维。我们在孔子和老子的思想中也获得了辩证法思维。佛教从印度传到中国,后来的华严寺付诸实践使佛教变得更具辩证性了。当列宁、斯大林主义来到中国时,毛泽东提出了他的著名矫正法——"矛盾论",作为解决苏联思想中缺少辩证法缺陷的一种途径。客观公正地说,也许起源于或扎根在中国的每个重大思想学派,要不从一开始就被当作辩证法使用,要不就是后来发展成了辩证法的一个重要方面。当然,相对来说,这就解释了在许多可供选项中,为什么中国人在五四运动后成功"选择"了马克思主义。

在某种程度上可以说中国把自己的传统与西方认识论传统整合在了一起。有人可能认为这种不同元素间整合的努力仍没有完成,有人可能提出在学习西方的道路上,中国要么走得太远,要么走得还不够远。事实上,这些争论在当代中国很常见,甚至直接关乎我们标题里的问题。在这些辩论中,存在三个相互掣肘的事实。首先,相对而言,存在中国崛起的事实。其次,也相对而言,存在西方衰退的事实。最后,存在日益严重的全球性经济、政治、环境危机,因而存在全球性的人道主义危机。

很多年来,一些中国思想家和决策者已经接受了西方思想的某些方面,他们将这些思想频繁地冠以限定词"具有中国特色"。这意味着,外来的观念和实践可能已被接受,但是它们已经过改装,以适应中国国情。当然,这些努力并非总是成功,中国有些现代的成功可以归因于这些进展,有些现代的问题同样可以归过于这些进展。这就充分说明,即使完全出于好意,像中国在上个世纪经历的那种激进的认识论的变革会很艰难也会很危险,这些变化也会成为惊人进步的预兆。在这些不懈努力的中心一直存在着这样的问题:"中国应该向其他国家学习什么?"但是在近几年,鉴于中国的成功和其他国家所面临的堆积如山的问题,一些中国人和一些世界其他地方的人们开始提出,正如我们引言所提及的,"我们应该向中国学习什么?"

有的人指向被称为"中国模式"的政治经济观。有些人一直被中国模式作为一种替代的观点所吸引,用来替代被简单甚至错误地贴上如此标签的"华盛顿共识",用来替代形形色色的自由主义、新自由主义政治经济行为,这些行为都与美国、欧洲和总体上由美欧控制的世界银行、国际货币基金组织等机构有关,在联合国、北约和其他组织发动军事冲突时,这些机构有时还会成为其后援。当然,在许多情况下,对美国来说,经济、政治和军事仅仅是单边采取行动。然而,鉴于西方的许多失败，鉴于许多国家有选择自己发展道路的要求，如果不是出于意识形态的原因，而纯粹是为了尝试一些在本国可以行得通的替代模式，那么中国模式的观点已经得到了响应。

什么是中国模式？中国模式是"我们应该向中国学习的东西"吗？许多人把中国模式看作一种范式或与政治经济发展相关的范式集合。它常被西方描述得相当简单，即一种非民主的政治体制与不断增长的资本主义市场经济的联姻。这种特性界定有许多问题，许多中国学者和一些西方学者在过去若干年间一直在写文章挑战这种简单思维，努力使其复杂起来。关于中国模式，我有三点要说，第一，那些辛勤工作并使得过分简单化的中国模式概念变得复杂起来的学者们应该受到称赞。第二，我们应该肯定地认识中国模式，不是当作模式本身去认识，也不是当作一种其他国家决策者们应该仔细考虑和复制的事情去认识，而应作为一种新的话语模式，或者至少作为一种新的话语传统去认识。诚然，中国模式不是全新的，它的出现已历经一个世纪的实践，但其作为霸权行为的一种替代在全球范围内被讨论，它又是一种全新的观念。第三，我们需要认识到，中国模式实际上是中国认识论传统的结果，无论从西方输入了多少知识，但从根本上它仍是"中国式"的模式。根本意义上的中国特色，是指中国长期坚持的中国认识论传统，这种传统直到今天仍保留着坚定的辩证观点。

这种辩证观点，虽然有时是无意识的，仍然是中国语言和文化的重要组成部分，因为它已经有上千年的历史，历经变化，仍在许多方面得以保留。我们可以从现今的语言中看到这种辩证观点，例如，从"和"这个词及其概念中，从官方公告和政策中都能看到它。然而，有些人认为辩证法在当代中国实际上已不存在了。无疑，在一些人的意识里，在中国社会的某些角落里，辩证法受到了蔑视和忽视。但是，辩证法仍保持着相对的强势，并且它的存在为中国进一步的发展和进步提供了保证，各种发展和进步，也包括对过去错误的修正。当我们提出"我们应该向中国学习什么"的问题时，当我们的注意力集中在中华文化最精华的部分时，我觉得我们要批判性地并且肯定地看待中国的辩证法传统，并且要在一个非辩证法的西方传统认识论的历史背景下去看待它。

我已间接提到了中国政府的和谐社会运动。正如我们所知，这项运动明确无误地表达了很多高尚的观点，但在实践中它必须更多地与物质性作斗争而淡化其崇高性。然而，我相信和谐运动为更加宽泛地讨论辩证法打开了一扇门，并且从实际上表现出辩证思维在中国政治权力的最高层仍然存在并生机勃勃。因此，在继续更宽泛的讨论的同时，让我们更深刻地解读这个和谐理念。

中国的"和谐"理念，是政治哲学中最古老的理念之一，我们对此有书面记载。它源于商朝，至少这是目前有史记载所显示的最早记录，或许日后我们将会发现比这个记录更古老的证据。然而，我认为源于商朝已足够久远，足以说明和谐的理念早已牢牢植根于有史记载的早期中国历史中。商朝发明的文字与后来的文字不尽相同。以"龢"字为例，"禾"是表音的成分，同时也和这个词的整体意思有联系。"yue"（"龠"）是一种由若干不同音质的簧片组成但用一个吹口吹奏的乐器。"禾"与"龠"结合在一起，组成"龢"字，形成"和谐"的理念，反映出把游牧流浪转变为农业发展和社会进步的民族所面临的挑战。对游牧民族来说，如果民族间相互不和，他们可以分道扬镳或频繁发动战争。但是当人们转入栽培农作物、建立城邦和从事其他形式的物质文明时，政治和经济的和谐问题就变得日益复杂。特别是随着人口的增长，拥有一个充足的食物供给来源一直是人们关注的焦点。因此"禾"便在语音上享有了特权。不过，还有其他一些与粮食生产不是直接有关的关切。

自古以来音乐就是政治哲学中的一个重要知识来源。据说孔子认为"和声"是高于一切、有待研究的最重要的概念。另外，如果一个人只能专心研究一部中国经书，那么他应该集中研究《诗经》。随着城市的增长，保持和谐成为差异和竞争的首要问题，尤其在困难时期和资源及权力的控制不确定的时候。当今，有些评论家认为胡锦涛对和谐的讨论显示出与毛泽东的"矛盾论"决裂的信号，但是这种断章取义的观点是错误的和误导的。事实上，"和谐"的理念在其核心意义上传递着矛盾的理念。如果一个人不了解矛盾就不能开始理解和谐。和谐的理念传达着这样的意思，即尽管有矛盾，我们仍然拥有积极的、富有成果的、甚至是美好的东西。

"和"字的另一个重要用法，它也是一个常用的连词。为了指出其重要性，请看以下例子。西方存在主义思想先驱丹麦哲学家齐克果对当代的影响力虽不直接，但不应该被低估。齐克果的长篇两卷著作《或此或彼》（Either/Or，1843），从本质上对黑格尔辩证法进行了冗长的批判。齐克果把黑格尔学派的并容性、整体论哲学看作是个"和"的问题，认为道德发展的唯一过程是对不同选项的明确选择，一种选项在道德上优于另一种选项，因此，两个选项在道德上是相互矛盾互不支持的，也就是"或此或彼"的关系，而不是"和"的关系。这种思维模式牢牢植根于阿奎那创始的传统中。齐克果哲学的主旋律是他为阐明他的基督教信仰并使之不朽所作的努力，对此我们不应该感到惊讶。这个例子与我们的讨论的关联性是间接的但也是明显的，也就是说，"和"从若干方面来看，在本质上是一个辩证法的概念。

最后，让我们回过头来谈谈目前已被我们忽略的一个理论概念，即阿尔都塞的"矛盾与多元决定"。请让我解释一下，我从来不为了理论而对理论感兴趣，我情愿冒险将理论富有成效地应用到实际情景中，用于并非当初激发这类理论产生的实践中。我将在此提出一个具有一定独创性的理论应用，但我认为这种理论应用并不过于激进或有争议，尽管有些人无论如何都会与我意见不一。

你们可能还记得，阿尔都塞调查了通过列宁和毛泽东的方法通向布尔什维克胜利的多方面因素。当然，回顾俄国十月革命和随后诸如此类的革命时，必须分析历史事实，分析包括与武装斗争和夺取丧失人类生命有关的有形的无可争辩的事实。我也谈革命，或革命的可能性，但是我头脑中的是发展一个潜在的革命性话语体系，一个可能作为革命认识论传统而兴起的话语体系，一个可能积极地融合东西方成功经验从而能够为全人类进步作出贡献的话语体系。

列宁说俄国是西方帝国主义体系中"最薄弱的环节"，而我想说，中国也许是当今西方传统认识论上最薄弱的环节。我相信，在当今中国和中国以外的地方，存在某种能形成阿尔都塞所说的"断裂的统一体"的矛盾和危机。换句话说，思想上发生革命性转变的时机已经成熟，因此，对抗霸权的西方传统认识论的一场认识论革命的时机已经成熟。我认为，这并不意味着应该接受某种传统主义者或民族主义者走向封闭走向过去的转向，相反，大家注意的焦点应面向未来且立足于历史。事实上，我头脑里是一个进步的立场，而不是保守的立场；然而，我们必须辩证地考虑矛盾的进步和保守的方方面面才能取得潜在的积极发展。

我们已经注意到，中国已经花了一个世纪去考虑西方思想，并且在某些方面去接受去适应西方思想，使之与中国国情和需要相结合。这个经验是我们应该研究并向中国学习的。同时，尽管有许多西方人研究过中国文化、语言、哲学、历史和烹饪等许多方面，但很显然他们并没有从整体上向中国学习。所以我认为，西方应该学习中国的辩证法，那些已经忘记或忽视辩证法的中国人也应该这样做。

（冀平丽 译）

图书在版编目(CIP)数据

中国未来三十年Ⅲ——重塑梦想与现实之维／(美)赫德森等著.
—北京：中央编译出版社，2013.11
ISBN 978-7-5117-1827-3

Ⅰ.①中…
Ⅱ.①赫…
Ⅲ.①中国经济-经济发展-研究 ②社会发展-研究-中国
Ⅳ.①F124 ②D668

中国版本图书馆CIP数据核字(2013)第248556号

中国未来三十年Ⅲ——重塑梦想与现实之维

出 版 人	刘明清
出版统筹	贾宇琰
责任编辑	李小燕　霍星辰　杜永明　王　琳
责任印制	尹　珺
出版发行	中央编译出版社
地　　址	北京西城区车公庄大街乙5号鸿儒大厦B座(100044)
电　　话	(010)52612345(总编室)　(010)52612340(编辑室)
	(010)66161011(团购部)　(010)52612332(网络销售)
	(010)66130345(发行部)　(010)66509618(读者服务部)
网　　址	www.cctphome.com
经　　销	全国新华书店
印　　刷	北京瑞哲印刷厂
开　　本	787毫米×960毫米　1/16
字　　数	211千字
印　　张	15
版　　次	2013年11月第1版第1次印刷
定　　价	39.80元

本社常年法律顾问：北京市吴栾赵阎律师事务所律师　闫军　梁勤
凡有印装质量问题，本社负责调换。电话：(010)66509618